班会的力量

推动班级发展的关键班会课

王立华　张洪洲　主编

中国纺织出版社有限公司

图书在版编目（CIP）数据

班会的力量：推动班级发展的关键班会课 / 王立华，张洪洲主编 . -- 北京：中国纺织出版社有限公司，2021.9（2021.12重印）

ISBN 978-7-5180-8765-5

Ⅰ . ①班… Ⅱ . ①王… ②张… Ⅲ . ①班会-中小学-教学参考资料 Ⅳ . ①G635.5

中国版本图书馆 CIP 数据核字 (2021) 第 160465 号

责任编辑：李凤琴　　责任校对：高　涵　　责任印制：储志伟

中国纺织出版社有限公司出版发行
地址：北京市朝阳区百子湾东里 A407 号楼　　邮政编码：100124
销售电话：010—67004422　传真：010—87155801
http://www.c-textilep.com
中国纺织出版社天猫旗舰店
官方微博 http://weibo.com/211988771
北京通天印刷有限责任公司印刷　各地新华书店经销
2021 年 9 月第 1 版　2021 年 12 月第 2 次印刷
开本：710×1000　1/16　印张：15.5
字数：312 千字　定价：49.80 元

编委会成员

主　编：王立华　张洪洲

副主编：杨付生　李同立　孙红建

编　委：张国静　董雪亮　张青兰
　　　　乔建立　崔双进　胡凤霞
　　　　梁翠臻　赵　巍　李春燕
　　　　李学勇　张丽娜　程　旭
　　　　邓志军　高秀莲　姜孝奎
　　　　杨雷焕　张思敏　高　明
　　　　赵伟英　魏素臻　马兴敏

序　言

班会课的力量

班会课是有力量的，这是很多班主任的共同认知。

但是，怎样的班会课才会产生力量？或者说怎样的班会课才会产生极大的力量？这样的问题并不好回答。基于"班会课是有力量的"和"怎样的班会课才会产生极大的力量"这两个问题的回答，我们编写了这本《班会的力量：推动班级发展的关键班会课》。

在此之前，请允许我感谢全国知名班主任专家王立华、张含芬、董彦旭、费贞元等，感谢他们把自己宝贵的有力量的班会设计分享给我们，也感谢山东省东明县第一中学的部分优秀班主任把自己的宝贵实践呈现了出来。正是因为各位专家高屋建瓴的指导和一线老师的切身实践，使这本书有了高度，又接了地气；有了质量保障，又有了实际指导意义。

那么，怎样的班会课才会产生极大的力量呢？

首先，是适时的班会课。当班会课有了其召开的必要性的时候，才会更好地切脉班级发展、规范班级发展和引领班级发展。本书编写特别强调"这一次"班会课召开的背景，确保这次班会课是为需要而召开，而不是为编书而"造"班会课。根据实际需要适时召开，这是班会课产生力量的重要前提。

其次，是适切的班会课。同样的班会内容，放在不同的时间节点，产生的作用就会不同。而有力量的班会课，一定是适切的班会课。所以，本书四辑，分别按照"启航"阶段、"发展"阶段（生涯规划、青春教育）、"冲刺"阶段来编写，给读者一个比较清晰的带班思路。

再次，是科学的班会课。班会课的召开，需要多种"因素班会"的组合。这就要求我们在规划整个三年代表思路的时候，把"主体班会"和"因素班会"都考虑进来。两者完美结合，才能产生力量。本书在编写时，对此进行了充分考虑。例如，在关涉生涯规划的班会后面，辅之以惜时行动的班会；在关涉青春教育的班会后面，辅之以亲情陪伴班会。

最后，是"补缺"的班会课。无论"这一次"班会课能产生多大的力量，作为教育者都要清醒地明白，它不可能起到"力挽狂澜"或"开天辟地"的作用。"这一次"班会之后，一定会有诸多的教育行为来"补缺"。班会主体和"补缺"行为完美结合才是完整的教育小系统。所以，本书在编写中，特别强调班会的后续行为，让读者清楚地感受到"名师"班会。其实并非简单的"名班会"，它只是一个环节而已；让读者清楚地知晓"名师"带班，靠的不仅是班会，他们还有更宏观的系统带班思路。带班是一门系统性的科学工作，不是切片出来的美丽片状的组合。

当然，在编写本书时，我们也突出了"班会效果"。算是班会产生力量的明证吧，这也是我们编写本书的意图：我们试图让一线班主任把班会研究重视起来，把班会召开重视起来，把班会和带班系统结合起来。

倘我们的努力，助力了您的班级发展，就是我们的幸福。

张洪洲

2021.5.25 于庄子故里

目　录

第四辑　激情·奋战：做一只不屈的"蜗牛"

后　记 /239

第一辑

班级·启航：起点是成功的一半

皆知好的开端是成功的一半，但何种开端谓之"好"？不敢理直气壮回答，至少这9节班会课，能给您更全面的启示。相信，有了它们的助力，您的班级能顺利启航。

01. 风帆鼓在初航时

——适应学段变化这件事儿

董彦旭

【班会背景】

人的一生是不断适应的过程，每一个特定的发展阶段都会遇到相应的适应问题，社会适应是一个毕生的过程。在人生的每一个时期，社会化的要求、内容及进程是不同的，个体接受这种影响的情况也会因时、因事、因人而异，在青少年期，这种情况表现得最为明显。适应高中生活，对初中的学生来说无论从心理上还是从生理上都是一种挑战，能否较好地适应高中生活，具备必备的知识技能；能否将社会的规范与价值标准内化，与周围人建立感情，形成自我准确的角色定位；能否与周围的环境保持平衡等，都会对学生今后的学习、生活产生重要的影响。

刚升入高中，由于和周围环境不适应、不协调，很多新同学在认知、情绪、行为等方面会出现一些迷茫和困惑。

认知上：刚到全新环境时很多学生会产生很多想法，别人喜不喜欢我？我在同学心目中是个什么样子？我还有没有优势？等等。在这样的自我探询中，一些不合理的认知便产生了。

情绪上：由于所面临的新情况、新同学比较多，需要花费更多的时间和精力去思考与面对，这样大的变化转变成压力便容易引起个体害怕、焦虑、自卑甚至嫉妒等情绪，如对学习感到力不从心，容易产生厌学情绪；总认为别人比自己强，很容易自卑、忧郁，有强烈的孤独感。

行为上：过分敏感。新生适应性不佳在行为上的表现主要有退缩，过分保护自己。有的学生什么活动都不参与，从不主动和其他同学交往；而有的学生在丰富多彩的新生活中，表现得过分积极，什么活动都参加，一天忙得团团转，但似乎什么事情都没有做好，特别是学习受到很大影响。

新教育理念积极关注体验性学习，强调教学要从学生的经验和体验出发，要让学生"在活动中体验，在体验中感悟，在感悟中成长"。为此，我们在活动设计上充分考虑到学生的以上特点，分别以"与陌生群体的融合""为自己合理定位""展示自我"为主题设计了三个活动板块，以帮助进入新角色的个体在不断调整自我的体验中去适应新的生活。

【班会目标】

1. 使学生具备适应新的学习环境、生活环境的能力。

2. 帮助学生融入新生活，培养学生的主人翁意识和团队精神，对新的学校和班级产生一定的归属感，满怀信心地迎接高中生活。

【课前准备】

1. 教室准备：该课在活动教室进行，若没有活动教室，可提前将桌子摆在四周。

2. 白纸若干张。

【班会流程】

环节一：心灵地图

1. 活动过程

（1）请同学们根据自己的印象分别绘制原来学校及新学校的平面图，并标出两者的区别（学校的平面图尽量详细，新校园的情况自己了解多少就画多少）。

请部分同学展示自己的平面图。

（2）请设想一下校园布局、年级划分、教学设备等，还有哪些你认为是应该具备的，请用不同的笔体或颜色标出。请部分同学展示自己的设想。

（3）请于下节课之前实地考察一下，看看自己的设想与实际情况有什么不同（区别之处请在图上用明显标记标出）。

2. 活动提示

活动的每个环节尽量请不同的学生来展示，给每个人展示、适应的机会。所展示的平面图无须考虑绘画的功底，只需简洁明了即可。每人展示的平面图最好有所区别，以代表不同的适应水平。老师应从同学的发言中提炼一些关键词，教给同学们一些适应新学校的技巧。

老师：我们来看看这位同学的母校平面图，简直太细致了，请问你是怎么做到这一点的？

学生：我在母校生活了三年，每一处都很熟悉，没有什么我不知道的地方。

老师：母校已经深深地印在你的脑海中，成为你生命中的一部分。那么你对母校是一种什么感情呢？

学生：依依不舍，但必须离开。

老师：为什么？

学生：人都得长大，初中生活很美好，但毕竟只是一个阶段。我很留恋，很想念我的老师和同学们，但我也知道，看到我们都升入了新一级学校，老师们和家长们是高兴的。离开并不意味着忘记，我会把在母校的点点滴滴都记住的。

老师：我观察了一下同学们的作品，的确，几乎每个人的母校平面图都比新学校的平面图细致、具体。母校在我们每个人的心目中几乎都是不可替代的，虽然可能校舍有些旧，设备有些落伍，但三年了，我们与母校的一草一木都有了很深的感情。正如那位同学所说的，离开并不意味着忘记，我们会铭记与母校的深情，我们只有在新环境中努力做得更好，才不辜负母校对我们的期望，才是我们对母校辛勤培养的回报。

学生：因为时间原因，我对新学校还没有更多的考察，但我自认为比起其他同学，我的了解还是挺多的。因为我观察了周围几位同学的平面图，他们的内容很简单，而我的图，请大家看看，最主要的部门我都标上了，而且几楼、几零几都很清楚。我觉得不要小看这些，俗话说"知己知彼才能百战百胜"，对环境比较熟悉的情况下，我们才有一种安全感。

老师：你们同意他说的话吗？我看很多同学都在点头，说明他的话真的很有道理。你是什么时间去考察的？

学生：下课和放学后。下课时间短，就去一些近的地方；放学后，就去一些远的地方。还有，自己得主动一些，刚开学做大扫除时，老师问谁能去总务处领把墩布，很多同学不敢举手，我就举了手。有这么个好的借口和机会可以堂而皇之地进出老师办公室何乐而不为呢？（同学笑）

老师：你谈到了一个很关键的问题，那就是新环境中，我们不能被动去适应，应该主动些。这样不仅自己很快乐，有一种成就感，而且给老师和同学们留下了一个很不错的印象。你是不是有希望成为班委会成员呢？

学生：没有没有，但是能有机会为大家服务一下也是挺好的嘛（同学笑）。

老师：进入高中后，有很多新鲜的事物可引起你们的好奇，令你们欣喜。高中的生活把你们带进了一个崭新的天地，在这个新天地里，大家站在同一个新的起点上，希望每个同学都能拥有快乐的体验。

设计意图：外在的视觉冲击对孩子来说能以最快速度引起内心的变化，特别是与原来的学习生活有着明显区别的方面，如学校的地理位置、校园的整体布局及面积、年级划分、教学设备等，都会带给学生一定的新鲜感和陌生感，高中生活中各种新的体验让学生们回味无穷，若能加以及时的引导，很多同学就能较快地适应中学生活，逐渐融入新集体中去。

环节二："大风刮呀刮"

1. 活动过程

全班同学手拉手围成一个大圈。老师发出指令如："大风刮呀刮，大风刮到戴眼镜的同学那""大风刮呀刮，大风刮到所有穿旅游鞋的同学那""大风刮呀刮，大风刮到所有女生那"，具备与老师口令同一特征的同学必须马上离开原位置，找到一个新位置，然后与左右的同学对视一下并微笑、点头示意。

2. 活动提示

老师的口令必须包含大多数同学都具备的特点，给同学们创设一种安全感和归属感，同时口令要顾及到所有同学，让每个人都动起来，体验融入整体的感觉。口令发出 5～6 次活动暂告一段落，请某些同学谈一谈活动的感受。

老师：刚才我看到当我说"所有戴眼镜的同学时"，你好像愣了一下，是不是没反应过来？

学生：是有点懵，我没想到您会点到我，当时我想是不是有点听错了，所以迟疑了一下。之前我们从来没搞过这样的活动，今天这种形式挺新鲜的，我得适应适应。

老师：听到口令后你是同学中第一个找到新位置的同学，请问你是怎样做到的呢？

学生：其实当老师说明规则之后我就一级戒备，等到您说的口令包含我时我就看准了对面相同特点的同学，快速冲过去，抢占有利位置。

老师：看来前期的心理准备相当重要，陌生的环境中细心的观察、冷静的分析、自信的心态成为决定成败的关键因素。

老师：我们的游戏规则有一条是"当你找到新位置后，要与左右两侧的同学对视一下，并对他们微笑、点头示意"，但是我观察了，这条规则你好像并没有遵守，为什么？

学生：我，我（不好意思地低着头）……

老师：你可能不习惯这样的交流方式，但是充满热情的人是不会被拒绝的。你想知道周围两位同学对你的态度吗？

学生：点点头。

老师：你们欢迎她成为你的新伙伴吗？

学生：当然欢迎啦！但是我不知道她能不能接受我。

学生：谁成为我的朋友我都会很高兴的，但她不跟我们交流我们没有办法知道她在想什么、她需要的是什么。对视、点头、微笑虽然很简单，但传递的信息是很多的。我希望我们能成为朋友。

老师：听了两位同学的话你是怎么想的？

学生：我也很想交朋友，但总有很多顾虑，总害怕别人不喜欢我，所以不敢看别人的眼睛。他们的话我很受感动，谢谢你们。我会努力的，我也希望能成为他们的朋友。

老师：在活动中，每个人的个性特征也是不一样的：有的同学反应很快，能迅速找到新位置；有的同学很机灵、开朗，就近找同学调换位置；有的很实在跑很远的地方寻找新位置；而有的很腼腆，让大家先找新位置，等别人都有了新位置之后，他才选择剩下的；甚至有的同学找不到自己的新位置，面对这种情况自己有点懵的感觉，需要别人的帮助才能找到新位置。每个人适应新环境的速度与方式有很大的区别，因此新环境的不适应是个普遍存在的问题，关键在于自己以怎样的心态、采取什么样的方法去对待。在新的班集体中，同学们将结识更多的新同学，结交更多的新朋友，并在学习生活中一起分享成长的快乐。

设计意图：

适应（adaptation）是机体对环境的顺应。顺应是临床心理学的专门术语，指良好的适应过程及其效果。如果适应的后果无成效就称顺应不良。刚入学，在短的时间内每个同学都需要去不断地适应新环境的各种变化，由于个体自身的状况及个体所处的环境等因素存在很大不同，所以个体对新环境适应的程度也不尽相同。这里的新环境既包括自然环境，也包括人文环境。同在一个班集体中，有的同学很短时间内就能和周围同学打得火热，而有的同学则需要经历较长时间，区别在哪里呢？个人的合理认知及适应方式方法的掌握将有助于提高适应的能力。此项活动的设计考虑到新生面临新班级，有那么多的新面孔，容易产生陌生感、不安全感、恐惧感，因此活动的环节都是以大多数同学共同活动的方式来进行，避免了个体单独活动的尴尬与紧张，创设了共同效仿与学习的条件，在一种活泼、轻松、宽容的氛围中习得适应的方式方法，让大家你认识我，我认识你。

环节三：我们与众不同

1. 活动过程

让同学们 6 人为一小组，先彼此介绍一下自我，然后共同完成一个任务：为自己的组起一个独特的组名，并设计一个形象标。

2. 活动提示

分组的同时考虑一下男女同学的比例，这样对同学思路的开发、活动效率的提高有促进作用。刚开始的自我简短介绍可能会出现冷场的现象，老师可适当介入，参与活动，一旦学生的热情被激发后，老师要快速抽身，将活动的主动权留给学生。小组完成任务后要选取一种方式将本组的组名和形象标向大家展示。

同学们的组名起得五花八门，如"云月组合"——有感于岳飞的"三十功名尘与土，八千里路云和月"，象征着这一组同学的团结奋进与不懈追求；"被选中的孩子们"——来源于动画片"被选中的孩子们"，表示虽然历尽艰难，但有缘千里来相聚，相亲相爱，共同的责任使我们团结一心；"三七二十一"——表示三个男生、七个女生的小组，不管如何都会共同努力，争取最好表现；"力与美的组合"——让奥运精神永远传扬……这些口号有的很搞笑，有的像广告词，还有的充满诗的韵味，但不管哪一种，都充满了朝气与自信，很有新意。形象标设计得也很有意思，或简洁或典雅，虽然还存在很多不足但足以让每个人为之欢欣鼓舞。这个活动将气氛推向了最高潮，活动刚开始时的不安与担心、谨慎与戒备、拘谨与敏感不见了，取而代之的是快乐与自信、热情与大方。

老师：坐在自己前后左右的同学是日常生活中打交道最频繁的人际圈，在这个活动中每个同学都能顺利地归属到一个小组中，这种安全感与归属感是每个面临新环境的同学最需要的，特别是经历了前面具有自我挑战与竞争的活动后，能有属于自己的一个天地对于很多同学来说是至关重要的，这同时也使同学们进一步感悟到，适应是一个过程，每个人都要经历的，在经过自身的努力后，你会逐渐适应集体的。

在集体中每个人的角色各不相同但都同等重要。设计组名与形象标的活动给每个人提供了一个自我展示的平台，同时大家的最终目标都是促成团体任务的完成，在整个过程中个人聪明才智如何与集体的智慧相结合，个人的观点怎样才能影响集体的决策是需要每个成员认真思考的。大家有了共同的目标，也就有了前进的动力。小组成员在冥思苦想、相互取舍的过程中，团结、协作、互助、自信、勇于创新与挑战的团队精神也随之培养起来，对于增强新建立的班集体的凝聚力是十分有好处的。这种合作与自信将会影响你们今后的学习与生活，由此形成的团队的人际关系也会在一定时间内成为他们最主要的交际圈。

设计意图：

个人需要的最高层次是自我实现的需要，认识新同学之后，集体中如何展示自我，挖掘自身的潜力，以一种新的形象出现在同学和老师的面前，并和大家和谐相处，共同进步，这是每个新同学要思考的。此项活动的任务有一定难度，但若同学们各尽其能，发挥所长，共同努力是会完成得不错的。这是运用"最近发展区"的原则，以使学生跳一跳能摘到桃子，让学生的激奋水平保持在最佳状态。

【班会后续】

班会课虽然结束了，但迈入高中新生活的学子，能否快速融入新集体，还有很长的路需要走。接下来设计以下几点工作：

（1）让同学们写出自己的十个优点和三个缺点。

（2）让同学们写出同桌或同学的十个优点。

（3）根据自己的生涯发展蓝图，设计自己在学校三年的学习方案。

（4）填写自己的人生规划书。

人生规划书

标题 （彰显自己的个性吧）							
姓名		性别		年龄		身高	
我的 目标	希望从事的职业						
	我的兴趣爱好						
	我的学习价值观						
	高中期望目标						
我的 现在	我的学习情况						
	我的优势						
	我的劣势						
我现在 与考上 理想高 中的目 标差距	观念上的差距						
	知识上的差距						
	能力上的差距						
	心理素质 上的差距						
我的行动方案							
我管理时间的办法							
我可能会遇到的挫折							
我打算采取的应对办法或 写一份应对挫折的宣战书							
教师点评							

【班会效果】

通过本次班会课，学生们认识到了初中生活与高中生活的不同，对新同学增进了了解，加深了友谊，对自己高中三年以及今后的人生规划进行了初步的设计。有效地增加了班级凝聚力，同学们纷纷表示新的班级文化应该用"三 HAI"文化概括，即"孩"文化，永远保持一颗童心；"海"文化，有海纳百川的开阔胸怀，同学间互相包容；"还"文化，在学习和生活上提倡"还能怎么学、还能怎么好、还能怎么优"。此次班会有效增强了大家的团队合作意识和比学赶帮超的学习劲头，班风和学风日渐浓厚了。

02. 一个支点塑班风

——干部竞选不简单

刘兆帅

【班会背景】

高一上学期，学校进行了文理分科，元旦之后全年级按文科、理科进行了重新分班，相当于全新的班级。分科分班开学之后，根据同学们的推荐和班主任的观察了解，任命了新的班委、团委干部。班级的学习管理、各项班级事务正常开展。一个月后进行了秋期期末考试。春节之后，新的学期开学，进入高一下学期。经过春节前一个多月的磨合，学生之间、师生之间相互增进了了解，班主任对班级情况有了较深入的掌握。发现了一些有能力、有激情、有责任心，愿意为班级服务，但是又不是班干部的同学。

最有效的班级管理就是引入适度的竞争，适度的竞争需要先划分合理的竞争单元。有效的班级管理就是从划分合理的竞争单元入手。在前几年的班级管理过程中，我逐步摸索出一套班级分组的方法，命名为"四部八组"。

"四部八组"是指把班级平均分为四个"部"，各部选出一位"部长"；每部再均分为两个"组"，各组选出一位"组长"，一个组内的组员分别担任本组的各学科组长。即若干名同学构成一个"组"，两个组构成一个"部"，四个部构成一个"班级"。志同道合、经历相近、成绩相当的学生可以组建成一个组；同时，兴趣爱好、能力水平、学习成绩有差异的学生也可以相互取长补短组建成一个组。通过这样的分组，将传统意义上的班级组成新单位，"人"变成了新的单位："部"；而"一部"的力量显然远远强于"一人"的力量。

"四部八组"组建原则：组内异质、组间同质；部内异质、部间同质、班内一致。"部长"由竞选、投票产生，选出"部长"之后，同学们与"部长"进行"双向选择"，"部长"的能力接受考验，班主任可进行适当建议和引导。"四部"产生之后，每位"部长"选聘两名"组长"，并招聘组员组建自己的小组。八个小组组建之后，开始进行"四部八组、合作学习"的班级学习、管理模式。

班级管理方面有正常的班委团委，划分"四部八组"之后，各部有一位部长，两位组长。班委团委负责班级整体的管理，部长负责自己本部的团队管理。部长在班级整体中是一位普通的学生，接受班委团委的日常管理，但是在他所在的部中，他是该部的主要负责人，全权负责本部的纪律、卫生、学习等各项事务，就相当于是一个小班主任。班长、团支书负责班级的全面事务，但在某一个"部"里面他们又只是该部的普通组员，服从部长各项的任务安排。班委、团委同学属于传统意义上的班干部，"部长"属于班级内部划分的四个竞争单元的"负责人"。班团委和部长之间既相互督促又并行不悖。

春节之后，新学期开学，就着手对班级进行学习小组的划分。在这样的"背景"下准备开一次竞选"部长"的班会。

【班会目的】

本次班会的主要任务是在全班范围内竞聘选举出四名"部长"。开学第一天的班会上就开始对班级分组进行宣传，调动起同学们参与班级管理的积极性和主动性；计划通过竞选演讲发现更多的班级管理人才，激发更多同学的学习激情和参与班级管理的热情。通过"四部八组"的划分，建立合理的竞争单元，激发起所有同学的竞争意识和学习热情。希望在班级营造出"比学赶帮超"的学习氛围和良好的竞争状态。

【班会准备】

1. 班主任的宣传员。全面宣传和个别谈话相结合。

首先，在班级进行总体宣传鼓动。我先把"四部八组"的总体构思、分工设置、运行规则给同学们说清楚；展示往届的"四部八组"分工表，让同学们看到：这样的分组确实做到了"人人有事做、事事有人做、人人都是责任人"，从而激发调动起更多同学的参与热情和积极性。

其次，班主任依据分班以来同学们的日常表现，根据自己的观察，圈定几个表现好的，认为有管理才能、有发展潜力的同学进行个别谈话，鼓励其积极参与竞选。

最后，和各寝室室长谈话，了解同学们在寝室里对"四部八组"的讨论认识以及对竞选的看法；了解他们身边有哪些同学有能力、有竞选意愿。在这个过程中班主任会对同学们有新的、更全面的认识，知道哪些同学是超然

"世外"、一心向学的"专业学习型"学生；哪些是积极"入世"，以班级兴衰为己任的有为青年；哪些是身怀"绝技"默默无闻的高手；哪些是有明确目标、信念坚定、用心专一的学生；哪些是没有目标、随波逐流、容易被外界环境左右的学生……这样为后期的分组分工提供一些依据，班主任在大方向的把控上有一个总的轮廓。

2. 参选同学的筹备策划、构思展示，竞选前的自我推销。

准备竞选的同学构思自己的执政理念、执政纲领；调动同学们学习的积极性；本"部"的远景规划和战略目标；相关的策略措施等。确定部名、部训、部歌。

在筹备阶段，可以进行自我推销、能力展示、参与竞选部长的同学和同学们之间进行双向选择，必要时进行"谈判"，参选者进行全班范围内的"招选"组员，非参选者可以在多个"邀请人"中选择一个自己最看好的、最有利于提升自己学习的"部长"。相互沟通、谈判、认知、碰撞、犹豫、思考、决裂、抉择……

3. 班主任的答疑解惑、鼓励引导、把握方向。

在这个过程中，班主任可能会遇到以下几个问题。

（1）老班，你会暗箱操作吗？

宣传动员时说过本次活动的基本流程：参选同学先进行演讲，全班同学再进行投票，根据票数确定四位部长的人选。一次晚自习放学后查寝的时间，调皮的小良在寝室笑着说："老班，你是在投票后公开查票还是你自己在下面统计票数？"我说："你有啥想法？"他说："A同学准备竞选，并且他已经游说了好多同学，那些同学都说投他的票，这样的话，他票数一定会高，我怕他当部长之后把同学们带偏，所以我建议你'暗箱'操作一下，别让他当选……"寝室同学都开心得大笑，我也笑着说："你和A同学还是好朋友，你这样说，就不怕他不高兴？""老班，我这是大公无私，也是为班级考虑嘛。""好啊，我为你的责任心和大局意识点赞！"

A同学成绩一般，平常对自己要求也不太高，纪律观念有待进一步提升，这次报名参选部长也出乎我的意料。小良同学的担心也不无道理。但是"部长"必须要有足够的群众基础和学习能力，要确确实实把同学们认可的人选出来，所以一定要现场公开唱票。班主任要相信同学们的选择。如果A同学能够被选中，说明他有足够的能力和实力，能带领同学们把成绩提上去；如果他能赢得同学们的认可，班主任就要相信他能做得很好。如果他不具备这样的能力，也不会得到同学们的支持。所以，"公开、公正"既是对参选者的考验，也是对同学们认知力和判断力的检验，从某种意义上说，也是对班级班风、学风、主流价值观的一个检验。因此，竞选一定要当场公开唱票。

（2）我该选择谁？

一位寝室长找到我说她们寝室的小张这几天心情很难受，昨天晚上甚至都哭了。原来，她本来决定进入小白同学的"部"，但是她以前的同班 A 同学也找到她了，想让她跟着自己。小张不知道该怎么办。这是一个两难的选择，着急得竟然哭了。并且说这种情况还不少。我对这名寝室长说："所有同学都要学会选择，学会取舍，要知道自己该要的是什么，要倾听自己内心的声音。例如，在面对学习和游戏时，该怎么办？是选择游戏，还是抵制诱惑？我想每一个同学心中都有自己的答案。为了成长，总是要失去一些什么，相信你们都会有正确的选择！"

如何召集够自己的成员，是对参选同学能力的考验；如何选择自己的部长是对非参选同学的检验。管理能力、学习能力、价值取向、兴趣爱好都在不知不觉中得到体现，更重要的是让学生们在慢慢地思考"我是谁？我要去哪儿？"

（3）被绑架的"拉票"是我想要的竞选吗？

过了两天，参与竞选的小白情绪低落地找到我说："老班，我不想参与竞选了。有参选的同学在班里不停地拉票，本来有些不想去他那个部的同学被他反复的游说之后，也勉强同意去他那个部……这不就是恶意竞争吗？这样的话，我觉得竞选也没什么意思了，我也看不惯他们那样的做法，所以我就不想竞选了……"我说："存在的就是合理的，别人拉票，你也可以拉票呀！我们看不惯的一些现象不一定不对，或许是我们自己错了呢？谁说你一定是对的，别人是不对的？我们需要的是什么呢？需要的是检验——时间的检验、认知的检验、人性的检验、价值观的检验。答应去他那个部的同学一定会投那个同学的票吗？答应来你的这个部的同学，一定会投你的票吗？现在需要做的不是抱怨指责、伤心弃权，而是充分准备、展示你的优秀，用能力和实力去证明自己，从而赢得同学们的认可和选票！请相信同学们的觉悟和梦想！不能把这个世界交给你鄙视的人，那么你需要做的不是消极的逃避，而是积极的投入，勇敢的证明。其实这次同学们的选票结果也是对班风学风的一次检验。鱼在水中，冷暖自知，相信大家会做出正确的选择。我相信同学们的抉择，你也要自信！"听我说完，该生信心满满地准备竞选去了！

让学生们去亲历纠结和挣扎，在不断思考和反省中进行心灵的碰撞，他们就会在时间里慢慢成长。

4. 改进方案，让竞选更科学。

经过上面三件事之后，我也觉得需要对竞选方案进行一些微调。本来有八位同学参与竞选，计划选八位同学中票数最高的四位同学担任部长。我和几位同学沟通之后，感觉到票数多的不一定是最合适的。所以把"8选4"改为两步走。先从八位参选同学中按票数多少选出前五位同学，完成"8选5"；再给他们一周时间让他们再在班中同时选聘组员，组建自己的团队，招不到人或招人最少者再被淘汰掉，最终确定四位部长，完成第二步："5进4"。这样既增加了竞聘的挑战性，又能考验入选者的水平和能力。

【班会过程】

1. 准备。几位选手抽签，决定发言顺序以及选票的代号，并把姓名、代号依次写在黑板上。同时让我们班的张毅龙同学（前期谈话调研中发现的一位立志去"西安音乐学院"的高手）演唱了一首暖场歌曲《你的答案》。先把气氛烘托一下，调节一下选手紧张的心情。

2. 演讲。几位竞选同学依次登台演讲。排在1号的是小潘同学，可能是初次登台，平时缺少锻炼，又是第一个演讲，太紧张了，导致开始之后有短暂的冷场，同学们予以掌声鼓励，他冷静之后提出申请：因为太紧张，等其他同学演讲完之后再演讲。同学们理解并同意。第2号的小郑是一位女生，计划脱稿演讲，但走上讲台后也是紧张，也提出了最后再演讲。后面6位同学表现很好，小蔚同学现场展示了部歌；小白同学邀请了亲友团助力；小韩同学的演讲，恢宏大气，掌声不断……最后小潘、小郑两位同学第二次走上讲台，顺利完成了演讲。我对同学们的演讲是有心理预期的，虽然两个同学稍显紧张，但是学生们整体的表现还是超乎我的期待和想象。说明同学们的潜力是巨大的。

3. 投票。演讲完毕，同学们立刻进行现场投票。结果有两位选手又自己临时追加了一个"最后30秒再展示"的环节，期待给同学们留下更深刻的印象。其他选手也立刻当场追加该环节，把班会气氛推向一个新的高潮。在投票之前再次重申规则：8选5、5进4！每位同学可选三个人。前期可能有多个参选同学找到你，有你想去的"部"，也有你不想去的"部"，为了避免后期"面对面"选人的尴尬，现在每个同学都知道自己该做出什么样的选择了！学生们会明白的。

4. 唱票。现场唱票、展示票数。最终会发现，选手的票数和班主任的预期是绝对吻合的。这也充分证明了学生们的判断力和分辨力。

5. 定人。现场选出前5名同学。准备接下来为期一周的"5进4"选聘组员、组建团队的考验。

【班会效果】

通过此次班会提升了学生们的民主意识，点燃了他们学习的激情，激发了同学们为班级服务的责任心和使命感。此次班会属于班风、学风建设的一部分，在这个过程中，班主任可以及时发现班级的一些问题和漏洞，能够及时关注一些特殊学生。竞选演讲时，学生们的表现会让班主任有意外的惊喜，高中学生的觉悟与才华，超乎了我们的预期和想象。

因为别人"拉票"而自己不愿、不会"拉票"的小白同学惊喜地发现，虽然自己并没有四处拉票，但自己的票数还很高。这让他很激动，更增强了他为班级服务的激情和热情。这样的结果既说明了小白同学前期在学习、纪律、工作（他是历史课代表）方面表现比较好，得到了同学们的认可，又说明了绝大多数同学的价值取向是正确的，这意味着整个班风是充满正能量的。这样的选举结果既是班级前期班风的一个缩影，更是对后续班级主流价值观的取向、班级学习氛围的引领。

在随后"5进4"进行选聘组员、组建团队时会有更激烈的竞争、更深入的碰撞，学生们的能力会得以更全面的展示与提升。在随后的每周班会、考试后的成绩分析、座位调整等方面，均以"部"为单元，分别由各自部长主持或安排，在这些班务的开展过程中能看到同学们在不断进步与成长。

【教育反思】

班主任要敢于放手、勇于放手，要善于发现学生的闪光点，充分挖掘学生的内在潜力，培养学生在日常学习、班级管理中独特而有生命力的潜质，依靠学生、吸收学生参与班级管理。

"教育"应当和"活动"结合起来，只有"经历过"才能有"体会"，继而才有"感想"，才会学会"思考"，才能成长。说教没有用，成长靠行动！

03. 让班级因我而幸福

——我爱我的班

高中林

【班会背景】

我们学校是寄宿制学校，在学校生活的时间多于在家时间。学生住宿后，就要更好地与同学、教师和谐相处，就要融入到班集体中，学会爱自己的班级、老师、同学。这些经历对他们的成长来说具有重要意义。让学生感受到班集体的力量和温暖，找到应有的归宿。

高一（2）班自成立以来，总体各方面表现良好，但也存在一些问题，尤其是班级的凝聚力不强，学生的集体认同感和荣誉感不强。在遇到集体活动时总是表现得不够积极。一二·九大合唱活动，据班长反映，班里对此项活动积极性不高，也没有同学愿意作指挥。眼看就要比赛了，准备工作还没有做好。在班级调查中，发现大部分学生觉得集体活动跟自己无关，心中只有"小家"，没有"大家"。还有学生觉得对班集体没有太深的感情。目前提高学生集体意识、增强班级凝聚力成为亟待解决的问题。

【班会目标】

1. 通过班级活动，让学生既感知到班级的温暖又要看到班级存在的不足和需要改进的地方。

2. 在合作分享的过程中，提高学生对班级的认同度，增强学生集体观念和集体荣誉感，提高学生关心集体、建设集体的热情。

3. 让学生树立集体意识、增强主人翁意识，学会生活、敢于担当，为今后的幸福人生奠基。

【班会准备】

1. 准备钢琴曲、《年轻的战场》等歌曲。

2. 军训、学习、运动会、跑操、获奖奖状等照片、制作班级 VCR。

3. 家长代表发言视频。

【班会过程】

播放学生制作的《我们的2班》班级 VCR。

主持人1：因为缘份，来自不同地方的我们相聚在省溧中，相聚在高一（2）班。（2）班就是我们每个人的第二个家。

主持人2：是的，（2）班是我们每个人的家，尽管这个家成立的时间很短，但是给每个人留下了深刻的记忆。

主持人合：高一（2）班主题班会正式开始。

第一篇：印象（2）班

主持人1：还记得第一天来学校报道的场景，还记得军训第一次站军姿时的汗水，还记得第一次月考考试后失落的心情……（2）班在我们心目中留下了怎样的印迹呢？

主持人2：我清楚地记得第一次住校时想家的滋味，我还记得运动场上我们飞扬的青春，还记得诗歌朗诵比赛时那紧张和兴奋的场景……让我们一起来说说我们印象中的（2）班。

学生1：绿色的。我印象中的（2）班是绿色的。高中生活第一课就是军训，当我们穿上绿色的军服，踏进绿色的军营，顿时有种突然间长大的感觉，我是高中生了，我要担负起自己的责任。

学生2：蓝色的。（2）班给我的感觉是蓝色的。首先，我们第一次穿的夏季校服是蓝色的；其次，蓝色代表着沉着冷静，我们上课专注的神情和自习课认真的模样用蓝色形容再恰当不过了，所以（2）班给我的感觉是蓝色的。

学生3：橙色的。入秋以后，我们以集体为单位参加的第一个活动是运动会，一整天的谈笑、鼓励和呐喊，充分体现了属于我们的热情活跃；在学校大礼堂里，柔美的橙色灯光映照在我们每个人的脸上，感觉格外的温暖，参加诗歌朗诵比赛的同学既紧张又兴奋，橙色代表着（2）班充满活力和阳光。

学生4：红色的。（2）班给我的感觉是红色的，因为同学们在赤红的跑道上为运动会的奖状挥洒过汗水；从军训开始到现在，我们已经获得了许多鼓励，许多嘉奖、许多荣耀。对于这些受到肯定、得到赞扬的同学们来说，红色，是奋斗、是勇气、是坚持、是胜利。

学生5：白色的。教室卫生不过关，白色纸巾有时无人问津，有的书桌里书籍摆放凌乱不堪，这是苍白的白色，但是（2）班像一张白纸，我们可以用勤劳与智慧的双手将（2）班这张白纸染成缤纷绚丽的画卷。

主持人1：是啊，我们是一个优秀的集体，一起努力过、拼搏过，这个集体五颜六色、充满活力，但仍有不足，需要我们继续加油。

主持人2：是的，我们是一个年轻的集体，还有很多需要提高和完善的地方，那我们应该怎样将（2）班建设得更加优秀呢？下面我们进入第二篇：给力（2）班。

第二篇：给力（2）班

环节1：（2）班班徽

主持人1：看了这个班徽，我想大家都想知道这个班徽的寓意是什么？下面有请班徽的主设计者夏高洁同学分享她的设计理念。

班徽主设计者夏高洁：之所以用圆形作为基本框架，因为圆代表着高一（2）班是一个团结互助的整体；蓝色的海洋代表着高中生在知识的海洋中努力求学，海燕代表（2）班的学生像勇敢的海燕一样不惧风雨，不畏困难，勇敢追求，希望我们是一个进取、向上、勇敢的班集体。

主持人2：班徽是一个班级的标志和象征，也是班级学生的精神寄托。班徽寓意着（2）班积极向上、团结拼搏的班级精神风貌。很感谢同学的精心设计。

主持人1：当然，我们也不是一个十全十美的班级，经过大半个学期的相处，我们也看到了班级存在需要改进的地方。下面请同学们说说哪些地方需要改进？我们每个人应该怎么做？下面进入第二个环节：我说我做。

环节 2：我说我做（我能为班级做什么）

班级五个小组分别讨论纪律、卫生、学习、礼仪、活动五个方面。

学生讨论后发言

第一组（纪律）：最重要的第一条是要遵守学校的"三大纪律八项注意"；班级自习课时学生有讲话声音，班委需要加强管理；午休时有一部分同学不睡觉，做作业翻书的声音影响其他同学休息；有少部分同学上课容易起哄……

第二组（卫生）：我班卫生最大的问题是面巾纸到处扔，每个人要管好自己课桌边的卫生；还有就是擦黑板的同学不及时擦黑板、抽屉里和桌面上的书籍摆放得凌乱不堪……

第三组（学习）：早读课读书时声音比较小，尤其是男生；做作业时时常有边做边讨论的现象，要按照老师要求独立完成作业；有同学上课注意力不集中，有开小差、打瞌睡的现象……

第四组（礼仪）：就餐时要文明就餐，就餐结束后要收拾好残渣；有同学讲话不文明，讲脏话，需要提高修养；见到老师要主动问好；在家要和父母和睦相处……

主持人 1：是啊，我相信我们只要用心去做好这些事情，我们一定会成为一个更优秀的集体。

第五组（活动）：班集体活动的开展中，同学们表现得不够积极，不能统一思想。班集体就像一朵花，只有每一个花瓣都努力开放，才算是漂亮的一朵花，班级才是一个优秀班级。

主持人 2：由于时间原因，今天的班会课还无法充分讨论，我们在本周内再充分准备，最终形成完整的班级高一（2）班公约，希望大家认真执行。

主持人 1：我们每个人在成长的过程中离不开老师的教导和家长的养育，下面进入温情寄语环节。

环节 3：温情寄语

主持人 2：首先我们看看家长有什么话要对我们说，请播放周君瑶家长温情寄语视频。

家长寄语：播放事先录制好的视频。

主持人 1：听完周君瑶家长的寄语，大家一定深有感触：无论我们怎样，父母永远是坚强的后盾。希望同学继续加油，不要辜负父母的殷切期望。

主持人1：下面有请语文老师夏迎晓老师发言。

教师寄语：大家好，高中三年就是乘风破浪最终到达理想彼岸的过程，而我们乘坐的就是高一（2）班这样一艘快艇，在这艘快艇上，班主任是舵手，各位老师是水手，那么同学们就是乘客。但是这个比喻也不是十分准确，因为乘车完全可以置身事外浏览风景就可以了，但是高一（2）班的建设离不开每一位同学，所以从这个角度上来说，我们更加应该风雨同舟、荣辱与共。好风凭借力，送我上青云。希望每个同学借助良好的学习习惯和良好的班风一定能够"直挂云帆济沧海"。（2）班的同学，你们最棒，请为自己鼓掌。

主持人2：好的集体离不开家长和老师的帮助，谢谢你们的陪伴。

主持人1：一些同学也有话对（2）班说，下面有请学生原创诗歌朗诵。

学生寄语：彭雅琪、周静、王心怡、周叶、杨明红，几位同学原创诗歌朗诵——《我有一个名字叫（2）班》

第三篇：班主任总结

在短短的几天时间内同学们准备和组织了这样的一场班会活动，你们已经用实际行动践行着班会的主题，请把掌声送给每一个努力的自己。

我希望班级是一个温暖的家，一个充满阳光的地方、一个可以依靠的地方、一个值得留恋的地方。这个家是每个人的家，也需要每个人用勤劳与智慧的双手去为班级舔砖加瓦。为我们这个"家"发挥自己的优势，为班级荣誉而努力。做一个"让他人因你而幸福的人"。

最后我向同学们推荐一首《奔跑》歌曲，希望我们一起逐梦前行，努力奔跑。

播放《奔跑》歌曲。

【班会后续】

构建和谐班集体是高一起始年级一项重要工作，在设计主题班会时以班级实际问题为导向，让学生发现问题、解决问题，进而增强班集体的凝聚力。在班会准备的过程中，很多同学积极参与班会设计和前期准备工作，一方面提高了学生的思维能力、动手能力，养成一些生活和学习中必备的素养，另一方面也在活动过程中增强了对班级的理解与认同。从整个实施过程来看，班会课过程中学生参与度高，课堂组织流畅，课堂效果好，达到了预期的目标。

　　一节班会课时间要一次解决班集体建设的诸多问题，实在有点难，今后生活中要着眼实际问题，聚焦核心问题，及时抓住教育契机，做好"长程"教育的准备。后续的大合唱活动，班级有了指挥，有了领唱，分了声部。中午主动要求去操场排练。在活动结束我班荣获大合唱一等奖，趁热打铁，开设了班会课——《班集体中你很重要》。鼓励学生，你是班级中重要的一份子，缺了任何一位同学都叫"缺席"，不完美。人人献出一点力，班级就是大潜力。为巩固大合唱带给班级向上的力量，在后墙张贴了奖状和活动照片。

　　计划在元旦举行一次"集体生日"，请心理教师为全班做一次团结的"拓展活动"。后续还要不断抓住契机，强化集体观念，增强学生的责任感、归属感。

　　对于为班级做贡献、乐于帮助同学的事给予表扬、鼓励。制定一套奖励机制，评出每周之星、每月之星、年度最美学生。营造班级氛围，调动每位同学的积极性。

04. 英雄不必问出处

——分层班级的信心构建

张国静

【班会背景】

高一开学初，学校为了更好地因材施教，把班级分为 A、B、C 三个层次。而今年我带的就是 B 班。我调查了一下：B 班的学生在初中时大部分都在实验班就读，或是在班级排名前十名，甚至还有的是班级的前三名，是老师和同学眼中的"学霸"。但升入高中后分到了 B 班或是在班级的名次有所下降，从原来的"优等生"变成"普通生"，甚至是"落后生"。这些变化让学生心理产生很大的落差，因而产生自卑的情绪，甚至是有厌学的情况。B 班的学生相对 A 班来说初中基础略不扎实，学习习惯也稍差，但是学生的综合智力却并不逊色，所以首先要调整好学生的心态，才能为以后的学习打好基础。

在之前的教学生涯中我与学生进行交流时，发现如果刚开学时没有对心理问题进行及时的疏导，会对未来的高中生活产生很大的负面影响。所以 B 班开学的第一次班会，既要让学生接受自己的定位，又要增强学生的自信心。

【班会目标】

1. 引领学生做好初高中的衔接。

2. 让学生重拾信心，积极乐观地迎接高中生活。

【课前准备】

教师准备：搜集相关资料，制作 PPT，录制相关视频；与学生谈话，并与家长沟通了解学生初中的情况以及学生的性格特点；邀请两位任课教师参加本次班会。

学生准备：针对数学和英语两科写出自己的问题。

【班会流程】

环节一：视频导入——英雄不问出处

PPT 课件展示视频：开国第一大将——粟裕的经历

主持人：粟裕是中华人民共和国开国第一大将，一生光辉万丈，荣誉无数，虽从未上过军校，但 57 位开国上将中有近一半是他的部下。原本粟裕是该排元帅的，但是他排在十大元帅的末位。他说了句"宁做将头，不当帅尾"，所以选择成为大将，最终成为十大将之首。

学生讨论：大家看了粟裕将军的故事，有何感想？

观点展示：如果我是粟裕将军，我也会做出这样的选择。只要是金子，在哪里都会闪闪发光。就像现在的我们，虽然身处 B 班，但是我相信只要我们努力，一样可以考出优异的成绩，甚至比 A 班的同学更优秀。

学生讨论：心目中像粟裕这样的英雄还有哪些呢？

观点展示 1：我心目中的英雄是杨洁篪。他由一个普通的电表厂的学徒工慢慢成长为我国的外交部长，尤其是他和美国谈判的时候，愤怒说美国没有资格居高临下同中国说话，简直太酷了。

观点展示 2：我心目中的英雄是毛泽东，他出身农家，但是带领了中国共产党取得了新民主主义革命的胜利和建立了新中国，并取得了经济建设的伟大成绩。他是中国人民的大救星。

观点展示 3：我最崇拜的是功夫巨星成龙。他从一个默默无闻的跑龙套的，一点点走向世界，成为国际明星。他拍摄的电影我都非常喜欢。

主持人：高中生活才刚刚开始，乾坤未定，你我皆是黑马！乾坤已定，我们就扭转乾坤！

设计意图：通过展示粟裕将军的经历引发学生的共鸣，让同学们畅谈自己的偶像，激发学生的斗志，积极乐观地迎接高中生活。

环节二：故事讲述——榜样就在身边

活动 1：PPT 展示两张照片：①《大学录取通知书》；②大学军训时在大学图书馆前留影。并播放大一学生录制的一段视频。

播放视频：学弟学妹们，大家好。我叫王修博，于 2020 年毕业并考入中国海洋大学。我刚进入高三时，英语只考了 40 多分，在班级排名也是 30 名左右。到了高三由张老师接任了班主任，她对我这样的"偏科生"制订了特殊训练计划。经过两个月的努力，到期中考试我的英语成绩提高了 50 多分，到学期期末考试的时候，我的英语成绩基本上稳定在 90 分左右，班级排名提高了二十多名。也正因为英语成绩的提高，使得我最终考上了理想的大学。所以学弟学妹们，不要因为现在的不足而灰心，只要有恒心，有毅力，一切理想都可实现。加油！

活动2：PPT展示一中校长兼党委书记张洪洲校长的照片。班主任讲述他的故事。

老师：去年在高三百日誓师大会上，张校长给咱们高三学生讲述了一段他自己的亲身经历，让我记忆尤新，深受触动。张校长上初中时由于农村教学条件差，又赶上"文革"后期学校一片混乱，所以数学成绩很差，中考时只考了6分。上了高中后第一节数学课就完全听不懂，但是他并没有气馁，每次数学老师在上面讲课，他就偷偷地自学初中的数学知识，下课后再找同学借课堂笔记整理。晚上回到宿舍点着煤油灯继续复习。煤油灯散发的浓浓黑烟熏得他特别难受，甚至第二天早晨起来鼻孔里、喉咙里都是黑的，擤出来的鼻涕也是黑色的。冬天宿舍窗户漏风，也没有取暖设备，冻得脚上生了冻疮，溃烂流脓都粘到了袜子上，所以晚上连睡觉都不敢把袜子脱下来。就在这样艰苦的环境下硬是自学把数学补上了，高中毕业以优异的成绩考上了专科学校，毕业后还成为了一名中学数学老师。

学生讨论：通过这两个故事，有何感悟？（观点略）

设计意图：以同学们身边的典型事例进行励志教育，会更能感化学生，触动学生的心灵。

环节三：师生交流——如何成功"逆袭"

活动1：任课老师对学习方法进行指导并回答学生问题。

主持人：高中的学习即将开始，面对未来我们信心满满，但也有些迷茫。"工欲善其事，必先利其器"，不管我们学习什么，掌握正确的方法是最重要的，今天我们特别邀请了数学老师李老师和英语老师吉老师为我们答疑解惑，指引方向。

李老师：进入高中以后，有不少学生没有认识到初中数学与高中数学的区别，用初中的学习方法对待高中学习，没有搞好初中、高中的衔接和过渡。首先要养成良好的学习习惯，学好高中数学最重要的是要整理错题本并物尽其用。然后要进行大量的练习，每天至少拿出一节课的时间做数学题，从时间和数量上坚持不懈。

吉老师：对于刚走进高中大门的学生来说，各种良好习惯的形成对英语的学习往往起着事半功倍的作用。下面我用英语介绍下方法：

T：Every night when a day is over，when the light is off，when you go to bed，you ask yourself eight questions.

Did I recite words today?（今天我背单词了吗？）

Did I read aloud today?（今天我大声朗读了吗？）

Did I do some reading today?（今天我阅读了吗？）

Did I listen to the tape today?（今天我听英语录音了吗？）

Did I finish the homework today?（今天我完成作业了吗？）

Did I go over the lesson today?（今天我复习功课了吗？）

Did I prepare for tomorrow's lesson today?（今天我预习功课了吗？）

Did I try communicating in English today?（今天我用英语交流了吗？）

主持人：李老师的一番教诲让我们如沐春风，感受到了春天般的温暖，她的话语似花香般沁人心脾，让我们找到了努力的方向。吉老师渊博的知识让我们大开眼界，幽默的言谈也激发了大家学习英语的兴趣。正如达尔文曾说过，"关于方法的知识是最重要的知识"，无论我们将要学习什么，掌握正确的方法是最重要的。

师生对话：学生提出困惑，老师针对性解答。

设计意图：由于高中学科的特点与初中有很大不同，如何做好初中与高中的衔接是很多学生面临的最大困惑与难题。"亲其师而信其道"，良好的师生关系能使学生拥有良好的情绪去面对学习。通过任课教师的指导与鼓励，与班主任的教导相辅相成，共同帮助学生尽快找到开启高中学习之门的钥匙。

活动2：自我批评，找不足，完善自我。

学生讨论：我们和A班的同学差距到底在哪？我们该如何去做呢？

观点展示1：我原来的初中同学考进了A班，在初中时他就非常优秀，平时做题很少因为马虎出错，不像我不是忘了个小数点，就是少个单位符号，经常犯迷糊。以后我一定要努力改正马虎的毛病，这样就少失分啦。

观点展示2：我进班时的名次是第十名，我要向第九名同学挑战，到下一次考试的时候，我要在总分超越他。

观点展示3：我原来初中一直是班级第二名，就是大家说的"千年老二"，每次下课的时候第一名都在学习，而我总是忍不住跑出去玩，假期的时候也是边玩边学。后来中考她考进了A班，我却没有。我要改掉贪玩的毛病，抓紧一切时间去学习。

设计意图：通过学生的自我剖析，找到自身的不足，并认识到改变自己的重要性。

环节四：点燃激情——我们一起追梦

活动1：大声朗读班级誓词。

活动2：播放MV《我们都是追梦人》，全班一起大声合唱。

设计意图：豹尾结束，给学生以激情震撼，可以缩短由知到行的距离，又可以让班会的效果，余音袅袅，渗入灵魂。

【班会后续】

让每个同学写出近期奋斗目标，在第一次月考的班级排名与年级排名的目标。要结合自己的实际情况，不能把目标定得过高或过低。同时，让每位同学写一封信——"致未来高三的我"，把现在的理想大学、学习计划、未来寄语写下来，并由班主任保存好，等到高三开学前再交给学生打开。这也为将来的高三第一节班会课做好准备。

班主任与每个学生进行交流，了解学生的学习情况及心理情况，并对学生进行鼓励教育。邀请其他任课老师参加以后的班会，继续进行学习方法的指导与交流。

【班会效果】

自信是成功的重要推动力，尤其是对于刚刚步入高一的学生来说显得格外重要。作为B班高中开学第一节班会，我针对学生的心理问题选择了这个主题，对学生将来的学习会起到积极的推动作用。当然还需要进一步与学生沟通，对心理比较脆弱的学生还需联系学校的心理老师进行专业引导。

这节班会召开之后，发现学生的情绪开始有了一些变化。有些同学开始变得比较开朗，愿意并主动与同学交流学习心得。我与学生进行谈话时，也有学生说绝不甘心永远在B班，要通过自己的努力考进A班。还有学生打电话通知家长把初中的课本送过来，准备在军训休息时间好好复习一下初中的知识。我借鉴了同学们的建议，让每个学生写出一个竞争对手，写在便利贴上，贴在桌子上。还要由班长组织全班同学，写下"挑战书"，以班级的名义挑战隔壁班级，同学们对此事也非常积极。

总之，通过这次班会营造出争优赶超的班级氛围，形成良好的竞争意识，从而带动了大家学习的劲头。

05. 1＋1 如何才能大于 2

——团队凝聚力建设

董雪亮

【班会背景】

2020 年突如其来的新冠疫情席卷中华大地。危急时刻，全国上下众志成城、团结一心、共克时艰，展现了中华民族伟大的抗疫精神。习近平总书记在 2021 年的新年贺词中说"每个人都了不起"，我想正是每个人都恪尽其职，坚守岗位，为目标团结一致共同努力才造就了了不起的中国，取得了了不起的抗疫成绩。

团结能够汇聚战胜一切困难的磅礴力量。抗疫如此，班级建设与管理也是如此。我的班级是高一下学期选科后重组的新班级，学生彼此之间都比较陌生，团队意识和集体荣誉感尚未形成。行为习惯、兴趣爱好等诸多方面的差异使他们在集体活动中"各自为政"，集体工作效率非常低。由此触发了我设计一节以团队凝聚力为主题的班会的想法，希望能通过班会上的一些活动体验让学生认识到"团结"对一个班集体的重要性以及它的巨大改造力。

另外，最近班级也出现了一些管理难题，经常因为一些问题被通报，如晨读时声音太小、"两操"口号不响亮、集体跑操时步伐不统一、总有个别同学"掉队"、自习课纪律差、卫生打扫行动缓慢等。这使我们班距离"文明班级"越来越远。我认为晨读声音小、口号不响亮、卫生打扫不及时虽不是一个人的问题，但是如果每个人都不尽力，都贡献负能量，那么班级就无法形成正向合力，进而造成恶性循环。再如，班里有一位男生纪律性较差，行为习惯不太好，开学以来班级几乎每周都会因他而扣分，班长屡次提醒他都无效，他甚至认为班长是在有意"针对"他，其他班委对此也"无能为力"，甚至"不愿理他"。这种"互相猜忌"缺乏换位思考的不团结现象加重了班级矛盾。我认为，要想改善此类问题就必须增强班里每个人的团队意识，让班级更有凝聚力，共同创造良好温暖的学习环境。因此，召开以"团结"为主题的班会迫在眉睫。

【班会目标】

认知目标：通过此次主题班会让学生意识到以下两点：

1. 一个班级就是一个团队，每个学生就是一个个体，没有完美的个人却有完美的团队。

2. 个体价值的实现往往需要借助团队，团队给予个体成长的舞台，班集体的团结需要每一位同学的努力。

情感（价值观）目标：增强学生的团队意识，培养集体荣誉感，探索讨论优秀团队所需的特质。

行为目标：结合月考成绩、班级日常量化考核等方面讨论制订能切实增强班级凝聚力的行为计划方案。

【课前准备】

1. 搜集"小动物大智慧""中国抗疫图鉴""团结就是力量"视频资料。

2. 制作班会 PPT，提前进行游戏分组，推选游戏裁判员，备齐游戏所需工具。

3. 制作"班级凝聚力"调查问卷，统计问卷结果。

【班会重点难点】

重点：增强团队意识，树立集体荣誉感。

难点：如何通过具体的实践活动落实团队凝聚力提升计划。

【班会流程】

环节一：小动物彰显大智慧——情景引入团结主题

展示1：展示如下图片，左侧图片是一只蚂蚁举起数倍于自身体重的木棍。右侧图片是几只蚂蚁在撬动地球。

老师：请说出你在图片中看到了什么，对你有什么启示。

学生：两幅图片主角都是蚂蚁，左图讲的是一只蚂蚁的力量，右图讲的是一群蚂蚁的力量，两幅图片都让我很受触动。对比之下右图更让我感到震撼，团队的力量太强大了，让我忍不住想给蚂蚁们点赞。

展示2：播放视频"小动物大智慧 It's smart to travel in groups"。

老师：视频讲述了企鹅、蚂蚁、萤火虫、螃蟹四种小动物对抗外部天敌或困境时的反应，请同学们说一说哪一个画面让你印象最深刻。并思考：(1) 你觉得小动物们获得胜利的法宝是什么？(2) 设想如果小动物们在困难面前"各人自扫门前雪"，不听指挥，结局又会怎样？小组讨论后选出代表进行简要阐述。

学生：视频开头企鹅对抗鲨鱼的画面让我印象最深刻，一开始我以为企鹅是要四散逃跑，没想到大家是有组织地积聚力量，最终它们靠团队的智慧战胜了鲨鱼。所以我觉得小动物们获得胜利的法宝是"团结"。假设小动物们眼里只有自己，"各人自扫门前雪"，遇到困难都自顾逃命，那结果肯定是人人自危，难以自保，更不可能战胜困境，创造奇迹。

老师：同学们思考一下，在生活中，我们有没有需要向小动物们学习的？

学生：小动物们服从指挥、精诚团结的精神是我们要学习的。

设计意图：通过小动物在面临困境时的众志成城、团结一心的表现，激发同学们的思考，自然地引入本次班会"团结凝聚力量，团队创造智慧"的主题，同时为其在后面的活动中反思个体在团队中的作用做铺垫。

环节二：抗疫的关键在团结——结合时事畅谈团结

老师：同学们还知道哪些有关"团结凝聚力量"的名言或故事？

在此环节中，学生表现积极，回答踊跃，有说谚语的，如"单丝不成线，独木不成林"；有说歌词的，如"一双筷子轻轻被折断，十双筷子牢牢抱成团……"；还有引用古文的，如"上下同欲者胜""万人操弓，共射一招，招无不中"；还有提到有关"团结"故事的，如"廉颇与蔺相如"、国共合作抗日等，还有很多同学都提到了如今的新冠疫情。我表扬了他们，并借此引出本环节的主题"结合时事谈团结"，接着进行以下活动：

展示3：播放视频《中国抗疫图鉴》。

老师：同学们看视频看得非常认真，视频中有句话说得好："人类不过是宇宙的微粒，可一旦凝聚起来，敢叫日月换新天"。世卫组织总干事谭德塞在不同场合多次强调全球团结对结束新冠肺炎疫情的重要性和紧迫性，他说："如果没有团结，科学与解决方案就不会产生效果，这就是为什么一直反复强调团结、团结、团结……这不是对财务的挑战，而是对人类团结的考验……"

设计意图：本环节主要是让学生认识到抗疫精神的核心在团结，只有团结才能取得全球抗疫的最终胜利，让学生认识到团结的时代性与紧迫性。

环节三：游戏体验，问卷分析——思考班级里的团结

老师：经过前面的讨论，我们认识到无论是国家还是社会都需要团结的精神，那我们（32）班这个小集体需不需要团结呢？我们班的团队凝聚力又如何呢？先让我们做个小游戏试验一下吧。

展示4：PPT展示游戏规则。

游戏的名称：接力传球。

规则：全班分为四组，每组选派四名同学，每组领四个气球，四名组员吹气球并用吹好的气球接力传递一次性水杯，将水杯沿着教室传递一周并放回原处。比赛全程不得用手触碰水杯，推选的裁判员负责计时，用时最短的小组获胜。

老师：刚才的比赛很激烈，看得出每组同学都很用力，但比赛结果却是几家欢乐几家愁，有胜有负。接下来请大家思考以下两个问题。

问题1：你觉得获胜小组的成功经验是什么？

学生：我觉得我们小组获胜的主要原因是我们考虑得更为周到吧。我们从选派战友到规划路线，从顺利交接到加油助威，每个成员都积极参与，配合良好，在传递过程中做到了零失误。

问题2：失败小组的问题出在哪里？

学生：我们小组在传递过程中由于过度紧张接连出现交接失误，同学之间的配合不是很默契，耽误了很多时间。如果再给我们小组一次机会，我想我们会更加"团结一致"，有所进步。

老师：同学们讨论分析得很好，看来此次游戏没有白玩。游戏与学习生活是相通的，同学们可以把在游戏中总结的成功经验与失败的教训转移应用到班级的日常学习中去。

关于咱们班的团结问题，我在课前还做了一项问卷调查，接下来我们一起来看一下统计好的结果吧。在班级凝聚力调查问卷中，第一题是"你觉得班级凝聚力如何"。根据大家的打分情况我计算了一个平均分，下面我让班委以图示的方式画到黑板上（画一条水平线段 AB，标出班级凝聚力平均值点）。

展示 5：展示 AB 线段。

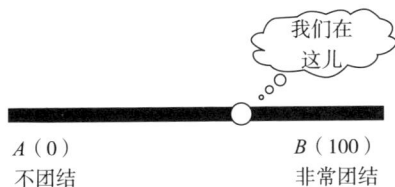

老师：我们还在调查问卷里设置了一些别的问题，让同学们列举了一些反映班级不团结的 A 类现象：如班委认为某个同学做得不好，批评了某位同学，该同学便觉得是针对自己；跑操过程中一两个人跑不齐导致这一排不齐，结果被记整个班跑不齐；班级早读声音太小等。还有一些反映班级团结的 B 类现象：如下课同学们互相帮助打水，互助解答问题等。下面我也请班委把 A、B 两类中较普遍的现象写在黑板上。同学们看看你是不是曾做过这两类现象中的某一类。

老师：另外，我们还调查了大家看到 A、B 两类现象的感受。多数同学反应看到 A 类现象会感到沮丧、灰心。而看到 B 类现象却会感到班级的温暖和美好，当天的学习效率也会变高。可见大家都更愿意在一个凝聚力强的班级体中学习与生活。如果你是两类现象的参与者或发现者，以后你会怎么做？

学生：如果我就是 A 类现象的参与者，以后我会以大局为重，主动学习，尽我所能改正，不给班级抹黑；如果我是 A 类现象的发现者，我会真诚地提醒这位同学，换位思考，顾全大局，和他共同努力，为班级做贡献。

设计意图：本环节通过创设游戏情景，分析课前问卷调查结果，让学生进行自我教育与反思，激发大家迫切探求解决班级"不团结现象"的欲望。

环节四：制订计划，切实行动——集思广益，实践团结

老师：从调查问卷结果分析以及班级凝聚力评价线段上可以看出我们的班级凝聚力有待加强，那么我们该从何处着手，提升我们的团队凝聚力呢？请同学们思考：在日常学习生活中我们该怎样践行团结？

学生：从本次班级月考成绩分析、日常量化（纪律、卫生、两操、文化建设）等方面可以看出我们还有很长的团结之路要走，我们可以先从这些方面入手，增强班级凝聚力。

老师：好，下面同学们再以小组为单位，讨论制订符合班级实际的切实可行的班级凝聚力提升计划方案，待会儿我们请各小组代表上台发言，并评选出"最佳智囊团"小组。

接下来，各小组都讨论得很激烈，最后"代表们"争相上台投影本组的书面讨论结果。所提建议各有千秋，此文不作详述。

设计意图：紧密衔接上一环节，把学生的激情与热情自然地引导至解决班级实际问题上去。通过小组合作，代表阐释的方式探究"践行"团结该"从哪里做""怎么做"这两个问题，整合制订出符合班级实际的凝聚力提升计划。而这正是本节班会课的重点难点。

环节五：以歌作结深化主题——归纳反思，余音回响

展示 6：播放视频歌曲，班级合唱《团结就是力量》，歌词在黑板展示。

老师：同学们都唱得不错，从你们的声音中我听到了团结的力量。在班集体中，我们每个人都是一个小小的"1"，但只要我们团结互助，齐心协力，就能发挥出超越自我个体的无穷力量，这样的"1＋1"远远大于 2。

设计意图：《团结就是力量》是一首广为传唱的有关团结的歌，学生在军训期间就已熟唱。以这首歌做结，可以让学生在激昂的曲调、振奋的歌词中再次感受团结的力量，在歌声中将课堂氛围推向最高潮。

【班会后续】

基本原则：实践、反馈、鼓励

这堂班会课虽然结束了，但这绝不是终点，而恰恰是打造"班级凝聚力"建设系列活动的起点。接下来我还会尽快召开班委会，进一步讨论筛选班会上大家提出的凝聚力提升计划方案，趁热打铁把方案落实，制定出切实可行的、紧迫有效的实际措施。

在学习方面：结合月考成绩，开展团队帮扶计划——师徒"传帮带"。截止写稿之时，班级已初步完成该计划。班里各科"瘸腿生"和班级后十名都已找到自己的"师父"，形成了一些帮扶小团队。接下来我会和其他老师及班委一起监督他们切实执行帮扶计划，争取在下次考试中提高成绩。最后，我还会根据他们的总体表现给予奖罚。

在班级文化建设方面，我会再做以下工作：

制作班徽。在此次班会前，班徽设计工作已基本完成。接下来，我会将学生投票选出的最终作品润色并印制到班级各类宣传资料上，然后联系网店制作成实体，分发给每位学生以增强他们的班级归属感。

管理班树。"十年树木，百年树人"，种植班树可以为班级种下一个共同成长的希望。班树在班会召开前已种下，并命名为"sunshine"，现在已经吐发绿芽。以后，我会安排生活委员统筹规划班树的日常管理工作，让它茁壮成长。

建设班级公众号。我们班的公众号名为"2020 恰同学少年"，前期的创办工作是由我做的。接下来，我会让学生接手以后的建设管理工作，鼓励学生自主选材，自主排版编辑，记录成长，分享进步，探索借助新媒体为提升班级集体荣誉和增强团队凝聚力拓宽道路。

举行相关竞技类比赛。竞技比赛最能磨砺增强团队意识，在以后的班级管理中我会适当地举行一些竞技比赛与游戏活动，如"班歌嘹亮"小组合唱比赛、拔河比赛、"强基计划"知识点背诵接龙比赛。

举办"优秀团队学习"手抄报活动。"英雄的背后是团队"，鼓励学生学习古今中外优秀团队事迹。

最后，经过一段时间班级凝聚力建设活动的开展，我会再次进行"班级凝聚力"问卷调查，查看结果并反馈分析，修正制订补偿方案。

【班会效果】

团结是一个班级文化建设的主线，是培养优良班风的基石，对于新组建的班级来说尤其重要。在我看来，"团结"虽是老生常谈的话题，但却非常重要。

截止写稿，班会后续中的很多活动都已开展，如在师徒"传帮带"活动中，学生参与度极高，反响强烈，想自愿加入团队帮扶的同学越来越多。各科老师也反映此活动效果不错，很令人欣慰。

另外，班树和公众号的管理工作进行得也很顺利。我曾听到有学生私下里向其他班"炫耀"我们班有班树和公众号。我想，他们的班级归属感和荣誉感会越来越强，今后会为班级的管理与建设贡献更积极的力量。

值得一提的是，我在前文"班会背景"里提到的那位纪律性很差的学生也因此得到了改变，契机正是班委"派"他去管理班树。在和他后来的交流谈话中，我发现他从班树的成长中悟出了很多学习的道理。他在班级违纪少了，心态也趋于平和了，和班里同学的矛盾也大大缓解了。我在班里重点表扬了他，他很自豪，"干劲"更足了。

在此次班会中，我也收获颇丰。我发现班级的发展规律与任何事物的发展规律都是一致的，都基本遵循着螺旋上升的法则。班级团队意识的培养会为班级优良学风的养成奠定坚实的基础。目前，虽然我们班还不是最优秀的班级，但我坚信，只要我们每天都在为梦想拼尽全力，凝聚起来，必会创造属于（32）班的奇迹！正如我认为我们学校东明一中校服背后所写的"To be NO.1"并不是一般人所理解的"争做第一"，而是每天都有所超越，努力成为更好的自己！

附件

高一（32）班班级凝聚力调查问卷

性别：男　女　是否担任班委：是　否

序号	问题描述	选项
1	你认为班级凝聚力如何（打分）	非常强　强　一般　弱　很弱 90～100　80～90　60～80　40～60　低于40
2	你对班级的热爱程度	非常强　　强　　一般　　弱　　很弱
3	你认为班级班风属于	团结互助　　竞争合作　　秩序井然 混乱不堪　　自私自利　　纪律涣散
4	你对班级学风的评价	非常好　　好　　一般　　差　　很差
5	你认为大多数时候班级对自己的影响是	非常有益　　有益　　无影响　　有害
6	大部分时间里，你在班级中的作用是	积极作用　　有我没我一样　　消极作用
7	请举例说明你见过的班级不团结的表现（A类现象）	
8	看到A类现象（不团结）你的感受是	
9	请举例说明你见过的班级团结的表现（B类现象）	
10	看到B类现象（团结）你的感受是	
11	你认为该如何提升班级凝聚力	

06. 奔饭，"奔"的不止是饭

——在校饮食健康

王立华

【班会背景】

"奔饭"是最近几年出现在高中生活时空里的一个新词语。在早饭、午饭或晚饭时，全校的学生一起涌向餐厅就餐。学生如果去得迟了，就得花费较长的时间排队买饭，而且还不容易吃到自己心仪的饭菜。所以，绝大多数高中生只好在下课后，以最快的速度向餐厅奔跑，争取在最短的时间内"抢"到自己心仪的饭菜。

奔饭时，高中生虽然不易出现安全问题，但吃不到心仪的饭菜，胃口不好有可能会挨饿，也会短暂地影响自己的心情，引起一时的情绪波动。而且，部分学生在奔饭时，只顾去抢自己心仪的饭菜，不关注饭菜营养的全面性。这样就餐，不利于学生为平时的学习生活、将来的高考储备充足的体能。必须在高一上学期就完成这一主题班会，引导学生正确地认识奔饭现象本身以及背后隐藏的饮食习惯，确保学生的饮食健康。

【班会目标】

1. 在学习中，全面地认识奔饭这一现象背后隐藏的无奈、尴尬与乐趣，形成正确的奔饭目的。

2. 结合自己的奔饭体会，总结出科学的奔饭策略。

3. 全面地分析奔饭背后隐藏的饮食习惯现状，确定良好的饮食习惯的养成。

4. 在良好的饮食习惯的养成与坚守中，不断地提高自己的身体素质，为高考的冲刺做好体力储备。

【班会准备】

设施准备：班主任或班干部调试教室的多媒体设备，保证能正常使用。

资源储备：班主任搜集、整合跟奔饭相关的视频、文本，形成初步的班会环节预设。

《桃一奔饭》的观看网址：https：//v. qq. com/x/page/a0778boxqsi. html

《奔饭，周爽，刷题含义大揭密》观看网址：https：//www. iqiyi. com/w＿19rrhvhhap. html

【活动方式】

多维对话

【班会流程】

环节一："奔"的无奈

老师：桃源一中的蔡翔宇同学在参加湖南卫视组织的《少年说》时，吐槽了桃园一中的"奔饭现象"。那么，在蔡翔宇同学的眼中，"桃一奔饭"为什么是桃源一中的第一大奇景，为什么要吐槽呢？请看视频《桃一奔饭》。

（老师播放视频，学生欣赏视频；学生边看边笑）

老师：蔡翔宇同学吐槽的内容是什么？

学生：他围绕餐厅的距离远来吐槽的。

老师：他吐槽得有道理吗？

学生："第一大奇景""百万雄狮过大江""跨过比海还宽的广场"这些话语，既夸张也搞笑。从他的话语中，我们确实感觉到教学区离餐厅有点远，就是不知道到底有多远（学生们大笑）？

老师：我在网上查到了学校的信息公示，桃源一中的教学区离餐厅大约四五百米。那么，蔡翔宇同学是真的嫌路远吗？

学生：我认为不是的。我想，蔡翔宇同学奔饭，最大的目的是想吃到自己心仪的饭菜，其次才是节省时间。

环节二："奔"准饭菜

老师：哦，奔得花容失色，奔得气喘如牛，原来是只是为了吃！（学生们大笑）（也有学生插嘴说，你去吃残羹冷炙试试，学生们又笑）

老师：话都说到这份上了，那就吐槽一下我们学校的奔饭现象吧。

学生：每天能引起我们食欲的饭菜少了些，为了吃到自己喜欢的饭菜，我们不得不奔。

老师：还有其他可以吐槽的理由吗？

学生：我们回来晚了，不光您在叨叨，年级主任也检查啊（学生齐声喊"哦——"）！

老师：不好意思，我换个时间、换个地点提醒你们有时间观念。既然都是为了抢到自己心仪的饭菜，你们有什么妙招吗？这么问吧，咱班谁每次都能抢到自己喜欢的饭菜。

学生：小群！

老师：小群，你为什么每次都能抢到？

学生：也不是每次都能抢到，有时候老师拖堂就抢不到了（学生们大笑）！

老师：矛盾不要扩大化，现在只讨论谁能抢到自己心仪的饭菜（学生们又笑）。

学生：我的秘诀有两条，首先是跑得快，其次是记得准。

老师："跑得快"好理解，"记得准"是什么意思？

学生：就是记准每个窗口每天卖什么样的饭菜。下课后，就快速地奔向那个窗口。

老师：还有没有其他策略可以奔到心仪的饭菜？

学生：我们的成熟经验是"组团奔饭"（学生们笑）。比如，我和小颖、青组成了奔饭三人组。我们的三人组的奔饭方式有两种，一种是齐上阵式，一种是值日制。提前一天，我们就选定了喜欢吃的饭菜，然后三人一起奔向相关的窗口。每人都选一份，然后再一起聚餐，这样我们一顿饭就能吃到两三种饭菜。当学习任务比较重时，我们就选择值日制。每天选定了饭菜名录后，三人轮流奔向心仪的窗口，直接买三份饭菜。

老师：奔饭还奔出了团队精神，这个办法值得推广。小群，我有个疑问，你跑得快，有没有撞到同学的危险？

小群：没有。我一般提前一节课就整理好鞋带，防止我奔跑时被自己绊倒，不能像查理三世一样，因为一颗钉子而被对手打败。奔跑时，我还会仔细观察身边有没有同学，防止撞到他们。进了餐厅后，我还会看看地上有没有积水。

老师：小群的奔跑策略值得大家借鉴。

小群：我也不是非得抢到可口的饭菜不可。比如，有时候，大家都对某个窗户的饭菜感兴趣。排队时，尾部的秩序并不是单人单排的，有时会有几个人挤在一起。这时，我就会照顾女生，让女生排到我的前面去。等到了窗口时，如果饭菜所剩无几，我也会让给女生。

老师：奔饭，奔的不仅是目标饭菜，还奔出了绅士风度。看来，你对奔饭很有研究了（学生们笑）！课前，我让班长寻找有关奔饭的素材，班长推荐了这两篇文章。

（PPT呈现文章，学生速读）

文章：《一碗青菜面》。作者为上海市崇明中学的秦彧婷，载《当代学生》2020年Z2期，内容有删减。

遥想初来崇明中学的时日，还没来得及深吸一口高中的书香墨气，中午"奔饭"的场景率先突破了我的想象。

但我今天要说的并不是万箭齐发的午餐时刻，而是三三两两的早饭时光。早上，我最喜欢的是青菜面，清淡的汤，干净的面，浮着几棵菜苗，味道却不寡淡，对于饥肠辘辘的我来说，人间至味的清欢不过如此。

白驹带着我的两年时光匆匆跑过，我已经与早上的青菜面作了别，也没有办法继续守望。尽管它再寻常不过，甚至街角巷口的小摊都不屑于做，但它没有被外界的烟火打搅，如同一首朴素、简洁的小诗，成为一届又一届学生浅浅的记忆。

于我，它是每日6点45分陪我背ABCD或知乎者也的汤面，是江南无所有，却在春天为我聊赠一缕春风的汤面。

老师：大家从文中读出了什么？

学生：我从中读出了享受。两位学长把奔饭当成一种享受去对待，这样，高中生活既是为了实现梦想，更是一段不可割舍的享受过程。

学生：我读出了温馨。尤其是秦彧婷学长的文章，奔饭不再简单地是为了口感，不再单纯是为了健康，而是一种温馨的回忆。这实际上是更高层次的奔饭策略！

环节三："奔"出健康

老师：这一段时间以来，不止我这样想，一些家长也有同样的担忧。你们总是抢可口的饭菜，抢不到时，就没有胃口了，有没有想过，这样会造成营养不良？

学生：想过，不过现在还在高一，顾不了那么多。

老师：我觉得还是要注意一下，毕竟到高考时，拼的不仅仅是平时的学习质量与考场上的答题策略，还拼的是体力。我这里搜集了一些文字，读起来会比较枯燥，但还是得让大家读一读。

（PPT呈现嘉兴市第二医院于2020年5月20日在本院的公众号上发布了《怎么吃才能保证学生营养充足》，文章有改动）

1. 食物多样，合理搭配。学生餐要覆盖五大类人体必需的基本食物：谷薯类、蔬菜水果类、畜禽鱼蛋奶类、大豆和坚果类、油盐类。每天品种要多样，尽可能多摄入不同种类食物。

2. 增加蛋白质供给，提高免疫力。蛋白质是维持免疫系统高效活力的第一要素，动物性食物（鱼虾等水产品、禽类、畜类、奶类、蛋类）和一些植物性食物（如豆类、坚果类）均是很好的蛋白质来源。学生可每天一个鸡蛋。

3. 多吃蔬菜和水果。每天至少三种以上新鲜蔬菜。一半以上为深绿色、红色、橙色、紫色等深色蔬菜，如绿叶蔬菜、胡萝卜、西兰花、南瓜等，提供适量菌藻类。不要用果汁代替水果。

4. 天天喝奶，促进骨骼健康。奶类营养成分齐全，易于消化吸收，牛奶中蛋白质含量约3%，必需氨基酸比例符合人体需要，和鸡蛋一样，牛奶蛋白质也被认为是优质蛋白质的标杆。

5. 喝水足量。每天约5～7杯温热的白开水。

6. 合理选择零食。零食首选水果、坚果、牛奶、豆制品等营养价值比较高、天然的食物或进行简单加工即可食用的食物；少吃高盐、高油、高糖的零食，如高盐的薯片、饼干、话梅等，高糖的含糖饮料、糖果、甜点等，高油的薯条、炸鸡翅等。注意零食不能代替正餐。

老师：阅读完毕，这6条能做到几条？小青，你来谈谈。

学生：我仅能做到其中的几条。好像对水果、零食这两条做得很到位。

老师：女生是不是都这样（学生集体回答"嗯"）。那以后大家要互相监督，保证充足的营养。为了便于参考，我把这份提醒贴到"班级信息"里。我还有一个担忧，同学们奔饭，实际上以午饭和晚饭为主？

学生：是的。

老师：网络上有这样一句流行的话语：早餐吃得像国王，中餐吃得像绅士，晚餐吃得像贫民。话糙理不糙，实际上是强调了早餐的重要性。嘉兴市第二医院发布的上文中，提到早餐时，强调让孩子吃好早餐，食量宜相当于全日量的三分之一。

学生：主要是早晨起来没有胃口。

老师：给大家一个建议，每天早晨早起五分钟，刷刷牙，然后喝上点清水，可能就有胃口了。从今天开始，舍长要负责检查大家的刷牙。晨读前，我提醒大家喝水。

学生：好的。

老师：另外，学校不允许你们带零食，是防止大家上课时吃。为了能让大家营养均衡，咱们班集体约定，每天上午第二节课下课后、下午第二节课下课后，大家集体吃一个苹果、猕猴桃或者其他新鲜的水果。晚上第三节晚自习后，喝上一碗或一罐带百合、莲子、银耳的八宝粥，能起到宁心安神、促进睡眠的作用。我来提醒家长给大家准备。每次带来了零食，班长、生活委员和我一起督促大家，放到自己的储物柜里。能做到吗？

学生：能做到！

老师：那天，我看大家上体育课时，有同学在喝功能性饮料。那么，这些功能性饮料能不能保证大家的营养呢？

学生：不能。从小学的时候，家长就不让喝。

老师：不让大家喝，也不现实，少喝为宜吧！另外，下午第一节课、晚自习第三节课的时候，我都能闻到咖啡的香味。我一直没提醒大家，我知道你们是在提神，但是，我查了查，也不大适合你们喝。看看我查的资料。

（PPT呈现北京大学人民医院临床营养科副主任营养师郭倩颖的观点）

咖啡、浓茶一类的提神饮品，是通过咖啡因等神经兴奋类物质对神经细胞刺激产生的亢奋状态来延长工作学习时间。对于处在青春期的孩子，反而会产生不良影响，延长的时间段里大脑并没有得到合适的休息和恢复，时间延长往往效率降低，还可能打乱孩子的正常作息、生物钟节律和内分泌节律，影响体格生长发育、生殖系统和内分泌系统发育。

老师：既然如此，大家以后就少喝吧。奔饭，奔的不仅是胃口，还有身体健康。

环节四："奔"向希望

老师：除了胃口、健康，奔饭的背后还有什么呢？请大家欣赏上海中学丁蕴峰同学和主持人撒贝宁的对话视频。

（播放《开讲啦》的部分视频，学生观看）

老师：你们认同丁蕴峰同学的观点吗？

学生：认同（集体高声地回答）。

老师：除了你们在拼搏之外，学校也在努力。把咱们年级和高二安排在二楼就餐，高三的同学安排在一楼就餐就是为了节省高三同学的时间。尽管蔡翔宇同学吐槽桃源一中的餐厅距离远，实际上，桃源一中为了节省学生的时间、提高学生的就餐质量做了很多工作，他们的经验甚至在全国推广。一位桃源一中的毕业生在发布一段"桃一奔饭"的视频时，留下了这些文字："高三的孩子们还没有放假，适逢中午下课，拍下了学弟学妹们奔向食堂的画面，基本上不加修饰，希望我们都不要忘记'桃一速度'，努力朝自己心中的方向迈进。"你们怎么理解这段话？

学生：从当前来看，同学们奔饭是为了吃到心仪的饭菜，是为了积攒体力。从长远来看，奔饭是为了赢得一个美好的未来。

学生：我非常赞同。直观一点说，奔饭，是为了奔向希望的速度快一些。奔饭——我仍会坚持！

老师：同学们，奔饭本是一种普通的事情，却蕴含了健康、耐力、希望与回忆，愿大家都把握好这种生活，为自己奔出好身体，为自己奔出美好的未来。

【班会效果】

本次班会重在引导学生梳理奔饭背后隐藏的饮食习惯，不是价值观的培育，没有多少原则性的问题要澄清，所以把班会节奏放缓，在师生对话、生生对话、与文本对话、与视频对话中创设愉悦的氛围，引导学生扭转一些认识误区，找到奔饭后的生活习惯养成重点。

班会环节逐步推进，学生们巩固了一些已有认识，也生成了一些新的理解，逐渐认识到奔饭成了一种常态生活去追求，并意识到要把奔饭当健康、希望、回忆去对待。进而从切实可行的奔饭策略落实入手，养成良好的在校饮食习惯。

【班会之后】

1. 形成了舍长、班长、生活委员的早餐预备活动检查制度。舍长设定早起床规定，带头刷牙、洗脸，并督促大家洗刷。以周为单位，及时向班主任汇总舍员的洗刷情况。生活委员、班长、班主任及时提醒每一位住宿的同学在晨读前喝水。班主任在班级群里提醒家长，督促走读的同学早起几分钟，洗刷、喝水，确保早餐质量。

2. 形成了加餐食物的保管制度。生活委员、班长督促每位同学把自己带的加餐食物放到自己的储物柜中，确保桌洞中没有食物。班主任负责提醒任课教师在上午第二节课、下午第二节课时不要拖堂，给同学留足加餐的时间。

3. 班主任、生活委员负责统计"组团奔饭"的组合名单，并选出适合奔饭的同学，确保每位同学每天都吃多种饭菜。

07. 诱惑是可以击碎的泡沫

——手机问题的处理

张青兰

【班会背景】

随着科技的进步，时代的发展，手机也被越来越多的中学生所拥有，甚至走向课堂。但是，高中生自控能力较差，对合理使用手机的认识不够，某校因为老师不让学生玩手机，学生竟出现轻生的极端念头，因此，无法摆脱手机的诱惑，从而影响了正常的学习和生活，所以"文明课堂，拒绝手机"是刻不容缓的。

从高一到现在，学校、班级一直强调不能带电子产品尤其是手机进校园，但是我们班还有一部分同学把学校老师的教导当作耳边风，依然携带手机进校园，就在上周我们班的两名同学被宿管查到玩手机：一个同学午休时玩手机，一个同学晚上十二点了不休息还在被窝里玩手机打游戏。两名同学被学校通报批评，按照学校规定发现第一次玩手机停课一周，如果第二次被发现玩手机直接劝退，处罚相当严格，但是一部分同学还是铤而走险，意识不到携带手机进校园的危害，依然玩手机，并且玩手机容易上瘾，还容易影响其他同学休息与学习。

在这样的社会大背景和班级小背景之下针对我们班同学的这些情况，我们有必要召开一次"拒绝手机进校园"的主题班会，希望通过这次班会让同学们增强自律性，全面彻底地认识到携带手机进校园的弊端。

【班会目标】

1. 认知：通过班会，让学生正确地认识手机的利与弊，学会趋利避害，充分且有效地发挥手机的价值。

2. 情感：减轻学生对手机的依赖。

3. 行为：让学生学会合理地利用手机。

【活动准备】

选择组织能力较强的同学担任主持人；搜集主题班会材料，讨论并确定班会发言内容；挑选辩论赛正方、反方选手，评判员并进行排练；发放调查报告；音乐、多媒体的准备。

【班会流程】

一、班主任导入

校园本是一方文化净土，是同学们培育良好习惯，塑造健康人格，求知、成才的圣地。随着通讯技术的发展，手机使用越来越广泛，手机已经超越了单纯的通信作用，部分学生沉迷手机，严重影响了学生身心健康的成长，破坏了原本纯洁的校园风气，在校园造成了恶劣的影响。为了端正学风，让同学们能静心学习，我们班决定召开一次"拒绝手机进校园"主题班会。

设计意图：班主任作为这次活动的责任人，加强管理力度，对"手机进校园"这一现象绝不手软，引起学生的高度重视。

二、活动流程

活动一：展示课前的问卷调查结果

主持人：据调查结果，我们班 56 人，有 48 人拥有手机，占总人数的 85％，手机成了每个人必不可少的通讯设备，成了学校中普遍可见的用品和谈论话题。

关于手机的用途调查表

通过手机及时与家长联系	6％
同学间交流，增进友谊	5％
用来上网查找资料，学习知识	2％
用手机拍摄有意义的照片和视频	3％
打游戏，玩 QQ 聊天，消磨时间	48％
听歌，看短视频娱乐	36％

在拥有手机的同学当中有近 60％ 的学生是家长专门配置的新手机，有 40％ 的学生是使用家长的旧手机。惊人的是有 85％ 的同学把手机带到学校，并且大多数学生把手机放宿舍。更令人吃惊的是居然有 81％ 的学生认为手机不会影响学习。

学生讨论：针对这个调查结果，同学们有什么想法？自由讨论。

观点呈现：通过表格对比发现，学生使用手机大部分时间是在娱乐，真正做有意义事的很少，真正用于学知识增长技能的实在是太少太少了，以后再也不能这样玩手机了。

设计意图：通过调查问卷，对比分析，更好地了解学生使用手机的情况，让学生了解带手机的利与弊，制定相关干预策略，指导学生合理地使用手机，以便更好地引导学生身心健康成长。

活动二：小小辩论赛

主持人：今天我们就举行一场关于"高中生使用手机利与弊"为主题的辩论赛：

正方所持观点是：高中生使用手机利大于弊

反方所持观点是：高中生使用手机弊大于利

正方主要观点呈示：生活中离不开手机，学校是社会的一部分，我方坚信：中学生带手机利大于弊。我将从以下几个方面来阐述我方观点：

1. 配带手机是方便与家长联系呀！

2. 不出门便知道天下事，了解各国的新闻，国际形势。

3. 支付更加的方便，人们不需要带现金，只要支付宝、微信扫一扫便可以支付，更加的快捷，可以避免现金过多而造成的麻烦。

4. 因为手机的发展，那些多种多样的应用也进入了人们的视野。其中学习便是其中一方面，大家可以在手机上下载词典来查询单词，也可以观看公开课，让大家的学习走入生活中。

5. 无论你在何地，你都会看见许多人使用手机。如今，世界似乎越来越小了，只要你带部手机出门，你都会被找到。手机对我们来说是非常有用的必需品。

反方主要观点呈示：难道手机是我们必不可少的东西吗？没有了手机就是没有了生命吗？我们还是中学生，主要的任务是学习，高中生使用手机弊大于利！

1. 分散注意力，学习成绩下降。配有手机的学生，大多数有上课玩手机的习惯。课间就那么几分钟也要玩玩手机，对手机十分牵挂与着迷。在这种情况下，学生很难集中精力听讲、学习。

2. 手机进校园不利成人成才。手机上网、聊天、网络游戏、不良短信，以及黄毒严重影响了中学生的身心健康！

3. 考试作弊，败坏考风学风。在学业成绩检测时，有的学生通过手机舞弊，弄虚作假，欺骗家长，欺骗老师，自欺欺人，严重危害教学秩序，败坏考风学风，以致不思进取，不专心学习，成绩下降，升学无望。

4. 破坏校纪，影响教与学。学生用手机躲在被窝里收发短信、看小说、玩游戏，不仅影响自己休息，还干扰他人休息，严重影响第二天学习效率。

5. 亲情疏远，教育虚无飘渺。家长由于工作繁忙，依靠手机对学生进行遥控管理，这样势必减少对学生面对面的教育机会，减少家长与老师直接的交流与沟通。

6. 乱交朋友，情感纠纷不断。学生之间有事无事打手机，相隔一步之遥也打手机，同学之间的猜疑，与异性同学交往，很多都是因手机而起。

7. 配带手机，学生安全无保障。一些学生在回家路上玩手机，不注意路上的行人和车辆，容易造成交通事故。

8. 手机消费，加重家庭负担。有些同学玩手机玩到了疯狂的地步，打电话、发短信都是家常便饭。有的学生手机费用极其高昂，少的百元，多的达数百元。中学生使用手机是一种新的消费，也是一种不健康的消费，大幅增加了家庭经济负担，不利于学生良好行为习惯的形成与培养。

9. 炫耀攀比，助长享乐思想。有手机的学生到处炫耀，相互攀比，看谁的手机档次高。没有手机的学生羡慕有手机的学生，总是找出若干理由，要求家长为之配备手机。

正是因为中学生的自控能力差，才致使中学生把手机上的许多好处全部变成了坏处，难道我们不应该反省一下吗？难道辜负老师和家长的希望不让我们觉得良心不安吗？我们是中学生，正是因为我们的自控能力差，所以才让家长们有操不完的心，我们却还要让手机成为家长下一个担心的目标。这，值得吗？

手机害人不浅，手机是"洪水猛兽"，所以我方坚持中学生使用手机弊大于利！

设计意图：这次小小的辩论赛，可以丰富同学们的课余生活，可以锻炼同学们口语交际能力，更重要的是辩论赛的正方反方都表述了自己的观点，倾诉了自己的心声，有利于老师了解学生们的想法，倾听学生内心深处的声音，更有利于走进学生内心，让学生从内心深刻领悟到手机进校园的危害，达到让学生们自觉拒绝手机进校园的目的。

活动三：展示 PPT 低头族

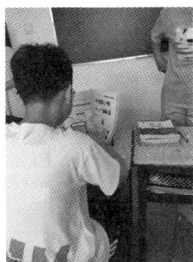  

图1　　　　　　　图2　　　　　　　图3

主持人：看了这些让人触目惊心的图片之后你有何感想？请同学们思考两分钟。

学生讨论：讨论十分钟。

观点呈现：看了以上这些照片，才知道自己平时沉浸于手机时的模样，才知道网瘾对中学生造成的危害有多大，拒绝手机进校园势在必行。

设计意图：让学生以旁观者的身份重新审视玩手机给未成年人造成的多重危害，认真吸取经验教训，认认真真地思考自己以后该不该使用手机，如何使用手机。

活动四：展示 PPT：国外如何禁止中学生带手机

英国	限制 16 岁以下儿童使用手机
芬兰	禁止向青少年推销手机服务。芬兰法院决定：禁止芬兰无线通讯公司直接向青少年推销手机入网等移动通信服务，违反这一禁令者，将被处以最高 10 万欧元的罚款
日本	禁止中小学生携带手机上学
美国	多数学校禁止学生使用手机
韩国	限制青少年使用手机

设计意图：让学生了解全世界中学生都在拒绝手机进校园，都提倡远离手机，保护青少年身心健康发展。

活动五：手机诚可爱，游戏兴趣高，若为前途故，二者皆可抛

主持人：下面咱们自由讨论，如何拒绝手机进校园。同学们各抒己见。

学生讨论，主要观点呈示：

1. 制定一个可达成的学习目标，并把这个计划贴在显眼位置，或者告诉自己周围的同学，利用内在、外在力量监督自己按部就班地为目标而奋斗。

2. 写出自己上学想要什么、怎么做，就是落实月计划、周计划、日计划。每天在完成老师所留作业的前提下要背诵哪些知识，做哪一科、哪一节、哪几页、哪几个题，等等，并安排好顺序，按时完成。

3. 把立即投入完成计划的行动与幸福、愉悦和快乐连接起来，在做的过程中就会体验到幸福、愉悦和快乐。把上网与痛苦连接起来，就会在趋乐避苦的本能驱使之下，逐渐远离手机。

设计意图：通过大家的自由讨论，让学生自己找出解决问题的办法，在以后的具体实践中相互监督相互制约，大家共同遵守好自己的约定，增强大家的主人翁意识，自己管理好自己，更有利于和谐班集体的营造。

三、班主任总结

同学们，今天的班会主题是"拒绝手机进校园"，以辩论的方式讨论，讨论激烈，同学们各抒己见，很成功。希望全体同学，为了身体健康，为了学习进步，请遵守学校的规定，遵守我们班级的约定，拒绝手机，远离手机，把心收回到课堂上，勤奋学习，不让手机废了我们的一生。

【班会后续】

通过这次主题班会，制定监查策略，实施督办措施，让全体学生参与治理，收敛学生心性，整顿班级纪律，维护校园安全，清扫校园乱象，以此来认识禁止手机的必要性、紧迫性。

思想工作：班级定期举办思想工作班会，班会上反复强调禁止手机进校园，让学生自觉认识到在校园里使用手机的危害，自觉抵制在校园里使用手机。

家校合作：学生一般没有经济收入，手机是家长给学生买的，应该和每位家长建立联系，让家长不把手机给孩子，讲清楚学生带手机进校园的危害性。下发《关于禁止学生携带和使用手机的倡议书》，让家长签订配合治理承诺书。

【治理成效】

通过这次主题班会和整治行动，截至今天，没有发现学生私自带手机的情况。原来因为玩手机被学校通报停课一周的两名学生，通过这次主题班会变化比较明显，据他们父母反映原来周末回家一直玩手机，一进家门就手机不离手，吃饭玩手机，睡觉也抱着手机，父母和他谈论学习的事也心不在焉，因为手里拿着手机，到学校去上学时还偷偷带手机。而现在回家也不再沉迷手机，回家之后和父母拉拉家常，询问询问家里的事情，还比较会关心父母，替父母干一些家务，还主动找父母谈谈在学校发生的事情，比如同学之间的关系呀，哪一科成绩进步比较快，哪一科成绩学起来比较吃力。父母非常开心，感觉孩子变了，变得懂事了，孩子长大了，学习成绩进步也非常快。

这次"拒绝手机进校园"主题班会召开之后，学生就寝纪律大大好转，课堂睡觉现象消失了，学生的精气神有了明显的好转，我们班的整体成绩进步非常快。广大学生真心认同，任课教师对课堂纪律更加满意，家长对这次班会的举措纷纷支持。

这次活动净化了校风，优化了学风，减轻了校园安全管理的压力，传播了正能量，社会对我校的好评增加。

08. 美是一种最崇高的健康

——以美育引导成长

乔建立

【班会背景】

当代普通高中，学生精力往往聚焦高考学科知识的学习，却忽视了美育对人们心灵陶冶的作用。生活节奏加快，人与人的竞争在不断加强。受家庭、学校、社会等多因素影响，学生学习紧张，精神压力大，学习焦虑和恐惧感由此而生，学生心理异常现象逐年增多。进入高一下学期，班里部分学生经历期中、期末几次大型考试，成绩仍不理想。又因为由初中时的优等生突然变成学困生，心理落差较大，明显表现出思想焦虑，意志消沉，自暴自弃，甚至表现出抑郁倾向。此时，需要及时对学生给予鼓励，适时加以心理干预；另一方面也要对班内学生加强美育教学，引导学生通过审美活动和情操教育，以潜移默化的方式培养其健全的心智和良好的品格，帮助学生尽快树立起正确的人生观和价值观。

【班会目标】

知识目标：通过此次班会，引导学生在学习活动中逐步认识美育，进一步强化学校美育育人功能。

能力目标：让学生都能够养成积极主动的审美习惯，学会通过典型作品欣赏陶冶学生情操，提升审美素养，通过艺术创作实践激发创新活力。

情感目标：通过让学生多元化审美体验，开阔人文视野，引导学生逐步从当前困惑、迷茫的学习生活中解脱出来，帮助树立正确的审美观、文化观、价值观，努力培养形象美、行为美、心灵美的时代新人。

【教学方法】

演示法、实践法、讨论法等。

【班会准备】

1. 召开班干部和学生代表组成的预备会，具体掌握学生学情，了解学生学习动态。

2. 准备学生用的细沙、沙盘、白卡纸、彩铅笔、马克笔等。

3. 提前联系一位年龄较大、在外务工的家长提供一张劳动间隙的自拍像。

4. 制作 PPT，准备相关音频、视频。

【班会流程】

环节一：赏景探幽

一、课堂导入

老师：同学们在此之前的初中阶段，都是很优秀的学生。自从进入高中，很多学生突然感到紧张的学习生活一下子把自己压得喘不过气来，学习困难了，理想破灭了，生活迷茫了。尽管有同学不断地调整自己，可仍难以走出思想的困惑。今天我想说：为什么不尝试给我们的学习生活加点调味品呢？这节课我们召开"美育心境，美丽人生"主题班会，希望大家由此而学会点亮心境，塑造美丽人生！

二、播放昆曲

播放昆曲《牡丹亭》片段（曲意：……良辰美景奈何天，赏心乐事谁家院？朝飞暮卷，云霞翠轩，雨丝风片，烟波画船……）。

老师：《牡丹亭》是曲名，也是园林中的名字。曲调婉转清雅，和园林曲折亭台婉转桥的意境之美是很像的，都体现了中国传统文化中"曲折尽致"的美学特征。下面就让我们进入这"蝉噪林逾静，鸟鸣山更幽"的城市山林当中吧。

三、赏园林美景

1. 播放苏州园林视频

老师：中国传统造园者都比较讲究叠山和理水。水是园林的命脉，它营造了园林的空间和景深，水旁的倒影让建筑和花木显得更加静谧和妩媚；水边我们可以看见鱼戏莲叶的悠闲，还可以看见"小荷才露尖尖角，早有蜻蜓立上头"的雅趣。

山是园林的主体，山水相依，高低相应。花木是园林的风采，因为它们，我们才有了视觉上的花遮柳，听觉上的雨落残荷，嗅觉上的暗香浮动，感觉上的心旷神怡。建筑是园林的骨骼。粉墙黛瓦、栗柱灰砖的建筑就像满目清新的水墨画，让我们感受着这"柳絮池塘淡淡风，梨花院落溶溶月"的诗意之美。

同学们，我们每天待在教室里面对着书本时而顿首，时而捶足，今天突然走进天下名园一番游历，大家有什么收获呢？

2. 学生谈感想

主要观点呈示：

（1）看了苏州园林的美丽景色，感觉心情上放松了许多。

（2）园林的山是假山，水也像是人工挖掘的，但通过人工对风景的巧妙布置，总能给人以意犹未尽的感觉，让人展开想象。

（3）苏州园林的建设感觉很有追求，有深厚的文化内涵。

主持人：苏州园林是城市中的山林，追求的是"虽有人造，宛自天开"的艺术效果。刚才我们也是"爽借清风明借月，动观流水静观山"，深深感受到了造园者把园林当中的花木、建筑与自然当中的日、月、光影、动物和人的和谐之美表现得淋漓尽致。

设计意图：以昆曲导入园林，以园林吸引学生欣赏美，意图是要把学生从紧张的学习气氛中解放出来，通过体验园林奇景妙趣，全心身进入到美育的新境界。

环节二：妙趣横生

一、天籁之音

播放视频音乐埙曲《追梦》，结合视频风景欣赏体会埙曲的意境之美。

同学们欣赏这段乐曲和园林感觉上有什么不同吗？请大家阐述自己内心的情感变化。

学生观点呈示：

（1）声音浑厚粗犷，意境悠远，听了后感觉心境忽然无比开阔。

（2）感觉上少了些人工雕琢的痕迹，犹如天籁之音。

老师：大家知道这种"天籁之音"是什么乐器发出的吗？播放PPT图片，普及"埙"的相关知识。

老师："埙"是我国古代传统乐器，由泥土烧制而成。唐代郑希稷在《埙赋》中说："埙之自然，以雅不潜，居中不偏。故质厚之德，圣人贵焉。"意思是埙之声音纯洁自然有如天籁。音韵高雅而非深不可测，居中而不偏不倚。

其宽厚之品格，为古代厚德之人所珍视。

听埙曲，意境深邃而悠长，总有一份感动的涟漪，从心灵的深处飘向远方，它悠幽的韵律会深深揪住人的呼吸，让我们沉浸、痴迷其中。

二、气象万千

播放视频励志沙画创作表演。

老师：沙画，即用沙子作画，又被称为"指尖上的舞蹈"。它是结合现代人的审美观，依托深厚的文化底蕴和文化内涵而发展起来的一门艺术形式，具有独特的表演魅力。沙画老师通过手对沙的流量和力度的控制，结合洒、擦、点、漏、勾等基本技法的运用，以"以点带面"的形式层层展开，逐步推进，以指为笔，以沙为墨，造就了一幅幅美妙神奇的画卷，让观众进入梦幻般的感觉和前所未有的视觉享受。

看完该段视频后，老师现场演示，并邀请学生进行沙画练习。同学们非常踊跃，都想尝试这一新奇、独特的艺术，感受沙画瞬息万变的奇妙之旅。

三、魔幻世界

播放视频《惊人的变形幻想》。

老师：超写实艺术通过对物象真实的再现，往往能达到以假乱真的效果。视频中出现的作品鞋子、魔方等一次次欺骗了我们，当真实的猫出现的时候，我们再也不敢相信自己的眼睛了。

什么原因呢？其实，艺术有时候表现的就是一种视觉错觉。

播放图 1，图中奔跑的两个小人是一样大吗？请说出理由。

学生观点不一，认为一样大的占绝大多数。

老师与同学共同分析：大家都知道，图中两个小人是一样大的，可由于周围直线视觉引导的缘故，我们总感觉后面的小人比前面的大许多。

让学生自己就图 2 和图 3 中出现的视觉现象进行原因分析。

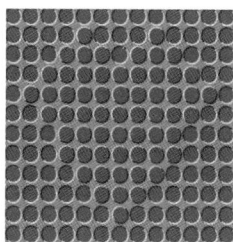

图1　　　　　　　图2　　　　　　　图3

图片为什么会有动的感觉呢？学生非常好奇，激烈讨论，参与度非常高。就连平时意志低迷、抑郁消沉的学生这时也完全参与到了讨论当中了。

老师：这两幅作品其实都是静止的，出现视觉错觉现象完全是由视觉引导、色彩和亮度等共同影响作用的，是艺术家创意的结果。也正是由于艺术家的创意作品不断涌现，才让我们的生活越来越美好。

播放 PPT 图片，展示部分创意美术作品。

播放 PPT 图片，展示日常生活中蕴含的美的元素，让学生感觉到生活中处处存在美。

设计意图：通过本环节，把学生带入一个奇妙的艺术境界，有助于激发学生学习热情，增强学生探究精神。并让学生通过多元化的审美体验（传统的及非传统的）逐步学会品鉴美的事物，并重视审美活动对自己心灵启迪的重要作用。

环节三：情感升华

一、感恩

播放视频动画《感恩父母》公益广告（内容概述：随着我们慢慢长大，父母却在慢慢变老……）。有学生看后在哭泣。

老师：你怎么突然流泪了，孩子？

学生：感觉人的一生过得好快，父母供养我们太不容易了。我平时做事总是很任性，又没好好学习，父母一唠叨我就对他们发脾气，我太对不起他们了！

播放 PPT 图片：鉴赏罗中立的油画作品《父亲》。

播放 PPT 图片：一位家长在工地上劳作间隙的自拍像。学生对比两幅图片，体会自己父母的艰辛。

老师：有人说，掰开我们身上的每一块硬币，都会流淌出父母的血和汗。这是一名饱经风霜、劳作了一生的父亲。罗中立采用巨幅领袖像的构图形式，凸显了父亲的伟大。看看老父亲的那双手吧，那是一双布满老茧、开天辟地的手；看老父亲那深邃、坚定的目光透出的又何尝不是对儿女、对将来美好生活的期盼呢！

我们能辜负老父亲那深情期盼的双眼吗？我们应该怎么做？

学生：不能。我们要好好学习，孝敬父母，善待每一个对我们有恩的人。

二、报国

1. 播放 PPT 图片，绘画作品《太行神韵》和《武夷之光》。巍巍太行、壮美武夷山等一幅幅绘画作品为我们描绘了祖国的壮丽山河，绿水青山间尽显大自然的神奇与伟大，观之如身临其境，给人以心旷神怡的感觉。

可由于外敌入侵，这片美丽的土地也曾变为焦土。多少位游击健儿、革命先烈为了保卫祖国的大好河山前仆后继……（PPT 图片展示版画作品，承接下一环节）。

2. 歌曲《黄河大合唱》第七乐章《保卫黄河》赏析。

学生讨论，谈欣赏感受。

学生 1：该曲口号响亮，节奏铿锵有力，给人以振奋人心的感觉，在抗战时期能很好鼓舞勇士的斗志。

学生 2：欣赏该歌曲仿佛看到游击健儿端起土枪洋枪、挥动大刀长矛，在青纱帐里、万山丛中，为保卫黄河、保卫全中国而战斗的壮丽场景。

3. 播放轻音乐，一女同学朗诵诗歌，展示 PPT 文字（天上有歌声声不歇/鸟儿倦归家在心上/这是羚羊跳跃的地方/别说神仙出没在书上/顺着仙乐飘来的方向）。

学生闭上眼睛聆听，体会诗歌所描绘的意境。

学生发言：这首短诗为我们描绘了一个美丽、圣洁、神秘的家园，令人向往。

其实我们都住在这个美丽的家，她的名字叫"地球"。我们应该感谢她，因为她给予我们生命的源泉。但这个"家"也是脆弱的，随着工业化的不断发展和气候变化，地球也日益变得千疮百孔，人居环境不断恶化，人类的生存面临着极大威胁。特别是 2021 年 4 月 13 日日本政府召开内阁会议，决定要把储存在福岛的上百万吨核污水排入大海，这无疑又要造成一个巨大的人类环境灾难。

学生讨论：和平时期，我们又该如何号召大家一起努力保护我们共同的家园呢？

播放 PPT 图片：平面公益广告《关爱地球，保护环境》，共同赏析。

三、立志

1. 播放 PPT 图片：《读书——治疗无知的良药》

老师：感恩父母，报效祖国必须要有智慧。书是人类智慧的结晶，饱览群书可以让自己变得更有才智，才能让自己更强大。每年的 4 月 23 日是"世界读书日"，请同学们为此设计一平面公益广告，号召大家多读书、多学习。可包含文字、图案、色彩等元素，也可写出设计方案。

2. 学生展示设计作品，讲解设计方案

方案 1：将书的图形组合成梯子的形状，再画一人在梯子上攀爬的形象，突出"书——是人类进步的阶梯"这一主题。

方案 2：先画一打开的书本，书本中央上方再画一新芽图案。图案下方用文字竖式书写：知识就是生命。

方案 3：我设计的是把很多图形层层叠加，堆成高山的形状，上面再画一个人的图案。图案下方书写："站在高处，才能看到更美的风景！"

老师：看了几位同学的设计作品，我很受感动。这些设计可以说是太棒了，完全可以和设计师的作品相媲美。通过大家的设计方案我也看到同学们很有思想，也知道读书的重要性，那为什么还要抑郁不安呢，为什么还要沉迷手机不能自拔呢？拿起我们自己的书吧！

设计意图：通过本环节教学，引导学生通过经历一系列审美活动，让学生变得思维越来越活跃，越来越富有创造力；通过美育的熏陶和经验的积累，更好地去发现生活的美好；同时提高学生的自身素养，让学生的精神情感得到升华，促进青少年身心健康发展。

环节四：流连忘返

老师寄语：每一件优秀艺术作品的背后，都可能藏着一个故事，激励着我们不断向前。学会欣赏美，会让我们的心变得更愉悦，会让我们的灵魂得到净化和升华。希望大家要给自己一双学会欣赏美的眼睛，徜徉于幸福的学习生活中，让我们满眼都是蓬勃的春意，满心都是收获的喜悦。希望我们在美育的道路上，向美而生，拔节成长，一路芬芳！

【班会后续】

我们知道美育的内容包括自然美、艺术美和社会美的教育。音乐、美术、文学等学科的教学及相应的课外活动都是美育实施的重要形式，其他渗透于教育、教学、管理等各项工作中的引导学生鉴赏美和创造美的活动也是美育的有效实施途径。班会课后我们就美育特点针对性地开展了以下后续工作：

1. 建设班级小书架，丰富书架上诗歌、散文、报刊文摘等藏书内容，鼓励学生增加文学名著阅读量，在每周班会后如期举办小型朗诵会。

2. 让学生根据个人的特点和爱好，选择剪纸、绘画、雕塑（陶艺）、合唱团、舞蹈队等兴趣小组，引导学生积极参与美的塑造，通过创造美来感受美育的乐趣，陶冶自己的情操。

3. 鼓励学生利用假期、社会实践活动等机会，参观名山大川、革命圣地、历史古迹，感受祖国山川的壮美，历史文化的博大精深，激发学生的爱国主义情怀。

绽放于校园内外的每个角落的美景也是美育文化的载体和外显，我们要继续努力不断培养学生拥有审美的心境，相信处处会涌现诗情画意，内心时时飘洒墨香……让诗意才情洋溢校园，让我们的学生生活除了学习还有更多美好的内涵。

【班会效果】

经过此次班会和班会后续活动的陆续开展，吸引很多平时无所事事的学生都开始参与到了班级活动中。因为有班委会的组织和引导，这些活动并没有影响到正常的课堂秩序，反而让课堂气氛更活跃了，课堂效果更好了，学生学习的效率提高了。

我们每周举行的小型朗诵会，一般要求4~6人登台朗诵，将自己近期阅读的好文章借机与大家分享，既锻炼了自己，又有利于大家共同学习进步，很受学生欢迎；在唱红歌活动中，学生积极性很高，部分学生甚至加入了由高老师带队的合唱团积极参加县、市红歌大赛。学生由此从紧张的学习生活中解脱出来，调节了学习情趣；另一方面唱红歌也是对学生进行一次思想和爱国情感教育，培养了学生积极向上的学习心态。

通过在班内坚持多途径开展"美育人生"教育，让学生尝试多渠道看见美、欣赏美、体验美、创造美，拥有了流光溢彩的艺术生活。这些活动在他们繁忙的高中学习生涯中，留下了美的印记；这些美，让他们的校园生活变得更有温度；这些美，也将会引领他们在未来创造具有美感的生活，拥有更加充实的生命。

09. 用传统文化给班级注入活力

——文化传承塑班风

崔双进

【班会背景】

中华优秀传统文化是中华民族的精神命脉，是涵养社会主义核心价值观的重要源泉，也是我们在世界文化激荡中站稳脚跟的坚实根基。

2019 年第 12 期《求是》杂志刊发了习近平总书记的重要文章《坚定文化自信，建设社会主义文化强国》，习近平总书记说："我们要善于把弘扬优秀传统文化和发展现实文化有机统一起来，紧密结合起来，在继承中发展，在发展中继承。要坚持古为今用，以古鉴今，坚持有鉴别的对待、有扬弃的继承，而不能搞厚古薄今，以古非今，努力实现传统文化的创造性转化、创新性发展，使之与现实文化相融相通，共同服务是文化人的时代任务。"近来，我们发现当代学生对于文化的传承意识不强，对于中华优秀传统文化的理解还停留在表面，对于中华文脉的延续链条还没有形成完整的印象。

在我们班级，同学们不能认真对待传统文化的学习，在本就稀少的阅读课上不注重对传统文化的阅读和积累，无法做到全面深入地了解中华优秀传统文化。甚至对于学校统一发放的有关传统文化的资料置之不顾，缺乏对有关中华优秀传统文化书籍的阅读，导致同学们的文化知识淡薄，对古代各学派经典书籍中文字语言的理解不够透彻，不能高质量高效率地传承传统文化。而且，近来在班级内出现了很多同学之间关系不和谐的现象，"祖安骂"问候方式在班级内盛行，严重影响了班风班貌，不利于班级管理。

对此，为了号召学生传承和保护中华优秀传统文化，改善班风班貌，促进班级管理，我们设计了此次班会。

【班会目标】

1. 让学生了解灿烂的中华文化，增强学生保护和传承祖国传统文化的意识。

2. 消除不良现象，改善班风班貌。

3. 使学生形成一种正确的文化观念，更好地管理班级。

【活动准备】

1. 教师准备：制作 PPT、下载需要用到的视频及图片、准备学生讨论用的 A4 纸，作业本若干。

2. 学生准备：搜集文化传承的名人轶事。

【班会流程】

活动一：视频导入，引出主题

观看视频：《孔孟文化》。

视频内容：通过纪录片的形式，将中国山东孔孟之乡的文化底蕴一幕幕展现给大家，使孔孟文化生动浮现。

设计意图：引导学生认识非物质文化遗产，倡导文化的传承和保护。

老师：孔孟文化是中华优秀传统文化的一个小分支，它承载了中华传统文化的精华，从孔孟文化中，我们可以看到中华传统文化源远流长、博大精深的特质。下面，让我们观看一个视频，谈谈你对传统文化的认识。

活动二：一起讨论，畅谈文化

PPT 播放视频：《中华文化的传承之最美中国色》。

视频内容：通过视频的方式，将中国文化中的各种颜色融合到中国传统的春联、陶瓷、书法、绘画、京剧、功夫等一些具有代表性的非物质文化遗产中，展现了中华文化中最美的中国色彩。

1. 活动——自探生疑：同学们，从古到今，中华民族创造了许多让炎黄子孙引以自豪的奇迹，华夏大地涌出了许多的艺术瑰宝，中国书法、篆刻印章、京戏脸谱、水墨山水画……让我们看到了中国传统文化的精华。那么，同学们眼中的传统文化是什么样的呢？请大家讨论一下。

2. 活动——合探解疑：同学们发表自己的见解，展示自己眼中的传统文化。

3. 活动——交流互鉴：同学们就每组的讨论结果互相补充得出最优讨论结果。

4. 根据同学意见评出优胜小组，酌情加分。

设计意图：激发同学们的思考，让学生们通过小组的讨论更深层地认识中华传统文化。

活动三：深度挖掘，庸俗文化不断涌现

1. PPT 展示材料

从网上狂欢，到网下跟风，据《半月谈》记者调查发现，"祖安文化"在虚拟空间的肆意蔓延，已倒灌至现实世界，对人们的日常生活带来影响。2020 年 3 月，国外某网游主播在直播中透露她向网友学习了一些"中国话"，除了中文的"谢谢"之外，一张口全是国骂。一些网友通过直播间的弹幕"欢呼"——"这就是文化输出"。

另外，2020 年 4 月，71 岁的诗人北岛在某平台发表了一首诗歌，被一个名叫"蓝蛆扑杀队"的网友以时下最流行的"祖安骂"问候，随后跟风的网友复制粘贴这句"祖安骂"跟帖刷屏。此后，已入驻平台三年，一直安安静静写诗的北岛在评论区回复："这是讨论诗的平台，但不应使用语言的暴力。我从此关闭诗和诗的评论区。"

学生活动：近来流行的"祖安文化"，将互联网语言的水准拉入谷底，文化强国的形象也受到了动摇，这种现象说明，互联网文明堪忧。这引发了你怎样的思考？请同学们讨论一下。

设计意图：希望同学们有辨别文化的能力，区分糟粕文化和优秀文化，抵制不良文化，网络也需清净。

2. PPT 展示材料

孔子去世后，被葬在了曲阜的孔林，2000 多年来，孔林从来没有遭到任何的破坏，对于读书人而言，孔林可以说是读书人的精神圣地，但是，据报道，在 20 世纪 60 年代，孔林却遭到了严重的破坏，孔子的坟墓被挖掘，大殿之中孔子的塑像也被无情推倒，很多珍贵的古碑文被打碎，实是令人痛心不已，葬品也被抢掠一空，这种破坏恐怕是几百年都恢复不过来的，对中华文化的发展产生了非常不好的影响。

学生活动：面对社会上这种破坏文化的现象，身为新时代的青年，你们应该怎样行动，怎样保护我们的文化，怎样传承我们的文化？同学们思考一下，踊跃发言。就小组发言内容进行评选，酌情加分。

设计意图：通过社会上的一些现象，反映出中华文化遭受的冲击和挑战，让同学们认识到保护和传承中华文化的急迫性和重要性。

活动四：联系社会，保护文化

PPT 展示材料：

最近，一个叫李子柒的姑娘把传统文化和田园生活拍成视频上传网络，引发国内外网友关注。央视热评："她的作品我们中国人多多少少都会感到熟悉，而世界各地的人，开始了解'有趣好看'的中国传统文化，并纷纷夸赞中国人的勤劳、聪慧，进而开始喜欢中国人，喜欢这个国家，不得不说，李子柒是个奇迹，一颗平常心做出了国际文化传播的奇迹。"而继李子柒之后，阿木爷爷成为又一位输出传统文化的中国网红，被誉为"当代鲁班"的他，视频累计播放量近两亿次，不用钉子胶水，一榫一卯做出鲁班凳、木拱桥等木器，让中国传统木工技艺绽放出令中外人士惊叹的光彩。

问题：通过李子柒和阿木爷爷的故事，你得到了什么启示？身为新时代的青年，怎样才能保护和传承优秀传统文化？请同学们以小组为单位，采用问答的形式，互相说一说你们心中的文化创新，然后小组派代表上台展示，根据小组展示情况并结合学生意见评出优胜小组并酌情加分。

设计意图：通过现代社会的优秀事例，讲述保护中华文化的社会行为，提高同学们对中华文化的自信心与自豪感，增强学生保护和传承中华文化的意识，号召大家一起保护中华文化。

活动五：融会贯通，华味飘香

1. PPT 展示

习近平总书记指出："每一种文明都延续着一个国家和民族的精神血脉，既要薪火相传，代代守护，更需要与时俱进，勇于创新。"中华文化是我们的"根"和"魂"，我们必须很好地传承和创新，用一种积极向上的方式保护中华文化。

老师：同学们，对于中华文化，我们应保持客观态度，取其精华，去其糟粕，也需要我们面向世界，博采众长，推陈出新，革故鼎新。下面请同学们欣赏一段视频。

2. PPT 播放视频：《故宫文创》

视频内容：主要介绍故宫为传承中华文化，将古代文化与现代生活结合起来，打造了具有三大主题的故宫中国年。

学生活动：在视频中，我们看到了故宫因文化创新而展现的新的一面，它的创新给人们带来了一场别开生面的文化盛宴。在此，我想问同学们一句，如果是你们，你们打算用什么样的方式融会贯通，使中华文化在新时代的今天焕发出新的生机活力呢？请同学们在课下写一篇随笔，以"中华文化的传承与创新"为题，发表自己的想法。

"优秀文化传承之星"评选活动：

对于学生课下完成的随笔，进行打分，选出得分最高的五名同学进行表扬。对课上的三个加分环节进行总和，选出得分最高的一个小组评为优胜小组。对这五名同学及优胜小组内成员进行奖励，一人奖励一个作业本。

设计意图：通过写作的形式，进一步激发学生保护和传承中华文化的信心，使学生对文化创新有一个更全面、更亲近的认识。

【班会总结】

"在衰落遗失的边缘坚守，在快捷功利的繁荣里坚持"，传统文化如同民族的灵魂，蕴含着不屈的希望与力量，传统文化是民族发展的原动力，给予我们强大的精神动力。传统文化仿佛是一座沟通世界的桥梁，传递给世界温暖与色彩，随着全社会对传统文化的关注度与日俱增，我们理应满怀信心并坚信：懂的守护传统文化的民族将会永远屹立于世界的前列，拥有勃勃生机。龙应台曾经说过："人本是散落的珠子，随地乱滚，文化就是那根柔弱又坚韧的细丝，将珠子串联起来成为社会。"我们便是这众多珠子中的一个，我们应该始终不忘作为炎黄子孙的使命，努力学习传统文化，继承和发扬传统文化，使民族兴旺起来，使国家强盛起来，使中华文化在我们的传承之下发扬光大。

【班会效果】

优秀传统文化是一个国家、一个民族传承和发展的根本。我们只有坚持从历史走向未来，从延续民族文化血脉中开拓前进，我们才能办好今天的事情，推动国家发展。

通过开展"优秀文化传承之星"评选活动，提高了学生传承传统文化的积极性，形成了一种正确的文化观念。在班级中，学生们也改掉了不认真阅读文化资料的坏习惯，并且能够很好地利用阅读课学习文化知识，任课老师能很好地开展文化教育，提升了班级整体的文化水平。学生们甚至在班级内开展了"反祖安文化"活动，结合我以及各科老师的建议有效地制止了"祖安文化"在班级的盛行，保护和传承了优秀传统文化。通过班会活动，班级风貌得到了有效改善，学生对班级的维护和爱护感增强，都能团结一心，维护班级荣誉。

在此次班会中，我也收获颇丰。班级管理不是一蹴而就的，学生和老师都需要一个过程，适应班级管理模式。作为老师，我会管控好自己的情绪，合理地解决学生与学生之间以及学生与老师之间的矛盾，努力打造一个成绩好、班风好、素质好的优秀班级。

第二辑

生涯·行动：梦想可以让你了不起

生活并非"有梦想谁都了不起"，但如果一直停留于幻想，梦依旧是梦。而懂得了职业生涯规划，迈开了脚下最坚实的步伐，你才可能了不起。这9节班会课，让您的学生有梦想的翅膀，又可以迈开坚实的步伐。

10. 少年的梦不应止于心

——榜样力量·共同追梦

胡凤霞

【班会背景】

2020 年寒假，一场猝不及防的新冠疫情暴发，不仅惊扰了假期本该祥和热闹的春节，更使人们不得不隔离在家，推动我们去思考那些凝重的人生课题。经历了疫情，更感知生命的脆弱和可贵。

在这次疫情期间，涌现了无数感人至深的真人真事，使我们深刻地意识到自我生命内涵的多面性、丰富性和意义性，从而能够正确地体会生命的可贵，确立生活的正确态度与目的，去追求人生的更大价值与意义。

然而个别孩子在假期期间过度放纵自己，在家沉迷游戏，忽视了自己本应具有的责任和担当，忘记追求自己的梦想和实现自己的价值，以至于回来的开学考试，本班孩子考试成绩一塌糊涂。面对这次范围广、创伤大的疫情，处于高中阶段的少年和成年人一样被长期困在家中，所以他们会内心恐慌，沉迷游戏，以至于回来的开学考试，本班孩子考试成绩一团糟，而且班里面士气不高，并且缺乏凝聚力，可以说孩子们的心理像是中了毒一样，急需一次心灵的洗礼。

【班会目标】

1. 让学生感知共产党的正确领导，加强爱国情怀。

2. 学习抗疫人员的优秀品质，提升和优化学生的品质。

3. 让学生恢复本该拥有的士气，为了心中梦想，砥砺前行。

【班会准备】

课件 PPT、图片及相关视频。新闻报道素材，学生提前分组。

【班会环节】

环节一：图片导入，加深爱国情怀

教师导语："乔木亭亭倚盖苍，栉风沐雨自担当。"几千年来，治理桀骜不驯的大江大河、迎战数不胜数的自然灾害、抵御寇急祸重的外来侵略……

中华民族在成长的道路上，充满各种可以预见和难以预见的风险挑战，但总有不惧风雨的勇气、不畏艰险的力量，汇聚成推动中华民族不断发展壮大的历史潮流。

岁末年初，一场新冠肺炎疫情突袭大江南北。"生命重于泰山，疫情就是命令，防控就是责任。"在以习近平同志为核心的党中央坚强领导下，举国上下同时间赛跑，与病魔较量，从耄耋院士到"90后""00后"，医无私，兵无畏，民齐心，党员干部冲锋在前，社区工作者奋战一线，湖北人民识大体顾大局，亿万人民手相牵心相连，一场力度空前的疫情防控阻击战全面打响，14亿中国人民在共克时艰中勇毅前行。

活动1——自探生疑：让学生自己认真观看两张图数据中，你获得哪些信息，有哪些感想？

活动2——交流意见：给学生一定的时间，让他们互相交换看法和意见，既有个人观点，更有优化后的见解。

教师小结：虽然世界的疫情形势不容乐观，但是由于我们背后有强大的祖国和共产党的正确领导，有那么多人的默默守护，才有每个生命的美好，所以祖国永远是我们强大的后盾，当然我们也需要为祖国的强大贡献自己的力量。

设计意图：通过数据对比让学生感受到——经历过非典后，今天的政府比过去更高效，今天的行动力也比过去更迅速有效，体现国家战胜疫情的勇气和信心。让学生在观看图标和讨论中感悟共产党的正确领导，坚定学生爱党、爱国的信念。

环节二：学习抗疫人员，优化自身品质，增强凝聚力

教师导语：疫情面前，医护人员积极请战，交警人员守护安全，社区人员积极排查，建筑工人加班加点。他们舍小家为大家，彰显中国人民的无私和伟大，请同学们回忆疫情期间感人、温暖的画面，现在的你有什么感受和思考吗？

活动3——个别讲述：请个别学生讲叙疫情期间遇到的感人的一线工作人员的故事和场景，并且说出自己的感受和思考。

教师小结：正如我们同学所分享的一样，生命从诞生之后，就注入了"顽强"的力量。这个春节寒假，真的没有那么的美好，看着每天不断攀升的数字，所有人都感慨抗疫之路好难、好难……但也正是因为这个"难"，我们才能看到那些温暖的瞬间，让我们知道疫情虽难，但生命顽强，人心很暖，同样面临不完整的、不一样的新学期，我们肯定会遇到各种困难和挑战，那么我们也应该学习抗疫人员的优秀品质，坚持做好自己的同时，守护好我们共同的家——我们的班集体。

设计意图：通过图片视频以及个别学生讲述疫情期间医护人员、警务人员、环卫工人、建筑工人、线上老师的温情感动，真人真事，使学生更加深刻感受和学习一线工作人员的品质和美德的同时，折射自己的内心，反思自己的品质，优化自己的素养。

环节三：敬礼最美逆行者，誓为最美逆袭者

教师导语：疫情之下，出现一批奋战在一线的医护战士，他们不畏艰难，不顾个人安危，为了人民的安全，逆行至最危险的地方，他们是最美的逆行者，你还知道哪些行业出现了最美逆行者？

活动4——分组讨论：分组讨论各个行业中出现的最美逆行者，美在哪里？并共同写出致敬感言，向最美身影致敬。

例1：84岁院士钟南山，仍坚持为人民奋战一线。

例2：与时间赛跑的院长张定宇。

活动5——引申讨论：对于现在的我们而言，我们目前面对的"疫情"是什么？应该如何成为学习上的逆行者，改变自己和集体的现状？

教师总结："国有战，召必回，战必胜。"各地医疗人员在请愿书上留下一个个指印，不计报酬，不论生死，逆着人流，驰援武汉。正是有他们这些伟大的医护人员和科学家以及所有支援武汉的平凡人，国才有希望，他们都是最美的逆行人，是危难时刻国家的脊梁，是他们对职业的信仰与誓言把被疫情笼罩的黑暗划出一条裂缝，让光照亮温暖这个寒冬。而我们目前自己的"疫情"是假期综合后遗症，以及落后的成绩、缺乏凝聚力的班集体，面对这些"病毒"，我们也应该学习最美逆行者独有的品质，成为不怕困难、迎难而上的优秀学生。

设计意图：让学生在讨论中感受最美逆行者的爱国热情，舍生忘死，乐于奉献精神，并共同写出致敬辞，抒发和表达向英雄学习和致敬的真实情怀，疫情中的青少年——肩负使命，学会担当！高中生从学会担当落实到生涯规划，再具体到当下如何制订计划，提升效率。在这个特殊时期，让学生在特殊经历中学会规划，懂得如何增强行动力，从而帮助自己一步步实现人生价值。

环节四：心中有梦，行动逐梦

教师导语：疫情面前，涌现出许多义无反顾、冲锋陷阵的战疫英雄。他们有一颗忠诚的爱国心，并用行动诠释爱国。作为高中生的我们少年不仅要有爱国心，更应该心中有梦，但不应止于心，你的梦想是什么？思考如何为了这些梦想，真正付出行动？

活动6——个人反思：让学生思考如何让自己的梦想真正付诸于行动。

活动7——分享反思：让个别学生上讲台分享反思所得，通过学生之间思维碰撞，激发孩子们心中的正能量，行动追梦。

活动8——发出号召：每个人都应该有一颗忠诚的爱国心，并且有独特人生梦想，为了实现我们的梦想，我们必须向疫情期间各个行业出现的英勇人物学习，学习他们身上心中爱国、不惧困难、团结一致的精神。我们作为宏志班的学生，也应该具备及时调整自己状态的能力，不怕逆境，不惧困难，不仅要心怀梦想，更要用实际行动去追求梦想，无惧风雨，勇往直前。

活动9——共同宣誓：

我们背后有强大的祖国，

我要为伟大的祖国奋斗。

少年强则中国强。

向最美逆行者学习，

不怕逆境，不惧困难，

勇往直前，行动逐梦。

设计意图：本环节主要是让学生在观看大量的英雄人物和最美逆行者的伟大和无私的壮举后，让学生感知和思考在国难面前有无数的中国人凝聚在一起，共同努力，共克时艰。面对疫情后学生自己自律性差，并且成绩很不理想的残酷现实，他们应该怎么做。自我反思的过程就是在伟人的先进事迹引导下，寻找真正自我的过程，感知最美逆行者的人格魅力，树立学生自己的信念和梦想，并用实际行动追梦。

【后续行为】

1. 在这次班会后，我班每天午饭后抽出一名同学，用不到三分钟时间分享本次班会中最感触人心的英雄事件，目的是为了在激励自己的同时还能够激励同伴在磨难中成长。

2. 另外，当个别学生不能快速适应校园生活，我会和他谈心，并且在谈心中特别突出平凡人物在疫情期间不放弃希望，用行动证明爱国，鼓励学生用行动实现梦想。

3. 疫情也是语文写作的热点，所以我和语文老师商议并决定，让学生以我心中最美逆行者和与我要成为最美逆行者为主题进行写作比赛，并且评比出最好的作文，张贴在表彰墙上。

4. 进行辩论式班会，辩论在追梦过程中学习环境和个人努力哪个更重要，让学生体会逆境和不屈的人格在追梦过程中同等重要。

【班会效果】

本次班会中我依据特殊时期，根据学生的实际情况、认知规律和心理特征，采用不同的环节设计，突出共产党的伟大和榜样的力量，围绕目标，力求学生积极参与讨论，用心体会爱国、诚信、敬畏的意义，从而达到预期的效果。另外，以后每个周末我会分配每个小组一个任务，让他们召开有本次班会衍生的系列小班会，比如，我最崇拜的英雄任务和最美逆行者，让他们从英雄身上不断汲取精神力量。班级的整体氛围越来越好，学生知道自己的责任和担当，慢慢放弃了假期的各种心里恐慌和懒散行为，逐渐积极生活学习，有的同学甚至丢弃了曾经的偶像娱乐人物，开始崇拜疫情期间的英雄，并且学习状态越来越好。每次考试成绩都证明他们在不断地进步，由同层次的倒数第一，变成第二名。学生士气高涨，更加自信，期待他们不断华丽转身。其实孩子们的成绩是他们优秀品格，特别是学品的一个产物，所以要经常给孩子们展示榜样的力量，让他们在感知榜样人物伟大的同时，也不断反思自己作为华夏少年应该如何积极面对各种困难，砥砺前行，用行动实现自己的梦想。

11. 疫情之下的新生

——做志存高远新人

张国东

【活动背景】

新学期开始，部分学生出现假期综合征，迷恋网络，出现旷课或中途逃课现象，如孙某、刘某等，对未来人生很迷茫，如中等生赵某、牛某等人，经过一个假期拼搏进取的斗志消失殆尽，终日混混噩噩，已进化为班里的"丑小鸭"。为防止这种负面效应扩大化，召开主题班会引导学生回归正常学习轨道，为形成良好班风和学风奠定坚实基础。同时，也为今后转化问题学生提供鲜活模板，积累宝贵的精神财富。

新冠肺炎疫情暴发后，84岁高龄的钟南山院士、73岁的李兰娟院士奋战在抗疫一线，最美逆行者——白衣天使，驰援武汉的各地医疗队、社区疫情防控的志愿者……他们用责任和担当为全国人民筑起一道生死防线。这些都很鲜活，也很生动的事例，非常有利于学生"收心"。通过分享"抗疫"过程中闪耀人性光辉和大爱精神的传奇故事，帮助学生形成正确的人生观、世界观和价值观；通过走进"抗疫"英雄，感受他们无私奉献精神和责任担当，培育学生的家国情怀，激发他们向英雄致敬和自我成长的意识与行动，做志存高远的时代新人。

【活动目的】

1. 认知目标：分享"抗疫"英雄事迹，感受各行各业无私奉献的大爱精神和高尚人格，帮助学生构建正确的世界观、人生观和价值观。

2. 情感目标：走进"抗疫"英雄，感受各行各业抗击疫情的决心和勇气，激发学生们向英雄致敬，自我成长的意识和行动。

3. 行为目标：制定高考奋斗目标和撰写成长感悟，明确责任与担当。

【活动准备】

搜集资料，制作PPT。

【活动过程】

环节一：开门见山，引入话题

老师：先请同学们，观看两段视频（教师打开网络链接）。

1. https://v. youku. com/v_show/id_XNDU1MDA3MzM3Mg==. html

2. https://www. ixigua. com/6830212379729461764? fromvsogou＝1&utm_source＝sogou_duanshipin&utm_medium＝sogou_referral&utm_campaign＝coop-eration)

第一个视频展示的是英勇的武汉人民抗击疫情的传奇故事，第二个视频是天津中医药大学校长张伯礼院士分享抗疫经验。

为更好读懂"中国"以及"青年"的内涵，《弘扬"抗疫"精神，做志存高远新人》（幻灯片展示）主题班会现在开始。

设计意图：设置情境旨在激发学生学习兴趣，引导学生积极参与课堂互动和烘托主题等作用。通过概述我国各行各业抗击疫情和驰援国外抗击疫情等情况，为引出主题——弘扬"抗疫"精神埋下伏笔。

环节二：分享"抗疫"故事，唤醒情感共鸣

抗击疫情过程中，一些英雄走进人们视野，在他们身上，处处彰显无私无畏的担当和大爱精神，他们是新时代中华民族的脊梁，更是当代中国青年学习的榜样。

（一）走近钟南山院士和李兰娟院士

走近钟南山院士和李兰娟院士（幻灯片展示两位院士在武汉重灾区指导救治新冠肺炎患者的照片）。

老师：大家了解这两位医学专家吗？

学生：不太了解，只知道他们在这次抗疫过程中发挥重要作用。

老师：一起走进他们，观看视频《钟南山赴武汉战疫纪实》片段和2020年3月5日CCTV—13《朝闻天下》介绍李兰娟院士抗疫纪实的视频，时长2分37秒。钟南山和李兰娟院士在这次抗击新冠肺炎疫情过程中发挥重要作用，给全国人民吃了"定心丸"，他们是中华民族抗击疫情的偶像，既有院士的专业，又有战士的勇猛，更有国士的担当。同学们，今后一定要努力学习，因为知识不仅能改变命运，在大灾大难面前，还能救命！希望大家学做钟南山院士和李兰娟院士那样的人，担当救国救民的重任！

老师：湖北武汉新冠疫情暴发后，我区人民医院、中医院和疾病控制中心等部门先后组建5批医疗队奔赴湖北武汉和恩施州救援，经过近两个月不懈奋战，已胜利凯旋。有几位90后白衣天使，大家知道他们是谁吗？（幻灯片展示我区人民医院90后白衣天使儿科23岁的马鑫玉护士、呼吸内科护师25岁白宇轩的照片，由区人民医院提供工作照。）

（二）采访援鄂"抗疫"英雄

走进"抗疫"英雄，引导学生充当小记者采访援鄂"抗疫"英雄（因无法当面采访，实行手机微信采访。为了让更多学生及时看到采访内容，通过电脑投到屏幕上。已与马鑫玉护士取得联系，已做好采访准备）。

学生：你们比较年轻，是怎么加入赴湖北医疗队的？

马：写下请令状，响应习近平总书记提出的"疫情就是命令，防控就是责任"的号召，践行一名共产党员的责任和义务。

学生：驰援湖北恩施州时，您在医院干什么工作？

马：负责给重病患者测量体温、输液和接通呼吸机，做好一级护理工作。

学生：驰援恩施州时，每天大约工作多少小时？

马：超过16小时以上，戴口罩和穿着沉重的防护服陪护患者。说罢，分享救治患者时的照片和视频。

……

采访结束后，教师进行评价：同学们，疫情是一面镜子，照出人的真实面目，两位年轻的白衣天使是优秀中国共产党员的先进典范，他们写下请令状奔赴抗击疫情一线，是真正的民族英雄，向社会传递的是正能量。

（三）展现身边"抗疫"小英雄

新冠肺炎疫情暴发后，全国各地纷纷采取封城、封社区和封村等措施，在社区门口或村口设置卡点，一方面防止外村（其他社区）人员进入，另一方面要给本村（社区）进出的居民测量体温。

老师：刘强、许佳祺、赵悦明从1月30日开始在居住的村庄担任志愿者，陈昊天、苏有哲从2月1日开始在居住的小区担任志愿者，5位"抗疫"小英雄一直坚持到3月24日。让我们走进这些"抗疫"小英雄，聆听他们的"抗疫"故事。

许佳祺：正月初五上午10时写作业后，来到村口，值勤人员正在给进出村的村民测量体温。那天，是我镇大集，部分村民抱着试试看的想法准备外出，在村口排起长队，见此情景，我对他们进行引导，保证间隔距离在 1.5 米以上。值勤的村干部于某当场表扬了我，这给我很大鼓舞，决定成为"抗疫"志愿者。村干部于某马上给我戴上"联防联控"红袖标，正式走马上任，负责在村口做引导工作，防止进出村口的村民聚集。开学上网课后，村干部于某照顾我，安排我晚上值勤，从晚上 6 点到晚上 12 点。

陈昊天：1 月 31 日上午，我写完作业后外出取快递。在小区门口，人行道上有两名物业工作人员手持额温枪给进出的居民测量体测。取完快递后，在小区门口，发现机动车道上有两名蓝天救援队队员身穿防护服、肩背大功率脉冲弥雾机给进出小区的车辆进行全面消毒。物业工作人员告诉我，蓝天救援队队员 24 小时坚守岗位。他们辛苦劳作的身影深深感动了我，决定协助物业工作人员给进出小区的居民测量体温，值勤时间中午 11 点至下午 1 点，下午 5 点至晚上 7 点。

......

教师总结：新冠肺炎疫情暴发后，许多同学参加防控，守住社区这道防线，有效阻止新冠肺炎疫情的扩散和蔓延，他们是我们班级的荣耀，更是学校的光荣。

设计意图：分享各行各业"抗疫"先进事迹是班会的重头戏，一方面弘扬"抗疫"精神，培养学生责任意识和担当精神；另一方面，用"抗疫"先进事迹引导学生形成正确的人生观、价值观和世界观。

"抗疫"精神的内核是责任和担当。新冠肺炎疫情暴发后，最美逆行者——白衣天使、火神山和雷神山医院的建设者、驰援武汉的各地医疗队、社区疫情防控的志愿者等，用责任和担当筑起一道道生死防线，他们是当代中国最可爱的人。新学期开始，部分学生缺乏责任意识和担当精神，求学的过程中迷失方向，迷恋网络、旷课或中途逃课；部分学生对未来人生很迷茫，终日混混噩噩，与这些"抗疫"英雄相比，让人汗颜。

环节三：烘托主题，播种希望

老师：党的十九大报告指出："青年兴则国家兴，青年强则国家强。青年一代有理想、有本领、有担当，国家就有前途，民族就有希望。"同学们，你们是祖国的未来，肩负建设社会主义现代化的重任。要从"抗疫"英雄身上汲取精神之"钙"，补足"责任和担当"的营养成分，做社会主义事业的接班人。"抗疫"故事让人感动，还会让人心动。请同学们谈一谈今后学习和生活中，如何弘扬"抗疫"精神，做志存高远的时代新人？

展示学生观点：

1. 要向 84 岁高龄的钟南山院士学习，将来准备从医，当白衣天使，治病救人。我要从两个方面入手：学习方面，在学校听老师的话，上课认真听课，课下认真完成作业；在家中听父母的话，严格要求自己，努力学习；思想方面，提高责任意识和担当精神，在学校主动帮助同学渡过难关，在家中，帮助父母干力所能及的家务。

2. 援鄂"抗疫"英雄马鑫玉和白宇轩是我学习的榜样，他们抛家舍业，驰援湖北，要向他们学习，一方面加强自身修养，多读一些英雄人物的书籍，在头脑中播种下英雄人物的种子。另一方面，高中毕业后报考军医学校，成为一名既保家卫国又能救死扶伤的人民子弟兵，在国家需要的时候挺身而出。

3. 新冠肺炎疫情暴发后，许多志愿者奔赴在社区、村庄等基层，如无数蓝天救援队队员用汗水筑起疫情防控的钢铁长城。长大后，我也要加入蓝天救援队，成为一名志愿者，在国家出现灾难、人民生命和财产受到伤害时，勇敢地保护他们。

……

教师进行评价，抛出新问题——实现理想的路上会遇到"拦路虎"，如何做到心无旁骛踏上实现远大理想的道路呢？

学生观点展示：

1. 学会取舍，放弃无边的杂念，放弃无度的嬉戏，放弃无聊的喧嚣，放弃无果的迷失，瞄准心中的梦想砥砺前行。

2. 深知勤能补拙是良训，一分辛苦一分才。追梦的道路上勤奋一些，对每一天进行科学规划，不浪费一分一秒。

……

教师评价：大家谈到的做法很具体，还要落实到具体行动中，一手抓责任，一手抓担当，而且两手都要抓，两手都要硬。

设计意图："弘扬'抗疫'精神，做志存高远新人"讨论与学生学习现状紧密结合，教育学生在生活与学习中找到落脚点，进一步激励他们树立远大理想，明确在未来的责任意识和担当精神。

"抗疫"精神是新时代中华民族的灵魂，大家要从"抗疫"英雄身上汲取力量，立下高远志向，使自己在未来成为有能力把中国人、把我们的祖国保护得更好的勇敢者，让青春在国家最需要的地方绽放绚丽之花，成为时代脊梁、国家建设栋梁。

环节四：制定目标，展望未来

为帮助学生找准人生坐标，引导学生根据所喜欢的专业和目前学习成绩制定合理的高考奋斗目标。印发一个表格（如下）：

姓名	我的理想大学	高考成绩预测				高考誓言
		语文	数学	外语	理综	

学生填好后，汇制成 Excel 表格，把所有学生制定的高考奋斗目标打印出来，贴在班上最醒目的文化墙上，给学生制定的高考奋斗目标拟定一个题目——用读书点亮生命，并附教师寄语——

发光并非太阳的专利，只要持续努力，每一个人都可以。

只为明天流汗，不为明天流泪。

今日寒窗苦读，必定有我；明朝独占鳌头，舍我其谁？

伟大的目标构成伟大的心灵，伟大的目标产生伟大的动力，伟大的目标形成伟大的人物。

制定高考奋斗目标是学生求学道路上的铮铮誓言，唤醒他们的责任意识和担当精神。给学生布置课下作业以"在疫情中，我找到了自己"为主题，写一篇 1000 字左右的成长感悟。意识到高二下学期处于高中求学的关键时期，守住学习初心，明确肩上的责任和担当。

设计意图：目标具有激励作用，班会结束后，为更好地激励学生，引导他们制定高考奋斗目标和撰写成长感悟，是在升华主题，用文字规划好今后成长道路上的责任和担当。

【活动后续】

班会以分享"抗疫"故事为载体，由被英雄所感动到明确责任和担当的顺序展开。班会目的明确，设计思路清晰，共设计四个环节，选材典型、精当，课堂环节紧扣，学生参与度高，尤其是环节四，引导学生制定高考奋斗目标和撰写成长感悟达成升华主题的目的。

班会课整体效果较好，仍存在一些不足，如分享"抗疫"故事时，缺乏图片或视频资源等佐证材料，图文并茂教育效果更明显。缺乏课外实践活动，由学生亲自搜集"抗疫"英雄先进事迹或亲自采访驰援湖北医疗队的队员，并在班会课上展示，是对学生一种润物细无声的教育。一次主题班会很难达到立竿见影的教育效果，做后续跟进工作很重要。后续又连续召开激励学生做志存高远时代新人的主题班会，如召开弘扬"抗疫"精神主题班会、读"四史"、学"四史"和悟"四史"主题班会、纪念中国共产党成立100年主题班会等，多层次多角度在学生心田播种下"抗疫精神"和"红色基因"的种子。

【班会效果】

截止写稿，班会课已结束，已产生连锁反应。文章开篇提到的那4位学生纷纷表示，今后学习过程中，要践行"抗疫"精神，以"抗疫"英雄为榜样，严格要求自己，守住学习初心，尽快消除假期综合症现象，人人争做志存高远的时代新人。

这次班会如同一剂特效药，孙某和刘某迷恋网络，出现旷课或中途逃课现象已逐渐消失；赵某、牛某等人对未来人生已充满信心，心无旁骛地踏上求学的道路。劳动过程中一直偷懒的赵某渐渐有了责任意识，开始主动劳动；被家长"逼"到学校学习的乔某开始觉醒，认识到学习的重要性。

参与班会互动的学生热情高涨，纷纷表示尽快整理完成钟南山院士和李兰娟院士工作经历和研究成果，高质量完成"在疫情中，我找到了自己"为主题的成长感悟。

板报组不甘落后，正在出一期弘扬"抗疫"精神的板报。令人可喜的是，每个学生自发编写一份"弘扬'抗疫'精神，做志存高远的时代新人"的手抄报。

求学道路上学生迷失方向时，适时召开励志教育为主题的班会，如一盏明灯给学生指明前行的方向，激励学生砥砺前行。

12. 在清楚的现实中逐梦

——唤醒最真的自我

梁翠臻

【班会背景】

高一学生和我们国家一样，经历了 2020 年突发疫情的洗礼，克服重重困难迈向了一个新的阶段，我们国家在立足现实，努力拼搏，为中国和中国人民创造了幸福感安全感，追求中国梦。他们也进入了人生的一个重要阶段——高中。他们步入高中生活将近一年，当时对高中生活的种种幻想都在高中现实的学习方式和学习难度，以及学习强度中打破；再者，他们一直生活在比较顺的环境里，普遍缺乏远大理想，遇到困难挫折容易退缩，缺乏坚定的理想信念的支持；他们在初中都是年级和班级的佼佼者，心理上有极大的优势，但是经过月考、期中考试、期末考试等几次大型考试，又进行了选科，他们心理上和成绩上都有了极大的落差。通过我的日常观察和谈话，我发现很多学生迷茫彷徨，对现实认识模糊，对未来没有目标，没有规划。所以在纪律上、学习上和行动上都出现了一些令人担忧的状况。

我所带的高一（24）班是高一下学期选科后重新组合的班级，学生程度参差不齐。54 名学生有 20％左右的优秀学生、40％左右的中等学生以及 40％左右的学习程度和学习习惯都较差的学生。20％的优秀学生有明确的目标，学习习惯较好；40％的中等学生有目标但不清晰，能学习，但不能固化成好习惯；40％的学生不能明确自己的目标，对自己认识不清，有的盲目自大，有的自卑无措，普遍具有畏难情绪。面对这种状况，召开一个现实与梦想的主题班会迫在眉睫，希望通过此次班会让孩子鼓起信心，确立目标，认清现实，脚踏实地在老师的指导和帮助下去追求梦想实现梦想。在同学们都脚踏实地，追求梦想，使班级在团结、积极、向上的氛围下越来越好。

【班会目标】

认知目标：通过演唱、视频、讨论、互动交流等形式，在热烈的气氛中让同学们认真分析自身的现实状况，明白自己的理想，规划自己的未来。

情感目标：学生能鼓起信心，确立目标，认清现实，能够从心理上和实际行动上为实现自己的理想而努力奋斗，并且把自己的理想、家庭和国家的前途与命运结合在一起。

行为目标：结合自己入班以来的各方面表现，结合高一期末和月考成绩脚踏实地地制订计划，明确目标，并且在老师的指导和帮助下去追求梦想、实现梦想。

【课前准备】

老师：收集相关视频和素材；制作班会PPT，与学生沟通交流分好小组。

学生：布置班级氛围，摆放桌凳。

【班会流程】

起——歌曲引入话题和学生情绪

活动一：播放歌曲——张杰的《年轻的战场》

老师引导：同学们，听了这首歌，咱们有什么感受？

观点呈现：激动，心潮澎湃，感觉自己蠢蠢欲动，想要和歌中唱的一样，去拼搏，去奋斗。

老师引导：同学们，捕捉到这首歌的关键词是什么？用1~3个词去表达。

学生呈现：青春、战场、汗水、希望、梦想……

老师引导：现实的青春就是这个样子：充满诱惑，充满困难，充满汗水，更重要的是充满希望和梦想。所以，少年们，让我们认清青春的模样，去奔赴青春的战场，去追求我们的梦想。

设计意图：通过学生熟悉的歌词和旋律，激起学生积极参与到班会中来，而不是做一个旁观者。根据歌词和旋律直接把学生的注意力集中到班会关键词：青春、战场、汗水、希望、梦想，很好地引入本次班会的主题：立足现实，放飞梦想。

承——尽情表达，畅谈梦想

活动二：关于理想

老师引导：梦想是很美好的，同时也具有强大的指引力，同学们知道哪些关于理想的名言警句？

学生呈现：志当存高远——诸葛亮；

每一个人都有一定的理想，这种理想决定着他的努力的方向——爱因斯坦；

生活的理想，就是为了理想的生活——张闻天。

在此环节中，同学们踊跃参与，表现积极。我趁此鼓励他们：青春就是有理想、有热情、有行动。理想是力量的源泉，智慧的摇篮，冲锋的战旗，斩棘的利剑；理想是如此重要，为了理想，我拼搏！

设计意图：让学生体会梦想的重要性，心中产生对梦想的追求和思考。

活动三：理想大家说（9 人小组：1 个优秀生＋3 个中等生＋5 个较差生）

教师指导：请同学们按小组说说自己的近期目标——期中考试：班级位置，全校位置，全市位置；三年目标：高考分数，目标大学；职业目标：自己想要从事的行业、事业；人生目标：想要什么样的人生。

设计意图：学生小组内讨论，表达，这样就能激励所有的学生都思考、都参与、都交流、都表达。因为时间关系以及学生的性格和成长环境关系，有些学生在公众面前不敢表达，羞于表达。这样组合的小组讨论，给他们机会和信心。同时也能促进同学们的思考和交流。

活动四：梦想我来说

老师：大家经过思考、讨论、交流，都对自己的近期目标，三年目标，理想的大学，自己想要从事的事业，还有自己的人生目标有了相对清楚的认识，那么下面我们就请几位同学来和我们分享一下（学生自愿分享）。不同的学生梦想不同，但是人人都有追梦的权利。

某男生：大家好，我的近期目标是：期中考试班内第一，全校前十；高一至高三对自己的要求是稳定在全校前十；我的理想是南京大学数学系。我的优势是：我知道自己想要什么，并且努力地去对待自己的学习。我的缺点是：在某些学科方面学得还不够透彻。为了自己的梦想，我会尽全力去做到最好。

某男生：大家好，我的近期目标是：期中考试班内第十，全校 150；高一至高三对自己的要求是稳定在全校 100；我的理想是山东大学计算机系。我的优势是：我能认识到自己的不足，并且努力地去改变。我的缺点是：自己的基础不太牢固，学习态度和方法上有所欠缺。为了自己的梦想，我会努力去完善自己，去追求并实现自己的梦想。

某女生：大家好，我的近期目标是：期中考试班内 35，全校 450；高一至高三是稳定在全校 300；我的理想是山东师范大学外语系。我的优势是：我的语文、外语成绩比较好，但是数学、物理偏差，所幸我能认识到自己的不足，并且努力地去改变。我的缺点是：自己的理科思维不太好，学习态度和方法上有所欠缺。为了自己的梦想，我会努力去在保持优势科目的前提下，多关注弱势科目，尽全力去掌握基础性的东西和中档的题，提升自己的整体分数，去追求并实现自己的梦想。

某男生：大家好，我的近期目标是：期中考试班内 50，全校 850；高一至高三对自己的要求是稳定在全校 800；我的理想是菏泽学院。我的优势是：我感觉我没有优势，如果非要说的话我感觉智力还可以，数学还可以。所幸在老班的帮助下我能认识到自己的很多不足，并且下定决心去改变。我的缺点是：自己基础不牢，态度不够端正，畏难情绪太重，自控能力差。为了自己的梦想，我会努力去改变自己，尽全力掌握基础性的东西和提升自己的整体分数，去追求并实现自己的梦想。

设计意图：让学生充分体会到班会确实是属于他们的班会，将来社会也必定是属于他们的社会。只要你主动、大胆地、真诚地去干，你的梦想会很灿烂。同时在众人面前说出他们的梦想，一是鼓励他们去表达，二是这是一种承诺和监督。人都要面子，在众人面前承诺过的事情，他们会拼尽全力去完成。

转——认清现实，立足现实，放飞梦想

老师：有梦想不行动，这仅仅是一个梦，因为有些同学呢，梦醒了还是这样的。

PPT 展示一些平时班级中存在的不好现象：

老师引导：难道这就是我们想要的高中生活？

学生分享：他们纷纷表达，都不想这个样子，但是由于自己的种种缺陷和不足，以及长久以来养成的坏习惯，困难是如此之大，不知道自己能否克服，能否坚持，自己能否实现梦想。如何去改正，如何去克服？

设计意图：抛出这些让学生明白自己在学习过程中切实存在的诸多问题，对照自己，自我查病，认清现实。你们或许有许多不足之处，但是谁的人生路都会有坎坷和障碍，关键看你怎么选择。

视频分享：成功＝梦想＋奋斗

视频 1：《风雨哈佛路》

贫困并没有止住丽兹前进的决心，在她的人生里面，从不退缩的奋斗是永恒。

视频 2：寒门贵子——刘媛媛

通过北大学子刘媛媛的事例，让学生明白生活中堪称"奇迹"的事情总会在某个人身上上演，每个人都有可能是这个舞台的主角，未来一切皆有可能。

设计意图：作为落后地区的孩子，努力是我们唯一的出路，通过以上两个视频能够很好地引起共鸣，激发斗志。让孩子们明白虽然自己有不足，但是我们依然可以有梦可追，并且可以实现。

老师：我们清楚自己的现实状态，我们有切合实际的梦想，那么我们该如何去行动呢？我们需要脚踏实地！

PPT 图片：

图 1

图 2

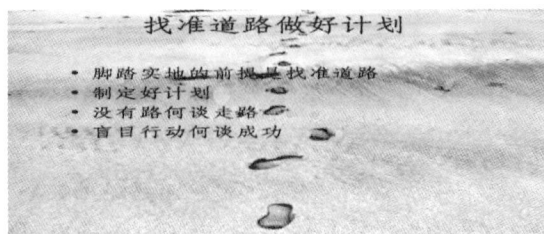

图 3

老师引导：你做到这些了吗？你能做到这些吗？如何立足现实脚踏实地？

1. 减少无效劳动

减少闲话：别人在自习，在看书，你在那说笑话，说大话，说课外的话；减少闲事——把课外的时间消磨在聊天上，上课时无所事事，昏昏欲睡；减少闲思——正听着课，思路不知不觉地想着学习上或生活上遇到的不如意的事情，或者考试不理想，结果越想越烦恼，无法平心静气地分析失误，专心学习。

2. 增加单位时间内的劳动量

首先减少犹豫的时间，明确任务。治疗犹豫的措施：在自己支配的时间里，首先想清楚该段时间的任务项，"四象限"法，明确最重要最当办的，马上开始。

其次持之以恒，形成习惯。一个人经常在固定时间内做同类的事，做多了就形成了习惯。习惯了的事情，常常不由自主地去做，想停止都难。

再者制订详尽具体的学习计划。学习计划要落实到每天、每时、每分、每秒。

时间	任务	收获
早起后		
早自习		
午休前		
午休后		
晚自习		
晚寝前		

老师：对你们进行方法指导，让你们有能力、有动力、有执行力去追梦，这就是我们这次班会的主要目标。所以如果我们坚持，没有什么理想不可实现！成功没有捷径，唯有奋斗，只要我们脚踏实地，立足现实，没有什么未来不可创造，没有什么理想不可实现。

设计意图：让学生明白自己平时学习习惯中存在的问题，并且及时以方法指导，让学生切实明白从自身实际状况、从细微处入手会更加有目标有信心。

三年后，我们去哪里，取决于我们这三年的努力。

PPT 呈现：你是赋闲在家，沮丧，无聊，打游戏？展示图片。

还是徜徉于这些魅力校园中？展示图片。

还是在这些中国之最的大学中学习？展示图片。

学生表达：对美好未来的向往促使他们能在老师的帮助、指导和监督下，改掉毛病，拼尽全力去体会美丽大学的美好。

设计意图：通过那些在校不努力、高考后人生无聊没去处的图片和这些大学的美丽图片的对比，激发他们的学习动力，对于此时的我们来说，上个好大学是我们实现人生理想的第一步，然后脚踏实地奔向我们更加期待的未来。

合——立足现实，奔赴梦想

让我们一起努力实现梦想，青春就是一场战斗，我们都在战场，所以我们一起唱响《年轻的战场》。

设计意图：让学生在激昂的歌声中结束班会课。

【后续活动】

教育是一个连续性的活动，作为教育者，我们不要奢望一次班会就能达到我们期待的全部结果，所以我们要适时跟进去强化。

每个人在 A4 纸上写下自己对于实际状况的认识，并写出自己的近期目标。期中考试：班级位置、全校位置、全市位置；三年目标：高考分数、目标大学；职业目标：自己想要从事的行业、事业；人生目标：想要什么样的人生；结对交换自己的理想，并且找出对方的优点写下相互激励的语言，去共同追梦；根据本节班会课老师提供的减少无效劳动，罗列自己中招几条，打算用多长时间去逐步消灭。如何去增加自己的有效劳动量，制订出详尽的计划；邀请各科任课教师和学生进行交流和方法指导，然后对自己的计划进行完善；召开线上家长会，和家长沟通，去激励和帮助孩子，不要对孩子提超乎他们水平和能力之外的要求。

【班会效果】

本节班会课仅仅围绕"现实"和"梦想"这个话题。结合学生实际，让学生畅谈梦想。整体来看目标明确，导入顺畅，衔接自然，同学们参与度高，效果明显，达到了开本次班会的初衷。

本次班会充分调动了学生积极性，他们积极参与，踊跃发言，充分体现了他们的主体作用。在班会的各个环节让他们体会到了他们才是他们人生的主人。只要你脚踏实地，没有梦想不可追；本节班会课准备、讨论、展示、分享都有全体同学参与，增强了班级凝聚力；作为班主任通过本次主题班会的召开，拉近了和同学们的距离，加深了对学生的了解，对学生和教育的认知都有了很大的提升，对于以后的工作有很强的指导意义；任课老师通过此次班会对学生进行方法指导和师生交流，拉近了他们和学生的距离，让他们也融入到班级管理中来，使这个班级更加有向心力；我们的学生大多是父母外出务工的人员，无论是陪伴还是在方法上都有缺乏，通过线上交流也让孩子家长更多地去关注孩子。本次主题班会的召开，同学们积极参与，师生活动融洽，为以后班级工作的开展做了很好的铺垫。

13. 人啊，认识你自己

——职业生涯规划的起点

费贞元

【命名说明】

"知现在"是本节课的核心词，本节课力图通过引导学生掌握"认识自我"的两种基本方法，为接下来进一步开展"自我探索"奠定基础。"知现在"是重点，更是"明未来"的铺垫。

【活动背景】

我们班的学生属于新高考"3+1+2"改革推行第二届的对象，从升入高中的那一刻起，很多孩子就对于未来自己如何选科而感到焦虑。为了帮助孩子们更好地认识自我，掌握一定的工具和方法，从而可以开始积极地探索认识自我，我特设计了本节班会课。

另外，"认识自我"属于生涯规划的起点。要做到"正确认识自己"，绝非一件易事，这从希腊古城特尔斐的阿波罗神殿上刻着的名言"人啊，认识你自己"便可得知。既然"认识自己"是每个人一生追寻的难题，那么处于人生观、价值观、世界观正在建立的中学生，给予积极"认识自己"的方法，引导他们积极地探索自我，就是我们必不可少的工作。

【活动目标】

1. 引导学生积极参与活动，并能坦诚分享在活动中的各种体会。

2. 引导学生了解"自我认识"的两种视角，并帮助学生理解这两种视角的理论背景。

3. 引导学生建立积极探寻"自我认识"的意识，鼓励学生利用多种资源更深入地"认识自我"。

【活动对象】

高中一年级学生（50人）。

【活动教师】

班主任或心理老师。

【所需材料】

A4 纸（100 张，每人 2 张）、彩笔 8 盒、水性笔 1 支/人、双面胶三卷。

【课前分组】

随机分组（8 组为宜，5～6 人/组）。

【背景音乐】

1. **热身音乐**：谭维维《奇迹》

2. **感受音乐**：轻音乐《秋日的私语》

3. **提升音乐**：《祈祷》

4. **总结音乐**：《感恩的心》

【班会流程】

环节一：热身活动（播放谭维维《奇迹》）

老师：各位同学，小费老师今天为大家带来了一个神秘的"礼物"（稍作停顿，引发学生兴趣，制造神秘感）。

不过，我的这个小礼物需要一位勇敢的同学帮我展示给大家，同时还需要 15 位同学做助手，不知道哪些同学愿意和我一起将这份神秘"礼物"展示给大家呢？

学生：愿意。

老师：好的，首先让我们清楚活动规则。

热身活动：手指抬人。

活动规则：

1. 将 6～8 张课桌拼在一起，1 名同学躺在上面。

2. 15 位同学围绕该同学站立，准备将该同学抬起。

3. 每位同学只能用双手的食指抬人。

4. 负责抬人的同学必须遵守指令，在将该同学抬起 3 秒钟后放下来。

特别注意：教师必须随时关注活动状况，确保同学轻抬轻放，绝对保障被抬同学的安全。

设计意图：制造神秘，活跃气氛，吸引同学投入，为接下来的活动奠定良好的基础。

环节二：明己——我的自画像

老师：在上面"手指抬人"的游戏中，我们是不是很惊讶地发现了自己和他人"小小食指"所拥有的巨大力量呢？

学生：是啊是啊，真的想不到一根手指的力量居然有那么大！

老师：其实，你们的惊讶并非是今天因为小费老师才突然产生的，而是在我们每个人身上还有许多你所不了解的地方。下面，就让我们一起踏上"自我认识"之旅！

（一）活动名称：

我的自画像。

（二）活动规则：

1. 分组坐好，每人配发 A4 纸一张，彩笔一盒。

2. 每个人选择喜欢的颜色，用任何形象来描绘自己，并为之命名，比如"勤奋的蜜蜂"等。

提示语：不管你画的是什么，只要你认为可以用来代表你就可以，它可以是很具体的东西，也可以是抽象的事物。最关键的是，你所描画的事物能最好地代表你自己。

3. 用时 4 分钟。

（三）分享交流：

1. 画完后，每个人都要与小组成员分享自己的自画像。

2. 个别采访（2～3 人）。

问题 1：你画的是什么？为什么要选择这个事物来代表自己？

请你向大家解释你的"自画像"（名称原由、性格特征……）。

问题 2：在你听到别人对自己的介绍时，你对该同学有没有新的认识和了解？

设计意图：采用绘画的方式，可以让同学们有自由发挥想象力的空间，这样的方式可以绕过学生的自我防御机制，帮助同学们打破人际之间的隔阂，打开话匣子，促进彼此之间的了解。而且同学们可以根据自己的感觉，把握分享的深浅程度。通过活动中对自我的描绘，学生可以厘清并重新审视自己的成长经历。本活动的重点在于绘画之后的分享，不批评不评价。

（四）人际沟通信息模型：乔哈利视窗。

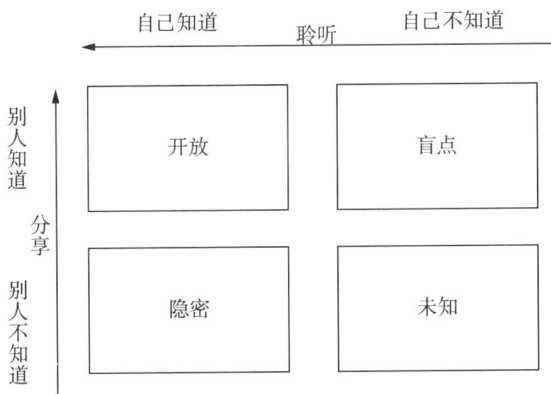

老师：对于"自我认识"，美国心理学家总结出自我认识的模型"乔哈利视窗"，下面让我们一起了解一下这个简明有效的工具吧！

学生：好啊！

设计意图："乔哈利视窗"这一科学而实用的方法，不但为学生提供了一个更好认识自己的工具，更培养了孩子们积极直面自我的勇气，这也是本节课的重点之一。不过，理论总是相对较为抽象的，要让孩子们更好地理解和运用这个方法，还得有具体的活动。通过活动，引导孩子们在"学中做"，在"做中学"。

环节三：知人——后背上的秘密

老师：上面我们通过"我的自画像"活动展示了自己的"开放区"，当然我们处于自我保护的考虑，也很自然地隐藏了我们的"隐秘区"，俗话说"旁观者清"。

学生：是啊，我们其实经常很想知道自己在别人眼里是什么样的人，但是我们又担心自己在别人眼里的形象很差劲啊！

老师：好的，下面就让我们通过一个小活动，让我们身边这些可爱的"旁观者"一起了解一下他们眼中的"我"吧！

学生：好啊！

老师：下面让我们先来了解一下活动规则吧！

（一）活动名称：让我悄悄告诉你。

（二）活动规则：

1. 每人准备一支笔，一张 A4 纸，双面胶若干条。

2. 请每个同学将写有名字的纸贴后背上。

3. 请你为小组每个同学写下你对他（她）的简要评价。

（三）分享交流：

采访被写的同学分享自己的感受：

老师：在同学写的时候你有什么感受？

学生：很期待，很想知道别人会写什么。

学生：很奇妙，因为从来没想过会以这种方式来了解自己。

学生：很感动，感觉同学们都好认真来评价我。

……

老师：在看到同学对你的评价的时候，你又有什么样的感受？

学生：很感动，因为从来没想到自己竟然有那么多优点！

学生：很惊讶，竟然有那么多我自己都不知道的特点。

学生：很感动，同学们这么诚心地对待我。

……

设计意图：通过身边同学的留言，使学生更好地了解"盲点区"的自我，进而进一步"认识自我"。之所以让同学在后背写字，因为这样减轻了写字同学的心理压力，可以更客观地表述自己的看法。同时，通过活动分享，引导所有同学认识到在"自我认识"道路上，身边同学老师的重要性，进而更珍惜同学与师生间的感情，激发学生对班集体的热爱。

（四）库利"镜中我"理论。

美国社会学家查尔斯·霍顿·库利提出了"镜中我"理论，他的名言是：他人对自己的评价、态度，等等，是反映自我的一面"镜子"，个人通过这面"镜子"认识和把握自己。

唐太宗名言："以铜为镜，可以正衣冠；以人为镜，可以知得失。"

马克思也曾说过："人像镜子那样，是从别人那里发现了自己。"

设计意图：库利的"镜中我"理论通俗易懂，再加上唐太宗和马克思的名言做辅助，这个理论极易被学生理解和掌握，所以把它作为课堂的最后一个环节，意在强化学生更勇敢客观地面对"他人眼中的自己"。

环节四：小结

老师：今天我们通过"我的自画像"和"让我悄悄告诉你"这两个小活

动，向大家展示了"自我认知"和"他人客观评价"对于一个人"自我认识"的重要价值。

学生：是啊，两个活动不但有趣，而且真的可以让我们更好地了解自我。

老师：嗯，同时我也希望所有同学在"自我认识"的道路上更加积极主动，更加珍视身边的同学、老师、家人、朋友，因为他们是我们在生涯认知和生涯规划上极其宝贵的财富。让我们怀着感恩之心，对于给我们最真诚无私帮助的人说声谢谢。因为有你，使我更清楚地知道"现在的我"；因为有你，使"明天的我"更加勇敢坚定；因为有你，使我的人生将更精彩地绽放。所以，请让我再次衷心地说"谢谢你"！

本环节设计意图：最后的小结既是对本节课的总结，又是对同学们积极、勇敢、客观地认识自己的引导和激励，还为之后的"认识自己"的课程打下基础。

【活动后续】

"认识自我"是生涯规划教育的第一个主题，在教授了学生两个自我认识的工具之后。以这两个工具为基础，引导学生以积极的心态开始了解家庭、学校、社区、社会等方面，这为下一步我以"家庭生涯树"为主要活动形式的班级活动设计提供了坚实的基础。当学生能够重视并知道该怎样认识自我时，对于自身优劣势、原生家庭的生涯发展优劣势，进而对自己所能利用的学校、社区、社会资源都会有一个更积极主动运用的心态。

以上这些内容对于学生更好地认识到目前自己学科和个性特质的优劣势，进而合理选课都会有直接的帮助作用。同时，广而言之，也将会激发学生对于"自我认识"和"认识环境"的更积极的态度，这对于这些孩子摆脱懵懂迷茫，清晰规划自我未来的发展提供了积极的基础。

【活动效果】

本节课从导入开始，就制造"惊喜"为后面"发现自我"做铺垫。第一个环节侧重于"自我认识"，由此引出人际沟通信息模型：乔哈利视窗。第二个环节侧重于"他人对'我'"的认识，之后以库利的"镜中我"理论作为印证。

本节课以活动为导向，以专业理论为依据，努力做到使学生在活动中有体会，在体会后认识和掌握"认识自我"的两个工具：人际沟通信息模型：乔哈利视窗、库利的"镜中我"理论。经过本节课的活动体验和引导，学生开始对于自我认识有了一个积极的态度。

14. 千里的路从脚下走

——以生涯规划扭转班风

赵 巍

【班会背景】

自 2007 年从教以来所带班级学生存在如下情况：入校成绩不理想；学习习惯没有养成；学习热情不够高；做事学习自制力薄弱；对学校校规校纪置若罔闻；沉迷于手机游戏、玄幻小说、动漫电影……各种问题接踵而来。印象较深的是 2018 年 8 月底，正是军训进行时，开学一周了，江同学迟迟未来报到；打电话几次询问，孩子父母总是支支吾吾欲言又止，几番催促下，终于在军训即将结束时的一个午后，江同学在父母的陪同下方才出现在了校门口，看上去瘦瘦弱弱的，戴着一副黑框圆边眼镜，厚厚的镜片藏不住眼睛里透出的倔强，一言不发仰着头站在父母身后。和其父母长谈，我方才知道实情：早在中考前父母承诺过，如江同学考上东明一中，定会送一部新手机作为奖励，而假期中孩子父母见他玩游戏总是到半夜，担心买了手机到高中之后影响他的学业，就一直拖着没给他买，江同学气不过，冲动之下离家出走，家人疯了一样发动亲戚朋友到处找他，甚至报警动用了"天眼系统"，依旧未果，就在家人们几近疯狂绝望之际，江同学的母亲收到了他发来的微信，短短一句话："转账 2000 元告知位置，不然你们谁也别想再见到我！"言简意赅地表明了自己的意图和决心，家人只得妥协，驱车 20 多公里在 106 国道旁的一个小饭店里方才寻得江同学踪迹，活脱脱地上演了一幕自我绑架似的情感勒索，令人咋舌引人深思。究其背后缘由终是手机引起的祸端。游戏、短视频、动漫、玄幻小说……一部手机俨然一支巨大的万花筒，令青春年少的孩子痴迷，忽视父母家人之感受，在迷失中终成傀儡，尽失自我，安然自得活在自我设定的虚拟世界之中无法自拔。而如江同学这般痴迷游戏的孩子，在班内其他男生身上也有不同程度的表现，如何引导孩子们正确使用手机，脱离手机等电子类产品的束缚，由被动学习变为主动学习，提高孩子们的学习热情，也成为了我执教期间困扰我多年而又不得不面对的一道难题。

【班情分析】

以山东省东明一中 2018 级 15 班的孩子为例，绝大多数孩子整个初中阶段都是在私立寄宿学校中度过的，和父母疏离，在生活学习上缺少父母的关爱和遇事时的正确引导，没有养成良好的生活和学习习惯，没有明确的学习目标，没有阶段性学习的自我总结，职业规划、人生理想更是无从谈起。甚至还有一些孩子游戏成瘾，撒谎成性，我行我素，自暴自弃，对于学习生活毫无热情可言，每天都在麻痹纵容自我，浑浑噩噩黑白颠倒中度日，夜斗"王者"，昼约"周公"，想要通过常规的沟通教育和家校联合，唤起这些孩子们心中的学习热情，似乎成了一件极其困难的事，因为我深知：要想真正戒掉来自虚拟世界的羁绊，就必须在现实生活中找寻到更高涨的学习热情，此消彼长方为救赎之道。

【班会目标】

1. 了解当下就业环境，抛出问题引导孩子深度思考。

2. 准确定位，认清差距，制订切合实际的学习目标，做好职业规划书的拟定工作。

3. 做好学习规划，细化学习目标为"每日必备任务小本"，并坚持写学习复盘日记，最终达到自主自愿学习，提升学习成绩的目的。

【课前准备】

1. 老师准备视频材料《百度接管北京海淀区红绿灯》和《特斯拉自动驾驶技术》。

2. 家长从事工作环境的照片和视频拷贝。

3. 邀请三位不同职业的家长代表做职业陈述报告，现场确认。

【班会流程】

环节一：视频材料导入，为孩子们做职业规划深度思考做好铺垫，班主任根据视频材料做科技发展展望，未来就业趋势分析

设计意图：通过观看视频，使孩子们感受到科技发展为生活带来的便利性，同时抛出问题："人工智能时代的到来会带来怎样的挑战和机遇？"引导孩子们做深入的思考探究。

活动 1：观看视频《百度与北京海淀区红绿灯的故事》，探讨未来科技发展。

老师：交通拥堵已成为我们每一个出行者每天必须要面对的一件窘事，向孩子们提出问题："要如何避免拥堵提升通行效率？"引导孩子们带着问题观看视频。

学生：要认真观看做好记录，找寻答案，百度的李彦宏是如何做到在不拓宽路面、不动一砖一瓦的前提下，有效提升车辆通行效率的？

PPT：视频中李彦宏侃侃而谈，利用大数据和高清摄像头实时地监测红绿灯东西南北方向车流的通行量，哪个方向的车流量大，就在该通行方向上的绿灯时间长一些，相反车流量通行少的方向红灯等待时间就长一些，利用人工智能大数据对红绿灯时间实时进行验算调控，有效节约等待时间 30%～40%，真正提升了车辆通行速度，减少了等待时间。

老师：视频播放完毕，请孩子们认真思考分组讨论。

学生：回顾视频内容，找寻答案积极参与问答活动。

老师：科技发展日新月异，人工智能、大数据还会为我们日后的生活带来哪些改变？对当下行业造成何种冲击？引导孩子们探讨解答。

学生：各小组长带领组员深入思考，积极讨论，做出自己的未来就业趋势分析，将所思所想记录在每日任务小本上，为接下来的职业规划做好铺垫。

活动 2：观看视频《特斯拉自动驾驶技术》，随着自动驾驶技术的普及将会给哪些行业带来冲击？

老师：向孩子们提出问题，汽车在不配备驾驶员的前提下能否从 A 城安全驶入 B 城？

学生：搜寻答案，积极地参与到观看视频前的小组讨论活动中去。

老师：总结孩子们所述答案，调动孩子们探索新鲜事物的兴趣，为接下来的视频播放做好准备。

学生：带着问题观看视频：《特斯拉自动驾驶技术》，并在每日任务小本上做好记录。

PPT：特斯拉自动驾驶系统由 1 个毫米波雷达、12 个超声波雷达和 8 个摄像头组成，在行驶中不停地探索周围环境，在最短时间内做出判断下达指令。

老师：视频播放完毕，让孩子们找到无人驾驶技术的原理，引导孩子进行讨论作答。

学生：了解无人驾驶技术的原理，积极地参与小组讨论。

老师：随着未来科技飞速进步，假以时日无人驾驶技术得到全面普及，将会对哪些行业带来颠覆性的打击？引导孩子们进行深入的思考。

学生：根据老师所述，做仔细深入的思考，做好记录为接下来的职业规划寻找方向。

老师：在这种科技飞速发展的大背景下，作为高中生，如果将来考不上大学不能接受更好的教育，你又该何去何从？能选择什么样的工作？把问题写到任务小本上，认真思考！

学生：对未来科技发展趋势要有一个大致的概念，结合自身兴趣，做深度的自我剖析，脑中要有职业规划书的雏形。

设计意图：让孩子们通过视频了解科技发展的现状，明白未来就业形势的严峻性，掌握知识意味着拥有更多选择生活方式的权利，科技飞速发展给人们生活带来便利的同时，也会剥夺一些人生存的权利。未来职业规划该何去何从？帮助孩子们结合上述问题、自身兴趣、学习成绩做有深度的思考，为接下来的职业规划做好准备。要让孩子们时刻有危机意识，不学习将会失去很多选择的权利，不学习终将被社会前进的车轮无情碾压。

环节二：播放父母工作场景照片及视频

通过播放孩子父母不同职业、不同的工作环境下的图片视频，在对比的视觉冲击下，很多孩子羞愧地低下了头，看着父母砌墙、绑钢筋、挖槽、缝补衣服、送快递……很多孩子低头轻声哭泣，为眼前日渐衰老的父母，为赚钱不易的辛劳，更为自己碌碌无为麻木不仁的现状，自责愧疚！

设计意图：通过微信群向家长朋友征集不同职业工作照，让孩子们自己去感受父母工作环境、工作状态，通过对比体悟父母赚钱之不易，通过不同职业工作照的对比，在心中初步建立懵懂的职业概念，萌生职业规划的雏形。

环节三：家长代表上台做职业陈述报告

我们不需要每个父母都必须是成功的案例，无论我们现在成就如何，在孩子们眼中父母就是最特别的存在，我们的一言一行、一举一动都深深地影响着孩子们。回顾我们的过去，让孩子们学习也好，引以为鉴也好，给孩子们深刻思考的一次机会，您无需刻意包装，您的真情流露将带给孩子们别样的体验及改变的勇气和动力！

我们可以通过下面三个问题展开：

1. 讲讲自己那个年代上学的故事。

2. 从业的经历，如何最终走到现如今这个工作岗位上的。

3. 在人生的十字路口上，对自己影响深远的一两次抉择。

（如果大家有更好的提议可以私信我，我们的目的只有一个，在孩子们距高考还有 264 天的时间里，不断地激发孩子们学习的热情和斗志并最终达成所愿，在高考中考出理想的成绩！为此我们要不断努力！也诚邀大家再次多多配合！谢谢大家！）

以上是我在 2018 级 15 班家长群里发的一篇家长职业陈述报告的征集信息，为期一个星期，最后考虑到时间和班会效果的因素，最终确定了以从事三种不同职业的家长朋友为代表进行发言。一名县医院医生代表，一名外出务工代表，一名东明石化工人代表。家长朋友们做了充分的准备，娓娓道来，孩子们随着家长朋友们的叙述，时而悲叹命运不公造化弄人，时而庆幸天无绝人之路，产生了出奇的效果。

设计意图：通过家长朋友们真情的流露，打开孩子内心封闭已久的心结，敞开心扉畅所欲言把心中所思所想勾勒于纸上，以自身兴趣为主导，结合自身成绩定位，参考老师所述科技发展趋势，认真拟订职业规划书，来督促自主学习能力的提升，保持适当的学习热情，不迷茫，不彷徨。

环节四：兴趣是最好的老师，以兴趣爱好为支点，结合学习成绩、往年本科分数线做好目标定位，在老师和家长的引导下做好职业规划书

设计意图：最终目的还是提高孩子们学习的积极性，不被游戏、动漫……牵扯，杜绝反反复复把时间和精力浪费在一些无谓的事情上，而消除牵绊最好的办法不是压抑和克制，而是在学习和生活中培养出好的习惯和兴趣点，可以是阅读上的乐趣，篮球足球场上汗水恣意的挥洒，亲近祖国大好河山的感悟，但具体如何坚持去做？是要解决的问题。而职业规划书就是引领孩子逃离泥潭步入坦途的指路明灯，帮助孩子们理清头绪认清自我，为接下来的改变提供立足点和源动力。

【班会后续】

对于后进生居多的 2018 级 15 班的孩子们来说，学习成绩不是仅凭一两次班会活动就能有效提升的；为了后续效果，主题班会后，在日常的班级管理中，我做了如下调整：

1. 为了更好地帮助孩子们做好职业规划，通过本次班会架起一座家校互通的桥梁，我们在家委会的基础上成立了"职业体验委员会"，利用周末时间由不同职业家长代表带领部分孩子到自己所从事的工作岗位上实地参观，在确保人身安全的前提下，尽可能多地让孩子参与，并结合班内演讲活动与同学分享体验心得，为职业规划书的制定打好基础。

2. 关于手机的管理：堵不如疏，疏不如引；和班内孩子达成共识，如不过周末，每周日下午学校规定的休息时间为手机开放时间，一般为中午 12：00 至下午 15：40，仅限在校外使用，由纪律委员按时发放准时收回，确认名单后交予班主任统一保管。

3. "每日一语，每日一歌，每日一讲"活动的开展，自 2017 年带班以来，一直保持着班级"三个每日"的习惯，班会之后演讲主题改为"倘若升学无望，将来我能干什么"；主题期限为两周，时间定在每天下午 6 点 40 宣誓之后，由当天值日班长进行课前 10 分钟演讲，每 7 天评出一名演讲之星，由班主任自掏腰包奖励电影票一张。

4. 关于辍学孩子，"升学不是你唯一的出路，但就目前而言，是你最好的出路。大学本科是为一部分有志向有毅力的勇者准备的；而职业规划是我们所有人必须要面对的，无论此时的你是何等的颓废，终有一天，在生存压力的驱使下，职业规划会是你终归逃不脱的一道关卡。与其将来被动地选择能干的工作，不如现在主动地去为感兴趣的工作提前做好准备"。上诉一段话，是我在和个别有辍学外出务工念头的孩子沟通时经常说到的规劝之词，结合班级职业体验委员会组织的体验活动，也达到了不错的教育效果。

【班会效果】

本节班会不同于以往之处是有三名家长朋友全程参与，起到了一个很好的家校互通的作用，三名家长朋友准备得非常充分，引经据典地结合自身情况以己为鉴，刨根自己几十年前犯的迷糊事、糗事，生动形象，不怕丢脸，起到了很好的教育作用。尤其是在讲到在人生十字路口抉择彷徨之时的感触，让人泪目感慨万千，教育意义深远。这是一节超出预期的班会，达到了极佳的教育目的，更使得推行已久却迟迟得不到全面落实的"每日任务小本"在班内顺利开展。班会之后很少再出现做表面文章敷衍了事的情况，孩子们的学习热情被点燃了，与父母言语间少了些埋怨多了些温情，班内整体成绩也有显著提升。印象较深的是一名陈同学，期中至期末两次考试均有大幅进步，事后写信给我，言语间满是信任感谢之意，令人欣慰，工作中每每倦怠烦闷时，读起此信总会不觉嘴角上扬。深知教育之路任重而道远，温情陪伴，相互扶持，是我一直以来坚信的理念，正如阿德勒在《被讨厌的勇气》一书中所言："只要为人父母者把握好纵向关系的度，不以自己的个人好恶来代替事理的是非曲直，不让赏罚手段来异化孩子的目标感，并清楚该在什么时机、哪些场合适时地从纵向关系退出，切换成平等的支持、鼓励孩子的横向关系，那么这样的亲子关系就是积极健康值得赞赏的亲子关系。"亲子如此，师生也如此。

弯下身子低下姿态，站在孩子的视角，方能真正打开孩子们的心扉，走进他们五彩斑斓的世界，成就孩子，成就自我！

15. 用心灵能源照亮学生的精神世界

——战胜自己

林瑞清

【班会背景】

近几年来，各个不同领域的专家普遍认为，决定孩子成功的最重要因素，并不是我们给幼年的孩子灌输了多少知识，而在于能否帮助孩子培养一系列的重要性格特质，如毅力、自我控制、好奇心、责任心、勇气以及自信心，这些都将影响其一生。高中学生自我意识进一步增强，自我评价比初中时更客观，有自我发展、自我实现的要求。如今的高中生存在着不同程度的浮躁心理，在学习上沉不下心来，缺乏恒心和毅力，没有脚踏实地艰苦奋斗的决心，自我反思能力不足，缺乏与不良习惯做斗争的意识和意志力。鉴于以上的原因，我的班级在进入高中的班级文化建设中，持续不断地围绕"坚毅"这个关键词开展各种活动，在孩子成长的炼炉里不断地添加燃料。

进入高二，每个学生都意识到时间的紧迫性，随之而来的是学习压力明显增大，学习强度明显增强，每个学生都在埋头苦干、争分夺秒地学习，任科老师也是全力以赴地带领学生向前冲。经过了紧张而忙碌的半学期，迎来了高二的第一次大考——期中考试，班级总体成绩较好。但是有部分学生由于基础较弱，经过半学期的努力，成绩依然原地踏步，对自己产生了怀疑，对学习产生了倦怠，班级里开始出现课间打闹、上课开小差、说脏话等负面情绪的发泄；班级里的厌学情绪也在悄然滋长，严重影响班级的学风，使班级偏离正确的航道。这时候迫切需要对学生进行适当的心理疏导和暗示，魏书生老师说："用学生心灵深处的能源，照亮学生的精神世界，是最节省能源的方法。"于是结合班级文化建设核心理念——"坚毅"，及时地开展主题班会已是迫在眉睫。

【活动目的】

1. 认知目标：认识到每个人都有"两个我"，认识到"挑战青春，战胜自己"的必要性和迫切性，进一步地强化班级"坚毅"精神的内涵。

2. 情感（价值观）目标：激发学生战胜学习和生活中困难的斗志，学生通过体验活动感受到在战胜自己中获得成长的体验。

3. 行为目标：学生学会不断地审视自己，及时地自我反思和自我管理，从"他律"到"自律"。

【活动准备】

1. 励志视频《少年中国》和《永不言弃》；歌曲《我相信》和《勋章》。

2. 邀请一位家长，提前布置亲子朗诵《少年中国》。

3. 提前拍摄同学们平时在学习或生活中课间打闹、上课开小差、垂头丧气、无精打采、自卑退缩的照片，制作成短视频。

4. 每位同学提前发一张便利贴。

【活动过程】

一、创设情境，发现自己——少年的你还是那个"少年"吗

活动1：课前播放赵文卓版的励志视频《少年中国》。

老师：同学们，观看《少年中国》，你有什么感受？与同桌相互分享一下。

学生活动：同桌互相分享感受。

活动2：请许原父子上台给大家带来梁启超的《少年中国》亲子朗诵，大家鼓掌欢迎。

学生活动：认真聆听和感受。

设计意图：课前播放励志视频营造少年积极进取的氛围，同伴分享可以激发学生交流的欲望，相互分享中相互学习，引导学生进入预设情境，达到暖场的效果。通过朗诵进一步强化少年的责任担当，激发少年勇往直前的斗志，亲子朗诵也代表着上一代人对下一代人的殷殷希望。

老师：少年充满朝气蓬勃，拥有无限的可能，关系到祖国的未来，而我们正值青春年少，看看我们这些少年在期中考试后的表现吧！PPT播放拍摄近期的学生课间打闹、上课开小差、无精打采、睡觉等照片合成的短视频。

老师：同学们，少年的你还是那个"少年"吗？

学生活动：观看视频，总结反思自己最近的表现。

老师：同学们，我们敬爱的习近平总书记曾说过：幸福是奋斗出来的！而青春是用来奋斗的，但是我们现在有些同学却在随意地挥洒青春，浪费青春的大好时光，所以我们今天班会课要"挑战青春，战胜自己"。

设计意图：对比强烈，联系生活，促进反思，直入主题。

二、分享成功，认识自己——缘来"两个我"

老师：所谓"战胜自己"，意味着要随时和自己"战斗"。其实，我们每一个同学都是有上进心的，但往往缺乏毅力，用老师、家长的话来说，就是"管不住"自己。怎么办呢？那就要"战胜自己"！为什么要说自己战胜自己呢？请同学们来分享一下！

学生：通过上面的视频，让我们从旁观者的角度看到自己的不足，遇到困难，选择负面情绪，选择牢骚满腹，选择退缩，这和我们班级的信仰"坚毅"背道而驰，我们迫切地需要正视自己，拿出"坚毅"的自己去战胜"退缩"的自己！

老师：任何一个人的灵魂深处都有两个"我"：高尚的"我"和卑下的"我"，勇敢的"我"和懦弱的"我"，勤奋的"我"和懒惰的"我"，认真的"我"和敷衍的"我"……请大家看李镇西老师写的一则关于学生"战胜自己"的微故事。

活动1：全班齐读"微故事"：

当时，我是多么希望李老师回答"还差几分钟到1点"啊！那样的话，我还可以多玩一会儿，因为当时我正赢着。

但时间毕竟是无情的，我只好向教室走去。也许在李老师和同学们看来，当时我走得很爽快很坚决。可是，对我来讲，从操场到教室不过百米的路程，却是那么遥远，走起来又是那么艰难。我的脚很沉重，简直可以说是一步一步地挪动！

当时，我是多么想回头看一看乒乓球桌啊！然而我在心里对自己说："千万不能回头啊！如果一回头，你可能就控制不住自己而弹回乒乓球台旁去了！不能回头，一定不能回头！"我终于走进了教室。这是一段十分痛苦的路程，却又实实在在是令我无比自豪的！因为我又一次战胜了自己！

活动2：学生分享"战胜自我"的成功经历。

老师：请同学们闭上眼睛，想想在自己的生活和学习中，遇到的灵魂深处的两个我，并在便利贴上，分享一次自己战胜自我的经过，我们将随机抽出三张进行全班分享。

学生活动：三位学生进行全班分享。

学生 1：今天上体育课跑 800 米，跑到 2/3 时，肋骨有些疼，可能是因为中途张口呼吸了，但是我知道不能放弃，一定要战胜自己，并且取得胜利，所以我咬牙坚持了下来。I try my best to do everything if i can do. 做出决定并不困难，困难的是接受和坚持决定。

学生 2：今天早上起得比较早，本来计划听一会儿英语视频，但有点嫌麻烦，但想着英语语感和成绩就靠平日里的积累，因此，坚持听了 20 分钟，我战胜了自己的懒惰！

学生 3：今天刚考完试，本想着可以放松放松，就不复习和预习了，但是想想又觉得不妥，因此，又从书包中拿出书本开始了复习和预习。今天，听到老班说的一句话，要想进步，就要打破舒适区，本知道这件事我不愿意做，或者这件事很枯燥很无聊，但是迫无无奈，又不得不去做。当你去做了这件事后，你就会得到很大的提高，挑战青春，无限境界！

活动 3：情景剧表演两个我的"斗争"。

老师：现在我们同桌两个人一起选出其中一个案例场景，进行现场"两个我"的角色扮演，看看"两个我"的战斗现场。

学生活动：同桌俩俩合作，开始选择案例，选择角色，创作台词，激情表演。

老师：同学们表演得非常好，这两个"我"随时都在打架，如果高尚的"我"战胜了卑下的"我"，那你就战胜了自己！任何人都有软弱的时候，退缩的时候，放纵自己的时候，不要紧，人之为人，就是能够战胜自己！战胜了自己的弱点，就成了强者！让我们高唱《青春的赞歌》，一路披荆斩棘，勇往直前！

活动 4：全班集体朗诵《青春的赞歌》：

（男）暖风吹过的季节，天空清澈如洗

柳絮漫天飞舞，飘落在悄然萌动的大地

（女）年轻的生命在土壤里蠕动

勃发的乐曲在心里流淌

（合）年轻的我们，拥有不变的誓言

年轻的我们将坚定的目光投向更远的地方

（男）起跑线上

出发的那一刻起，注定我们要追逐东升的朝阳

（女）刚毅、自信的脸庞，在等待胜利的曙光

（男）紧握住那一滴汗水，任泪水在脸上流淌

只为掌声响起那一刻的到来

（女）青春无悔，既然选择了蓝天，也就选择了飞翔

哪怕有一天会有一双滴血的翅膀

（合）既然选择了拼搏，也就选择了风雨

哪怕会有荆棘丛生在未来的路上

青春，从我们选择了以后便定格了人生的航向

青春，从我们选择了以后便注定了奋斗无常

青春，从我们选择了以后便迎来了风雨兼程

青春，从我们选择了以后便变得绚丽辉煌

（男）看，跳动的火焰，正是青春的怒放

（女）听，欢跃的脚步，正是青春追逐梦想的音响

（男）热血在青春的躯体里不知疲倦

（女）激情在青春的肢体上刚劲而轻盈

（合）让我们高唱青春的赞歌

设计意图：联系实际、学以致用、列举案例、榜样引领、全班分享、强化概念、角色扮演，情境表演将两个隐形的我显性化，强化"两个我"的斗争过程，突出"两个我"的斗争过程，突出重点，突破难点。全班男女生集体朗诵升华主题，将青春和奋斗紧密联系起来。

三、现场体验，感受自己——我还是曾经那个少年

活动：挑战自我——深蹲比赛。

老师：战胜自我是需要勇气、需要意志的。现在让我们通过自己的行动克服困难，战胜自我，去迎接成功的巅峰快乐。现在我们所有学生起立，站到过道上，保持深蹲的姿势，双手平举于胸前，手心向下，坚持时间长的获胜（提示：班主任讲解比赛规则并亲自示范，播放《我相信》和《勋章》作为背景音乐。老师不断地鼓励学生坚持，想方设法不要让任何一个学生放弃）。

学生活动：挑战深蹲，大声齐喊："加油!"

老师：此刻，请同学们深呼吸，调整气息，定下心来，回味刚才的活动，分享感受。

学生活动：同伴相互分享感受。

设计意图：设计亲临现场的"比赛"体验活动，能够让学生更加直观地感受到"战胜自己"的不易和可贵，让每个学生感受到战胜自我、超越自我的成就感。比赛结束后鼓励学生相互交流，共同分享成长的快乐和自豪感。

四、榜样引领，震撼心灵——勇往直前，匍匐前行

活动1：教师播放视频《死亡爬行，永不言弃》。

学生活动：观看视频，分享感受。

老师：通过观看视频，我们发现任何人都有软弱的时候，退缩的时候，放纵自己的时候，不要紧，人之为人，就是能够战胜自己，战胜了自己的弱点，就成了强者!

活动2：集体朗诵《我们不一样》。

学生活动：全体起立大声朗诵。

他们可以沉溺电子游戏，我们不能，因为"我们不一样"；

他们可以迟到旷课，不完成作业，我们不能，因为"我们不一样"；

他们可以考试作弊，我们不能，因为"我们不一样"；

他们可以吸烟喝酒、打架斗殴、谈情说爱，我们不能，因为"我们不一样"；

他们可以涂脂抹粉、佩戴首饰、穿着另类、发型怪异，我们不能，因为"我们不一样"；

……

设计意图：选择具有强烈震撼性的励志视频《死亡爬行，永不言弃》和自主创作的《我们不一样》结尾，强化了主题，结合了现在，为后续的"挑战青春，战胜自己"主题活动埋下伏笔。

【班会后续】

开设本次主题班会课，意在打响高二班级文化建设之"坚毅"的主题系列活动——"挑战青春，战胜自我"的号角。主题班会后，班主任需要协同班级各部门，协同家长，协同任课老师，共同制定"挑战青春，战胜自己"

主题活动的行动方案，及时地将理念落实到具体的行动中，明确具体的负责人，检查和督促到位，强调可操作性，具体开展以下活动：

活动1：每天早读前和放学后全班大声地喊出"挑战青春，战胜自己"的口号三遍，值日班长每天用相机记录同学们"挑战青春"的身影，及时分享，强化班级正能量，负责人为值日班长。

活动2：在每天填写的《自主效率手册》的"自我评价"一栏，每天记录一件"战胜自己"的具体事件，为自己打卡加油，班主任每天坚持批阅，及时点评，并选择性地进行全班分享，负责人为班主任。

活动3：开展家校联合，协同教育。请各位家长将孩子一周五天的"战胜自己"的具体事件录成电子稿。录好后的电子稿统一发给家委会杜簏蕊家长处，汇总后及时制作成班报的形式，发给所有的学生，相互分享和学习，负责人为家长。

活动4：强化作业质量，提高作业效率，设立班级课堂作业质量反馈表，每天持续记录错题数，负责人为各科课代表。

活动5：学生及时制定下一次阶段性考试的目标，开展各科的"对标找差"活动，负责人为各科的任课老师。

活动6：开展《我们不一样》班歌竞选活动，整个过程需要持续至少一个月时间，强化过程的教育，在班级里营造积极向上的舆论氛围，弘扬正能量。具体的流程为：全班征稿、打印上墙、投票竞选、召开主题班会"青春之歌"。

【班会效果】

"挑战青春，战胜自我"主题班会作为高二的班级文化建设——"坚毅"系列主题活动之一，能够聚集人心，提高士气。本次主题班会课，充分发挥学生的主体性，通过学生的现状，促进学生的反思。整节课通过看、听、说、演、唱、诵等各种形式调动学生积极参与，班主任要注重课前的活动设计、分工、组织和调控，引导学生积极参与各种活动，勇于分享感悟，从而达到育人的效果。

通过本次"主题班会"的开展，班级里学生的颓废、不作为的现象明显减少，学生的精神状态明显有改善，对待学习更加的积极主动。学生在学习和生活中遇到困难和挫折，能够主动地进行自我反思、自我调整。同伴之间也能够进行相互疏导，相互帮助，为后期持续地开展"挑战青春，战胜自己"的主题活动奠定了基础。后期主题活动的陆续开展，需要联合学生、老师、家长，全方位系统地持续开展，不仅可以营造班级良好的学风，增强班级的凝聚力，提高学生自律性，还进一步和谐亲子关系、家校关系和师生关系，为学生在高一的岁月里"勇往直前，挥洒汗水，拥抱青春，获得成长"保驾护航！

附：肖宇成同学的《我们不一样》歌词：

经过了初中的学习，

高一转眼已将来临。

太多太多不容易，

全都是作业和习题。

时间转眼就过去，

高考已经越来越近。

但只要我们一直，

坚毅地前行，

想进步，需要不懈的努力，

不努力，只能涮涮洗洗，

更努力，只为了我们想要的明天，

好好地，向目标发起冲击。

附：徐媛同学的"挑战青春，战胜自己"日记：

10月8日：今晚背诵了一小时政治和英语，战胜了自己的懒惰，能够从内心去逼自己背诵达到一小时，时间上的进步，勤奋的一步。

10月9日：今天在面对某个题目时，不知从何下手，心里倒是着急的，但是在内心不断告诉自己要学会坚持，于是最终解决了那一题，今天学会坚持。

10月10日：今天在学习时能够沉下心来，不去想其他一些无关的东西，即使自己在学习时会有一些饿，仍然让自己忍住拿食物的"那双手"；即使自己写得累了，心情烦躁，仍然告诉自己，坚持下去，不断抚平心理。让自己静心、舒心去学习效率会更好，学习需要静心。

10月11日：此次的考试很漫长，尽管已经复习，心里却仍是非常不平静的。但是在考试当中不断地从心里去暗示自己要平静，如果自己不平静的话，在考试中无法安心答题，最终让自己的心静下来，在考试中做出一些自己以往解不出的题目，所以自己今天在考试时静心了。

16. 一分钟，我们能做……

——提高时间利用效率

李春燕

【班会背景】

早在 2000 多年前，庄子就感叹生命飞逝之快"若白驹过隙，忽然而已"；美国科学家富兰克林也曾劝告人们："你热爱生命吗？那就别浪费时间，因为时间是组成生命的材料。"然而，面对组成生命的时间，并不是每个人都能倍加珍惜、高效利用。

我所带的高一（8）班就有不少学生存在浪费时间的现象。他们要么在路上磨蹭踱步；要么在餐厅排队干等凝神翘盼；要么在课前相视看着说些与学习无关的闲话；要么在课间玩乐打闹挥时如土；要么在教室啥也不干地专心喘气或者慢悠悠地喝水压惊……看着这些被学生白白浪费的一个个"一分钟"，我不禁扼腕叹息：在当今这样一个千帆竞发、百舸争流、群英辈出的时代，如此学生怎能拥有优异的成绩和无悔的人生！

现在，强化学生的时间观念，让学生明白高效使用每一分钟的意义，已经刻不容缓。如果我班学生都能够把这些"零星的时间"充分地利用起来，日积月累，定能带来意想不到的成就，"是以泰山不让土壤，故能成其大；河海不择细流，故能就其深"。况且，许多知识的学习，如单词记忆、语文常识积累、数理化公式复习默背等，本来就无需使用整块的时间。

在这样的背景下，"如何高效地使用每一分钟"的引领就显得尤为重要。所以，我们决定召开一次以"一分钟，我们能做……"为题目的主题班会，引导学生把惜时高效用于日常生活及学习中，以实现学生自身更快的成长。

【班会目标】

1. 认知目标：通过监控回放及欣赏小视频，让学生明白只要珍惜时间，提高做事效率，每个"一分钟"都可以了不起。

2. 情感目标：通过"想一想"等系列活动，引发学生情感冲突，内化学生把握、珍惜、高效利用每一分钟的决心。

3. 行为目标：让学生在日常生活及学习中，做到争分夺秒、惜时高效、积极进取，为自我发展和成长奠基。

【班会重难点】

让学生在日常生活及学习中，做到争分夺秒、惜时高效、积极进取，为自我发展和成长奠基。

设计意图：本节班会课的意义，不在于理性地去告知学生生命中的每"一分钟"多么的重要，而是要学生通过自己"看"、自己"想"、自己"演"、自己"比"、自己"议"，以及总结提升环节的自己"算"，去真切感受惜时高效可以取得的成就，并下定决心付诸行动，用于日常，提升自我。

【班会准备】

1. 教师准备：流程确定后，搜寻所需资料，录制班级视频，制作 PPT，准备 54 张 A4 纸。

2. 学生准备：

（1）会前，各小组出班会设计方案，评优、思辨、重组并确定班会流程；

（2）拿出《新高考英语词块》游戏备用，黑板上写"一分钟，我们能做……"。

【班会流程】

环节一：猜一猜导入

主持人：同学们，我想请大家猜个谜语，听好了：最快又最慢，最长又最短，最平凡又最珍贵，最易被人忽视又最令人后悔的是什么？（边说边点击 PPT 展示谜语内容）

学生：时间。

设计意图：激发学生思考，激起学生兴趣，直接将班会课内容聚焦在时间上。

环节二：诊一诊，视频回放呈现问题

主持人：是的，时间。时间是最公平、最无私的，它给予我们每个人的都是完全相等的。但是，不同的人对待时间的方式却有不同。接下来，让我们看一看我们进班后的表现！大家要仔细观察，稍后找同学说说视频呈现出的问题。

活动设计：播放班级早读前监控视频。

学生活动：观察视频，讨论视频中呈现了哪些问题？导致这些问题的原因是什么？

学生讨论后实录：

主持人：大家发现了什么问题吗？

学生 1：少数学生，通常尖子生来了就开始学习，有自己的计划……

学生 2：不少学生存在跑至目的地后，要么为侥幸逃脱通报而窃喜，要么夸张地咧嘴笑着、相视看着说些与学习无关的闲话，要么啥也不干地专心喘气，要么慢悠悠地喝水压惊……"松、懒、散"等现象使得"奔跑""早到"毫无意义……

主持人：不少同学为什么会这样呢？

学生 3：时间观念不强……不懂得争分夺秒……

主持人：是啊，有的同学仅一个早上就白白浪费了近 10 分钟。想想平时，我们经常抱怨课业繁重，作业太多，时间太少，可是看看这些被我们浪费了的时间怎不令人扼腕叹息（拉长语气）。华罗庚曾说过："时间是由分秒积成的，善于利用零星时间的人，才会做出更大的成就。"在现实中，别说 10 分钟，就是一分钟（加强语气），如果我们能够捡起每个零碎的一分钟，我们就能做很多事情。接下来，就让我们一起来看看：一分钟，我们能做些什么？

（主持人边说边点击 PPT，打出班会题目：一分钟，我们能做……）

设计意图：

1. 通过班级视频回放，呈现问题：

（1）早到与晚到的时间差足足 10 分钟之久。

（2）尖子生们落座即学，表现出极好的自我时间规划和较强的时间管理能力。

（3）不少学生跑至目的地后，表现出不同程度的"松、懒、散"。

2. 通过视频，以班级里的真人真事引入高效利用时间的话题，让学生直面自身存在的问题及与目标同学的差距。

3. 本着问题"从学生中来，到学生中去"的原则，让学生讨论出现这些问题的原因是时间观念不强导致的时间利用效率低下。让学生同感、通感，激发改变欲望，持续对话题的热情。

环节三：看一看一分钟我们能做什么

主持人：接下来，请大家欣赏小视频：一分钟，我们能做很多事。

学生活动：欣赏视频；思考自身；视频后，与主持人一起总结视频内容。

主持人：从视频中我们看到：一分钟，原来可以做这么多的事。如：（此处，稍作停顿，邀学生一起说）一分钟可以决定赛车、跑步、游泳等的胜负；一分钟能在课前预习；一分钟能记单词；一分钟能回头关上忘关的灯；一分钟能看一篇有意义的文章；一分钟能整理好仪容，等等（跟学生一起简单总结视频内容）。接下来，让我们想一想我们都有哪些零碎的一分钟。

设计意图：

1. 助力达成第一个班会目标：让学生明白只要珍惜时间，提高做事效率，每个"一分钟"都可以了不起。

2. 通过视觉冲击，引发学生"认知冲突"，思考自身并感悟：我们有哪些零碎的一分钟？利用这些一分钟，我们可以做什么更有意义的事情？

3. 精选视频"一分钟，我们能做很多事"。视频内容如预习、记单词、关灯、文章、整理仪容等均贴近学生生活实际，为后续"想一想""演一演"等环节做铺垫。

环节四：想一想我们有哪些零碎的一分钟

学生活动：各组讨论，呈现并补充都有哪些零碎的一分钟。

学生讨论、补充，主持人记录"一分钟哪里寻"：

一分钟哪里寻	课前，课间
	操前，寝前
	路上，入厕
	打饭排队时……

设计意图：集体参与，共同讨论，查找思考"一分钟"哪里寻，把珍惜时间内化于心。

环节五：演一演

主持人：我们居然有这么多零碎的一分钟（加强语气）！接下来，请大家以小组为单位，自选零碎时间点，演一演利用这一分钟，我们可以做些什么更有意义的事情？准备时间 3 分钟。

学生活动：以小组为单位，自选零碎时间点，然后表演展示利用这一分钟，可以做些什么更有意义的事情？

小组 1 展示：跑至教室后，立即准备资料；简列计划；投入学习等。

小组 2 展示：排队打饭时，手拿资料背记；同伴间相互提问、答疑等。

……

主持人：感谢大家生动的演绎。如果我们每一个人都能用好自己的每一分钟，班级争分夺秒的学习氛围便自成。

设计意图：荀子曰："闻之不若见之，见之不若知之，知之不若行之。"让学生通过演示增强体验，把高效利用时间内化于心，共筑班级争分夺秒的学习氛围。演示的场景均源于学生的生活实际，让学生通过展示，把惜时高效的理念迁移运用到日常生活中，做到时时处处争分夺秒，惜时高效，积极进取，为自我发展和成长奠基。助力完成第三个班会目标。

环节六：比一比谁的一分钟成就大

主持人：在刚刚的展示中，我们看到不少同学完全是本色出演，呈现的就是我们平时争分夺秒的样子。在同样争分多秒的氛围中，我们的"一分钟成就"有多大呢？让我们比一比"谁的一分钟成就大"，请大家拿出……（说明游戏规则）

游戏规则：

拿出校本教材《新高考英语词块》，翻到 121 页（确保所有同学之前没背过）一分钟背记英语词块（PPT 上钟表计时）。待大家一分钟准备后，每人发一张 A4 纸，主持人一声令下，计时开始，看谁在一分钟内写出的词块最多，谁获得的成就最大（注意：这里记的是词块，一个词块中往往包含 2～5 个单词）。

学生活动：

1. 一分钟速记。

2. 主持人下令后，在 A4 纸上，一分钟速写。

3. 展示成果（根据展示发现：学生写出的词块 4～12 个不等）。

主持人：同样的一分钟，我们产生的效能却千差万别。当然，基础的影响不容小觑，"强基"是我们不懈的追求。而此刻，我们如此看重每一分钟的成就，其实，也正是在为"强基"努力。我想问的是：抛开基础，大家觉得还有什么在影响着我们"一分钟成就"的大小呢？怎么做，才能实现"一分钟成就"最大化？

设计意图：通过游戏，让学生亲自感受自己在一分钟可以取得的成就。"比一比"是"演一演"环节的深化，我们不但想让学生体会到内化时间的紧迫感，还要学生通过比赛形成争分夺秒、你优我更优的班级发展氛围。

结果是最好的注脚，在数字和效能差异的冲击下，引发学生思考：除基础外，影响我们"一分钟成就"大小的因素有哪些，以及怎么做才能实现"一分钟成就"最大化，自然进入"议一议"环节。

环节七：议一议怎样使"一分钟成就"最大化

讨论：

1. 抛开基础，大家觉得还有什么在影响着我们"一分钟成就"的大小？

2. 怎么做，才能实现"一分钟成就"最大化？

学生活动：小组讨论后，效能最高和最低的两位同学单独发言，然后，其他同学自由发言，思辨。

主持人活动：

1. 先指定效能最大及最小的代表发言，然后，号召其他同学自由发言思辨。

2. 记录大家发言，板书，并总结使一分钟效能最大化的原因。

讨论后实录：

效能低的董同学：虽然我的一分钟成就不大，但是，老实说：我基础不好，以前一早上也记不住几个词块。但是，今天一分钟，我居然就记住了四个，我为自己能取得这个成绩感到惊讶。大家不要笑，真的。我忽然感觉：自己学英语又有希望了！一分钟4个，一小时60分钟，就是240个，天哪！即使不是240个，哪怕20个，我的英语也不用愁了啊……

其他同学：快说，快说，怎么做到的？

效能低的董同学：我觉得主要是因为：目标明确，就这本书121页上嘛，尽可能多记，又是比赛，我敢不专注吗？心想：看一个就要记住一个！总之，就：任务明确，认真专注，积极暗示，更聚心神（说得不错，大家忍不住鼓起掌来）。

效能高的赵同学：我刚刚默写出了12个，换算成单词，将近四五十个，这也是我没想到的，之前，一分钟记住 200 个左右的词是有的，但是现在是默写，还是词块，这也算破纪录了吧。我觉得，主要原因是：大家都在争分夺秒地记和写，在氛围的压力下，效率自然就高了。

自由发言：对对对，当时的气压都感觉有点低，看来，经常竞赛，PK 一下，还是很有必要的，能提神增效……

大家说，主持人记录总结。为使一分钟效能最大化，我们可以：

1. 任务明确，认真专注。

2. 积极暗示，更聚心神。

3. 营造氛围，分秒必争提效率。

4. ……

设计意图：小组讨论后，主持人特别指定效能最大及最小的代表发言，因为他们总结的经验或自咎的原因更有区别度。抛开基础，再让大家自由发言，发挥大家主动性，集体参与思辨，共查原因，同想对策，共谋发展。

环节八：总结和提升每天多努力一分钟的意义

活动设计：运用"比一比"环节所获数据，计算每天多努力一分钟，一年后的成就。

主持人：希望大家在实践中，多尝试、发掘和完善适合你的方法，以期使我们的每一个"一分钟"都能效能最大化，然后总结、归纳、提升，留待咱们下次班会课一起交流分享。接下来，让我们一起来算一笔账，体味下每天多努力一分钟的意义。在刚刚的"比一比"环节，我们发现效能高的同学能记到 12 个，低的 4 个，以平均记 8 个为例，那么一天 8 个，365 天，就是 $8 \times 365 = 2920$ 个，每个词块平均 3 个词，$2920 \times 3 = 8760$ 而高考考纲词汇总数才 3500 个词左右。即使重复，相信每个词也是可以被关照的吧，有的甚至被关照了不只一次。当然，每天，我们都有很多个零碎的一分钟。如果把每天所有的零碎的一分钟都利用起来，我们的成就可想而知。由这些数字，我们不难看出……

（主持人点击 PPT 展示总结提升的内容并跟学生一起读）

总结提升：每天只比你多努力一分钟的人，其实已经甩你很远很远。很多一分钟加起来就是人生！把握每一分钟，做好现在要做的事情，就是"一分钟"的意义！

设计意图：

1. 有效利用班会过程中的一切生成资源，使班会环节环环相扣，浑然一体。

2. 用数字给学生视觉冲击，从而产生情感冲突，内化学生把握、珍惜、高效利用每一分钟的决心。在数字所呈现的一分钟成就面前，学生自然会思考，并切实把惜时高效用于日常生活及学习，实现自身更快的发展和成长。

【班会后续】

教育是一项系统化的工程，我们从来都不期待通过一次班会，就能完全改变学生，所以班会的后续活动必不可少。

1. 加强与学生交流，巩固班会成果。

班主任和每个学生通过口头或书面交流，鼓励他们"赶超帮"、高效利用每一个"零碎的一分钟"，并要求他们在实践中，不断发掘、总结、归纳和完善适合自己提高"一分钟"效能的方法，为下次班会课做准备。

2. 集思广益，开展适宜竞赛，强化学生惜时意识，提升学习成绩。

班会后，与"活动委员会"委员及各组组长商量展开"一分钟"竞赛的具体操作、晋级规则及评比事宜。时下，我们已经分别完善了"一分钟词汇称霸赛""一分钟语文知识盘点""一分钟速看""一分钟速记"等活动的展开细则，学生也把活动的范围及形式做了充分的发挥，有双人 PK、三人 PK、组内赛、组间赛及班级赛等不同的层次，按时间，分为日赛、周赛、月赛、季度赛及年赛等，不同层次的比赛之间均有严格的晋级细则，如双人或三人 PK 赛获胜者，才能参加组内赛（一组 6 人）；组内赛胜出，才能参加组间赛；组间赛胜出才能角逐班级赛。关于活动次数，学生视"零碎"时间多少而定，如阴雨天不能跑操时，会有 30 分钟的自由时间，学生会视作业情况自由决定 PK 级别，有时会一口气由双人赛 PK 到班级赛。班级赛获胜者实名记入"班级名人录"，备选月赛、季度赛或年赛。这样，不仅营造了班级争分夺秒的学习氛围，而且使学生享受到学习的乐趣，常被学生戏称："呜呼，天下之乐，何如此学？天下之学，何如此乐？"

3. 印制各科的"一分钟"识记知识点，方便学生在"零碎时间"使用。

截至成稿之时，我们已经联系各科任课教师根据学科特点编制了适合零碎时间使用的"手掌本"资料，方便学生在课前、课间、操前、寝前、饭前及路上等使用。

4. 召开线上家长会，与家长形成教育合力。

鼓励家长们在家做好"惜时高效"表率，并一起探讨如何做好孩子的后勤保障工作，如给孩子买记录一分钟识记内容的便签；在餐桌、冰箱等处张贴单词、语文常识、数理公式等方便学生随时背记。

5. 发挥学生能动性，随时调整并开发新的"提高时间利用效率"的系统化活动。

班级的一切活动均是应学生及班级发展需求而开展或实施的。在班级这艘大船行进的过程中，我们从来不怕问题，不惧沟壑，因为高一（8）班的学生们早已养成了发挥主观能动性、自查自纠自身问题、共想对策、同谋发展的习惯，我们会依时依势，随时调整并开发新的"提高时间利用效率"的系统化活动，加上班级制度建设、文化建设及科学班会的力量相佑，定能助力我们早日形成争分夺秒、积极进取的班级氛围。

【班会效果】

如您所见，这是一节我们开过的班会课的实录。在召开这节班会之前，我们就已经预估到这节班会课拥有对学生成长产生助力的前提，即班会内容能够反照和模拟学生的真实生活，遵循"从学生中来，到学生中去"的原则，具体体现在：

1. "诊一诊"视频，本来就是开班会前班级的真人真事，便于学生同感、通感，激发其改变的欲望。

2. "看一看"环节的视频内容，如一分钟课前预习；一分钟记单词；一分钟能回头关上忘关的灯；一分钟能看一篇有意义的文章等本来就贴近学生的日常生活。

3. "想一想，演一演"环节，本来就是我们真实生活的再现，拉扯学生思考日常，提高日常做事效率。

4. "比一比，议一议以及总结提升的算一算"环节，更是以数据和数字给学生直白的感官冲击，引发学生"认知及情感"冲突，内化学生把握、珍惜、高效利用每一分钟的决心，助力学生养成争分夺秒、惜时高效、积极进取的习惯。这样就使得学生可以把在班会上的所悟、所感直接迁移使用到现实生活中，使得这节班会课充满力量，进而带来学生和班级实实在在的成长。

1. 学生获得实实在在的改变和成长。

深入学生中，我们随时能听到"一分钟能做很多事"这样的相互提醒和激励，慢慢地它甚至成了我们日常交流的一句口头禅。原本行事拖拉的同学也均有所好转，大都加入了争分夺秒、惜时高效的大军中，他们不仅做到了入室即静、落座即学，更可喜的是，在我们所能想到的诸多的"零星时间"，如：排队就餐时、楼梯拥堵时、跑操集会早到时，甚至吃饭咀嚼的间隙……他们都会争分夺秒地速记或速看。

2. 学生自觉追求、主动发展的意识和能力得以提高，进而助力班集体成长。

如您所见，这节班会课的价值远远超过了课堂上的40分钟，学生在班会的选题、准备、设计以及流程敲定的过程中，已经内化了"惜时高效"的决心。即使在班会过程中，也没有教师的说教，只有学生的讨论和体验。在学生讨论和体验中达成的共识又反过来成为了最有力的证据，回应了当下学生如何争分夺秒的问题。在这个过程中，学生逐渐养成了自查、自纠自身及班级发展中存在问题的习惯，进而助力班集体的成长。如在班会后，学生便自觉自创并自主完善了很多高效利用"一分钟"的竞赛形式，使班级逐步形成了人人惜时高效的良好风貌。

总之，在宏大的带班路上，只要我们用心，一节班会课也可以产生极大的力量推进学生及班级的成长。那么，一节节系统化的科学班会形成的合力定能助推我们尽快抵达理想教育的梦园，在那里，学生们珍惜生命中的每"一分钟"，乐学思进，能够自觉自查、自纠自身及班级发展的问题，而我们只需静静地站着，不说话，看草结它的种子，风摇它的叶子……

17. 一张小纸条引出的班会

——珍惜当下，只管耕耘

李学勇

【设计背景】

笔者所带的是高一下学期新组合重新分班后的一个 B 层次班级，学生大多学习基础薄弱、成绩一般并安于现状，部分学生行为习惯较差。

【活动起因】

物理课上一名女生 W 向另一名女生 F 传纸条。

（在办公室）

老师：刚才物理课上传纸条是怎么回事？

学生 W：我想借一下女生 F 的饭卡。

老师：这件事必须课堂上做吗？

学生 W：老师，我错了。

老师：你怎么错了？说来老师听听。

学生 W：课堂上传纸条，是对老师不尊重。

老师：还有吗？

学生 W：影响其他同学听课。

（学生道理都明白，但经常做不到）

老师：你以后还会在课堂传纸条吗？

学生 W：老师，我保证不会。

老师：老师相信你。但这件事发生在课堂上，老师不希望这样的事情在咱们班再次发生，作为这个班级的一分子，老师相信你也不希望。你该怎样为这件事负责并消除影响呢？

学生 W：我一会去办公室向老师道歉。

老师：可这件事是发生在教室。

学生 W：下一节物理课上课前，我在教室向物理老师道歉。

老师：还有那些帮你传纸条的学生，你耽误了他们的学习时间，该怎办呢？

学生：我向他们道歉。

老师：这件事在周末班会上进行。

起因分析：这件事情虽小，但反映了一部分学生对自己和对他人的宝贵学习时间不够珍惜。我决定小题大做，通过一个主题班会，放大错误，让学生更直观更深刻地认识到错误并改正。

【班会目标】

1. 认知目标：引领学生厘清高中学习生涯定位，强化责任意识。

2. 行为目标：引领学生懂得尊重别人，共同营造良好的班级学习氛围。

3. 情感目标：引领学生珍惜来之不易的学习机会，懂得感恩，刻苦拼搏，珍惜当下，赢得未来。

【活动准备】

提前联系好几名学生家长，让他们做好班会配合；提前准备好往届优秀毕业生的图片及文字素材。

【班会流程】

一、班会引入

（周末班会，教室）

老师：本周二物理课堂上，同学 W 向同学 F 传纸条。这件事情老师已经在办公室对同学 W 进行了批评教育。同学 W 态度非常好，认识到了错误并做出了保证。现在同学 W 主动要求向帮她传纸条的同学公开道歉。

老师：现在请那些帮她传纸条的同学到前面讲台上来。

（一下子上来 7 个同学，讲台上站得满满的）

老师：我现在逐个问一下这些同学，课堂上为什么要帮同学 W 传纸条，不怕耽误自己的学习时间吗？

（老师对讲台上的学生逐个问了一遍，几乎所有学生的理由都是同学关系，不好意思拒绝）

老师：在课堂上，在物理老师正在讲课的过程中，同学 W 因为一个与课堂无关的问题发起了一张纸条的传递，讲台上这些同学因为面子问题，一个一个帮她把纸条传递了下去。这样一张小小的纸条过了一个人的手、两个人的手……直到同学 F 这，由同学 F 把回复信息填写完整，然后小纸条原路返回，一个人的手、两个人的手……最后再回到同学 W 这里，中间这些同学正常的听课过程都被打断了两次。同学 F 由于要回答问题耽误的时间更多。

老师：同学 W，你看看因为你一个并不急迫的问题耽误了这么多同学这么多宝贵的时间，你确实应该向他们道歉。

学生 W：我不该在课堂上写纸条，不该让大家帮我传，耽误了大家的时间，我向你们道歉。对不起（学生 W 向其他同学道歉）。

老师：你们 7 名同学接受同学 W 的道歉吗？

（对这 7 名学生逐个问，都表示接受）

老师：这 7 名同学都已经接受了同学 W 的道歉，我想再问问你们，在这个传纸条的过程中你们每个人做得都对吗？

（这 7 名学生都说自己做得不对，不该帮同学 W 传纸条）

老师：事实上只要有一名同学选择拒绝传递，这件事情就会中断，就不会再影响到其他同学，而你们每个人都没有这样做。而是为了所谓的同学关系，为了所谓的同学情面，选择了继续帮同学 W 传下去，继续帮同学 W 影响其他同学正常上课。你们当然做得不对，你们每个人不但是这件事的受害者，更是这件事的推动者，你们每个人也都欠其他同学一句道歉。

（这 7 名同学分别向其他同学做出道歉）

老师：各位同学，一个无关紧要的问题，一张小小纸条影响到这么多人，耽误大家这么多时间，我们大家以后还要不要在课堂上传纸条？以后遇到其他同学让你帮他传纸条，你该怎么办？

（课堂上学生自由发言，最后意见统一：保证不传纸条，如果遇到有同学让帮忙传纸条，继续听课，不理他）

老师：除了传纸条，我们班还存在哪些影响别人学习的现象，请同学们把它们找出来。

（学生先自由讨论，然后教师提问并汇总：上课说话、下课打闹、自习课随意外出、上课说逞能话等）

老师：当你的身边出现这种影响别人学习的现象时，你该怎么办呢？我们共同想想办法。

（师生共同总结：①对学校政教处、公寓管理科、年级部、校学生会及班干部的管理工作要理解并支持。②值日班干部要负责，该管一定要管。③学生要自觉，这是解决问题的根本。④受到影响的同学该直言呵斥就直言，不

要顾及情面，班风要树正气）

老师：这些现象和传纸条一样都反映了一部分同学对自己和他人的学习不够重视，对自己现在宝贵的学习时间和机会不够珍惜。

二、进入活动：珍惜当下

1. PPT展示："山东省2020夏季高考文化科一分一段表"。

教师引领学生共同分析：

A. 582～314分每一分都至少有1000名以上考生。

B. 499～481分每一分更是有2000名以上考生。

老师：多考一分，赶超千人，所言不虚。

2. PPT展示："2020年本科普通批次各省市在山东招生计划汇总表"。

教师引领学生共同分析：除了山东本省的本科院校招生计划均值在1700人以上，其他除东北、西北和青藏高原之外的大部分省市高校在鲁招生计划均值都是只有几十人的规模，而且很多专业只有几个名额。

老师：你心仪的大学、心仪的专业也许离你只有一分的距离，这也是真的。

设计意图：通过这两个学生非常关心的2020年山东省高考数据来强化学生在学习过程中争分夺秒的忧患意识。

3. PPT展示：一组农民工在外务工的图片及数据：2019年我市城镇居民人均可支配收入为26176元；农村居民人均可支配收入为12848元。

老师：咱们班大部分同学都是来自农村，现在我就在这里给几名学生家长打个电话，问下你家的收入及支出情况，然后你们再算一下，你们家人均可支配收入多少，而你现在每年花费多少钱？上大学之后呢？

（教师用手机打开免提和家长通话。学生计算出自己家庭人均收入，并写出以后自己工作时的理想收入以纸条形式交给老师。这个过程中注意学生隐私的保护。）

设计意图：班内大部分学生都来自农村，通过这个问题的探讨分析，学生会发现家人为了自己上学往往竭尽所能，以此培养学生的感恩意识、责任意识。

老师：家里供养一名学生特别是高中生和大学生，你们知道多难吗？父母起早贪黑，风吹日晒，在外打拼，而全家人又都省吃俭用，这一切都是为了给你们提供这个学习机会，你们却不知道珍惜！

老师：你现在刻苦学习是为了提升自己以后生存的能力，是为了更好地生活。你有没有想过多年以后，现在爱你的亲人、供养你们的家人，有一天他们也会老去，他们也会丧失劳动能力，他们也需要人去照顾，需要赡养，而你如果学无所成，自顾不暇，如何尽为人子女的孝道，尽为人父母的义务，如何让父母有所依、孩子有所养。孝心爱心谁都有，可更好地落实要看能力啊。

老师：高考是大多数贫困孩子改变命运、提升阶层的机会。你们现在不肯吃学习的苦，以后就要吃生活的苦。

设计意图：父母养育辛苦，报恩唯有苦读。努力学习也是一种责任，不仅仅为自己，更为家人。

三、只管耕耘，不问收获；相信自己，相信潜能

播放视频《永不言弃死亡爬行》。

老师：对于运动员 Brock 来说 50 码就是从未实现过的目标，但是蒙上眼睛他在教练的鼓励下爬行了 100 码。

老师：对于学生来说也是一样，不要过早给自己的学业定位——专科、三本或二本，我们是高一的学生，还有两年，一切皆有可能。

老师：我们现在要做的就是"蒙上眼睛"，只管耕耘，不问收获；做最好的自己，来一次"死亡爬行"，相信自己，相信潜能。

四、进入活动：赢得未来

PPT 展示一组往届优秀毕业生照片及素材。

老师：这部分学生高一时都是在 C 班，他们的入校成绩甚至不如我班相当一部分同学，但是他们经过 3 年的努力都升入了自己理想的本科高校。他们可以，因为他们努力了，你们同样需要努力，因为你们也可以！

同学们，我们有缘在一个教室共同生活，共同学习，并会持续好长一段时间，这不仅仅是一种缘分，也是一种责任，更是一种品格展现。我们都希望这个过程是美好的，结果是令人骄傲的，所以无论在生活中还是学习上，我们一定要做到相互帮助，彼此尊重，共同前进，因为我们生活在一个教室，我们现在是一家人！下面我们就为刚才我们达成的共识（自习课不说话、下课不打闹、自习课不随意外出、课堂不说逞能话、不传纸条、彼此尊重）共

同签下决心书。

设计意图：以决心书的形式记载并张贴在教室墙壁上可以起到更持久的督促作用，同时也为本节班会画下一个句号。

【活动后续】

接下来的几周时间里，班长领着大家制定了许多相应的班规，把大家在班会上达成的目标落实下去。学习委员领着大家制定和填写"班级期中考试赶超帮统计表"。纪律委员设计并制作了用于班级管理的"个人德育分统计表"，并张贴在教室荣誉墙上，使学生的行为管理更加透明公开。所有值日班长和宿舍长签署责任状，对自己负责的区域内发生的违纪行为，自己承担一半责任。课代表主动做好每节课课前预习指导，以便大家更好地进入课堂学习状态。团支书领着大家组织了一场给家长打电话，汇报学习情况，制定期中考试目标的活动。

【班会效果】

班干部、值日班长和课代表更加负责，对自己负责的工作不仅尽力而且尽心去做好，学生自身纪律观念明显增强，学习状态逐渐提升，并且对于学校的严格管理工作从开始的抵触逐渐变为理解并支持。班级的学习风气逐渐变浓，好多任课老师都反映说班级的学生比以前更加知道学习了。在随后的年级月度量化考核评比中班级名次进步明显，在月考中班级成绩也有较大提升，班级正在筹划母亲节感恩活动（5月9日周末晚上班会已经落实）。

18. 关键节点的有效选择

——大考之后学生状态调适

周 枫

【班会背景】

高中阶段是学生打好基础、提升自己的黄金时期。如何利用好高中阶段，对学生一生的发展都至关重要。高二年级是承上启下的年级，学生容易在高二年级产生分化。很多同学虽然心中有梦想，但仅仅局限在"想"，没有付诸行动。

高二（10）班一共有 56 位同学，其中有 9 名走读生，47 名住宿生。班级学生团结互助，积极上进，班级常规稳扎稳打，班级成绩名列前茅，学生活动有声有色，呈现出了师生共进的良好态势。然而，在高二小高考之后，班级学生明显松懈，无法充分高效规划和利用时间，出现了课堂上专注度不够、晚自习利用率不高、自主时间未合理规划等较为突出的现象，从而导致了学生精神状态不佳、学习成绩下滑以及班级整体氛围不如以前的情况。为了改变这种现状，本次主题班会势在必行。通过本次班会，旨在引导学生既要"志存高远"，更要"立足当下"，学会规划以及合理利用时间，为了实现心中的理想而不断奋斗！

【班会目的】

通过主题活动，学生能充分认识到珍惜时间的重要性。

通过合作探究，学生能探索如何学习和在生活中如何合理利用时间。

通过情感升华，学生能自主规划时间和高效合理地利用时间。

【班会准备】

1. 收集关于"时间"的歌曲、诗词相关视频和图片等。

2. 组织学生出好"不负青春，拥抱梦想"的主题黑板报。

3. 组织学生寻找"在指缝中溜走的时间"。

4. 邀请个别家长、往届毕业生录制视频寄语。

5. 组织学生，收集 PPT 素材，并制作课件。

6. 准备班级"行动心墙"粘贴板。

【班会流程】

一、导入话题，引发思考

老师：梦想是石，敲出星星之火；梦想是火，照亮夜行的路；梦想是路，引你走向黎明。梦想赋予了我们奋斗的目标和方向，希望所有同学在青春奋斗的路上不负时光，砥砺前行！

下面，请丁宇和欧阳玲奕同学来主持本次班会，大家掌声欢迎！

设计意图：结合本课主题，引出"梦想"这一话题，激发学生思考自己的梦想。

二、主题活动，引起共鸣

活动 1：唤醒《最初的梦想》。

丁宇：梦想是我们起航的地方，你是否还记得你最初的梦想？让我们一起倾听合唱《最初的梦想》，在歌声中回忆你最初的梦想。

表演者：吴佳琦、陈洁、裘雨曦、刘润涛、郭铃、胡章杰

设计意图：启发学生回忆自己曾经的梦想，激发学生思考梦想和现实的差距，应如何让梦想成真。

活动 2：相声《追时间的人》。

欧阳玲奕：我们要仰望星空，更要脚踏实地。我们有我们最初的梦想，那么应如何立足当下呢？让我们一起来欣赏相声《追时间的人》。

表演者：程文彬、刘昕宇

设计意图：启发学生思考为了实现自己的梦想，要正确认识时间的重要性，努力珍惜时间。

活动 3：伟大的（10）班《诗词大会》。

丁宇：感谢程文彬、刘昕宇同学带来的精彩演出！我们的同学真是多才多艺啊，丝毫不亚于中国古代文人墨客的才情。同学们，在中国古代，有很多与时间有关的诗句，让我们一起来参加高二（10）班诗词大会，徜徉在"时间"的时空隧道里吧！

参与者：高二（10）班全体同学。

设计意图：启发同学们学习中华优秀传统文化，更要传承古人珍惜时间的良好传统，努力从自己做起，做新时代的奋斗好少年。

活动 4：《时不我待，惜时强十》演讲。

欧阳玲奕：聆听了古人的教诲，我们真的受益匪浅！我们的同学其实也有真知灼见呢！让我们一起珍惜时间，强大（10）班！下面有请丁凡奇同学做关于《时不我待，惜时强十》的主题演讲！

演讲者：丁凡奇

设计意图：强化班级学生珍惜时间和高效利用时间的观念，引起全班共鸣，为后续的活动打好铺垫。

三、合作探究，达成共识

活动 1：分组讨论，寻找指缝中溜走的时间。

丁宇：丁凡奇同学的演讲振奋人心！我们大家都知道，时光如梭，高二是高中的关键阶段，我们一定要珍惜时间，更要带着发现和探索的眼睛，去寻找那些在我们不经意间、从我们指缝中溜走的时间。下面，我们进行小组讨论，请各组写下大家对于合理利用时间的建议。

设计意图：充分发挥班级学生的主动性，群策群力，共同出谋划策，提出符合本组同学合理利用时间的有效建议。

活动 2：自由发言，各抒己见。

欧阳玲奕：相信我们的同学在时间规划和高效利用上，是最有发言权的了。下面有请部分小组代表发言。分为走读生学生代表、住宿生学生代表和班级学生（当场随机），请他们谈谈他们在校的时间利用、回家以后的自主时间的利用等。

住宿生代表：陈永庆、先桃

走读生代表：杨浩、江源

班级学生代表：刘玉川、宗正等

设计意图：启发学生认真聆听班级同学心声，各小组向其他小组学习，使全班学生意识到珍惜时间、高效利用时间是班级同学共同的诉求。

活动 3：统一思想，具体落实。

丁宇：在这些同学的发言中，我们可以总结出一些措施，凝心聚力，统一步调，一起去抓住指缝中的时光。请大家拿起手中的"小马"，结合刚刚小组讨论的举措，针对自己的实际，写出你可以做到的珍惜时间的具体做法。下面我来随机采访几位同学。

丁宇：王港澳同学，请你和大家说说你的做法。

王港澳：上课要专注，不开小差，遇到难题课后要及时请教老师，用好课间的时间。自习课要充分利用自主学习时间，查漏补缺，尤其是我的英语薄弱，需要多向周老师请教！

丁宇：非常好！期待你的执行和不断进步！

丁宇：蒋镕同学，你有哪些做法呢？

蒋镕：认真早晚读，静专思主；在宿舍，要抓紧时间处理内务，不浪费时间，努力达到自己的目标！

丁宇：让我们掌声鼓励！相信蒋镕同学一定可以做到！

设计意图：集体共识和个人举措，使全班达成珍惜时间和合理利用时间的共识，共同进步。

四、情感升华，寄语前行

欧阳玲奕：相信在我们的共同努力下，我们一定可以争做珍惜时间的小能手！同学们，在我们高中三年的成长中，我们不仅有自己的理想，我们还承载了很多人期待的目光：我们有关爱我们的父母、陪伴和关心我们的老师，让我们一起聆听他们对我们的期许吧！

活动1：家长期许。

观看家长录制的视频，分别来自蒋镕爸爸、丁凡奇妈妈和刘欣妈妈的寄语！

丁宇：相信大家一定很有触动吧！除了父母，我们还有一批默默关心我们成长的人哦，大家猜一猜会是谁呢？让我们一起看视频揭晓。

设计意图：引导学生感恩父母付出，引发情感共鸣，进一步强化学生正确对待梦想与现实，珍惜时光，努力追梦。

活动2：学长学姐寄语。

观看毕业学姐学长视频，聆听来自2017届的姚骎学长、李进学长、蒋昕韬学长和龚连荣学姐的期待！

欧阳玲奕：看完视频，相信我们大家一定感受到了学长们对于我们的关心和祝福。那么每天陪伴我们最长时间的"老班"周老师，此刻一定有很多话想和大家说，让我们以最热烈的掌声欢迎我们美丽可爱的"老班"周老师！

设计意图：引导学生感恩师长，感谢父母，启发学生提高时间利用率，努力让梦想照进现实！

活动3："老班"心语。

老师：同学们，看了这么多同学的表演，大家觉得他们演得好不好？

同学们：好！那让我们再次用热烈掌声感谢他们！

老师：一件事，一群人，一起拼，一定赢！看到大家齐心协力地为班级付出，周老师真的非常感动，非常自豪！大家的优异表现，再次让我深切感受到，遇见大家是一种美好！

周老师会一直用爱心、真心、耐心和慧心，陪伴大家一起成长，一起绽放！

今天周老师讲话的主题是，时间与梦想相遇，诗和远方必能到达。

日本著名动漫大师松本零士说，时间不会背叛梦想，梦想也不会背叛时间。时间与梦想相遇，梦想就会实现。还记得开学初你的"以梦为马"的梦想吗？高中三年，是我们打好基础、提升自己的黄金时期。正如中国台湾著名作家龙应台先生在《亲爱的安德烈》一书中说："孩子，我要求你读书用功，不是因为我要你跟别人比成绩，而是因为，我希望你将来会拥有选择的权利，选择有意义、有时间的工作，而不是被迫谋生。当你的工作在你心中有意义，你就有成就感。当你的工作给你时间，不剥夺你的生活，你就有尊严。成就感和尊严，给你快乐。"同学们，我们现在正处于高中的关键时期——高二年级，要实现我们心中的梦想，到达我们内心的美好，我们既要"志存高远"，更要"立足当下"。因此，我给大家提三点希望。

首先，我们要在思想上高度重视"时间管理"。思想决定行动，只有首先端正思想态度，才能全力以赴。时光易逝，人生只有走出来的美丽，没有等出来的辉煌。

其次，我们要从现在开始，真正行动起来，让人生的分分秒秒，都散发出青春的活力。我们要正确认识自己，克服自身的不足，把握好今天的每一分、每一秒。努力提高时间的利用率，将各种零碎时间充分用来提高自己。我们一定要让今天的自己比昨天的自己有进步，这样，明天的你就一定会感谢现在正在拼搏的自己。

最后，我们要不断锻造自己，让惜时如金、坚持不懈、全力以赴的拼搏精神，成为到达梦想彼岸的坚强力量。我们要不断提高自己各方面的能力，开拓视野，脚踏实地，努力让我们的才华配得上自己的眼光，不负时光，实现梦想！

如此，人生的"诗"和"远方"必能到达。

谢谢大家！

丁宇：非常感谢周老师的谆谆教诲。我们大家一定要牢记，并不断践行。

同学们，自高二以来，我们班级在周老师的带领和全班同学的共同努力下，获得很多荣誉：学校文明班级、校五四红旗团支部、校文明宿舍、校运动会团体总分第五、4×100接力赛年级第一、英语单词比赛团体优胜奖，等等，让我们再次掌声鼓励，感谢周老师对班级的辛勤付出，也感谢班级每一位同学的共同努力！

设计意图：启发学生珍惜眼前的大好时光，用好每一分每一秒，为实现自己的理想不断前行！

丁宇：感恩在（10）班遇到的每一位老师，每一位同学，让我们在未来的岁月里，携起手来，继续努力，创造伟大的（10）班！下面，请观看视频。

活动4：观看视频《在十班，遇见更好的自己》。

参演人员：高二（10）班师生。

设计意图：增强集体荣誉感，提升班级凝聚力，促进班级学生为了建设更好的班集体而从自己做起，从利用好分秒做起！

欧阳玲奕：独行快，众行远。相信我们每一位同学一定会为了建设更强更好的高二（10）班而充分用好当下的分分秒秒！

下面，请全班起立，让我们师生同唱《青春纪念册》！

活动5：师生齐唱《青春纪念册》。

表演者：高二（10）班全体师生

设计意图：师生同唱，以唱共情，引导学生增强对班集体的归属感，提升班级凝聚力，共同勉励，为了实现梦想而惜时感恩！

欧阳玲奕：同学们，本节班会课，我们一起探讨了如何珍惜时间，带着期待，筑梦前行。

丁宇：在以后的日子里，让我们一起携起手来，共同执行大家提出的珍惜时间的各项举措，让我们一起共同努力，做最好的自己，创最强的（10）班！

活动6：共筑（10）班"行动"心墙。

欧阳玲奕：最强（10）班，从你开始。大家还记得刚刚的"行动小马"

吗？下面，请大家依次，将自己的"行动小马"张贴于班级心墙，共筑（10）班"行动"心墙！

（丁宇拿出准备好的（10）班心墙粘贴板）

下面请大家把刚刚写好的"行动小马"粘贴在我们的班级心墙上，以此来互相勉励，共同提高！

（全班拍照合影留念）

丁宇、欧阳玲奕：最后，我们想说，（10）班，老班，遇见你，真好！

丁宇：我宣布，本次"以梦为马，莫负韶华"主题班会到此结束，我们下期再见！

设计意图：共筑班级"行动"心墙，全班同学达成共识，促进班级学生共同学习，互相督促，共同为了梦想而高效利用时间，升华班会主题。

【活动后续】

本次班会收到了良好的教育效果，而一次班会课的教育意义更多停留在"知、情和意"三个层面，要想真正达到"行"的效果，还需要继续扎根于班级工作，使本次班会课的效果真正达到"知、情、意、行"的有机统一，促进学生成长和班级进步。

在本次班会之后，班级又相继开展了一些活动。

个人活动：

◇读书之星评比（标准：即时、大声、专注、高效）

◇课堂活跃之星评比（标准：专注听讲、积极思考、踊跃问答）

◇自习小能手评比（标准：高度专注、执行计划、查漏补缺）

◇时间小管家评比（标准：制订计划、执行计划、克服拖延）

小组活动：

◇"惜时强十"最佳住宿生团队评比

◇"惜时强十"最佳走读生团队评比

◇"惜时强十"住宿生团队最优之星评比

◇"惜时强十"走读生团队最优之星评比

班级集体活动：

◇个人和小组活动颁奖典礼

◇优秀团队代表和优秀个人发言

◇班级生日会

◇师生合影留念

这些后续活动的开展，进一步突出了活动的育人功能。在这些活动中，学生们充分领悟和体会到了班会课的主题"以梦为马，莫负韶华"，既要仰望星空，又要脚踏实地，珍惜分秒的点滴时间，为了圆梦而高效利用时间。由此可见，班会课的效果在活动中体现得淋漓尽致，共同达到了润物细无声的效果！

【班会效果】

高中学生如何高效地利用时间，是亟待思考和解决的问题。本节主题班会课结合学情和班情，探讨了珍惜时间的重要性以及如何高效利用时间，最后"以情动人"，使"惜时"内化于心，外化于行。在平时的学习和生活中，我们仍要让"惜时教育"不仅入耳，还要入心，更要践行，真正帮助学生在高二成长得更好，提升学生在学习和生活上的软实力，为学生进入高三以及以后的人生铺平道路，努力成就每一位学生！

本次班会，增强了班级同学充分利用时间的观念，班会课效果显著。在课堂上，学生的专注度明显提高，作业完成质量显著提升；在自习课上，能做到静专思主，高效完成自己的学习计划，查漏补缺；在可利用的零碎时间，能按照自己的"行动小马"执行。在本次班会之后，班级氛围明显好转，逐渐找回了班级之前的良好态势，并越来越好！

第三辑

青春·陪伴：亲爱的，你并不孤单

青春之美，并非因为"青春"，而是因为无限可能。可能，意味着美好，也意味着歧途。当学生遇见青春，就需要遇见懂得调适心理的你和最能温暖灵魂的家（父母）。学生不孤单，青春才美丽。这7节班会，美丽您孩子的青春。

19. 生如夏花需绚烂

——点击生命教育

姚晖轩

【设计背景】

学生进入高三学习阶段，高考竞争压力大，课业负担陡然上升，同时高三学生仍处于心理发展动荡期，心智发展不成熟，情绪波动大，抗压能力弱。因此，高三学年是学生心理问题的集中爆发期。

最近，在处理两起学生违纪行为的过程中，我意识到开展生命教育主题班会势在必行。第一起案例是女生702宿舍中部分同学因无法协调各自作息时间导致关系不和，宿舍成员之间爆发激烈争吵。宿管老师及时到场进行协调，其中邓同学是一个急性子，或许是觉得自己理亏，在争吵过程中情绪激动，冲出宿舍，翻爬上7楼阳台护栏，好在宿管老师及时制止并进行教育。第二起案例是李同学（男生）在学校正常教学时间内，校园监控摄像发现其私自翻墙外出，我第一时间通过微信与学生本人取得联系，并以电话形式告知父母。学生发给我的文字是："老师，我想去死，但请您放心，我不会选择死在学校里。"

以上两则案例，都反映了青少年在面对挫折中选择对生命的轻视。如果不做好思想引导，不仅影响学生个人的生命安全，也会在班级内形成一种不良的思想风气，特别是高三学生处于基础教育向大学教育跨越的特殊阶段，这种风气也会影响班级的高考备考工作。本节课立足学校教育，根据高中生身心发展特点，结合探索生命的产生，感受生命的厚重，感悟生命的价值，引导学生树立正确的生命观。

【教育目标】

1. 感知生命的起源，体会生命诚可贵，懂得珍惜生命。
2. 感受生命的厚重，体验亲情价更高，学会感恩世界。
3. 感悟生命的价值，体味人生的真谛，珍爱温暖人间。

【活动准备】

1. 邀请热心家长录制"我与孩子的美好记忆"的视频。

2. 班主任收集相关素材，准备相关道具，做好活动设计。

【教育过程】

班主任（以下简称"老师"）：各位同学，大家早上好。生命诚可贵，每一天我们都在感受生命体的律动，但我们是否思考过：生命宏大如宇宙、微小似虮蝤，它的存在对我们的意义是什么？生命如果有价值，那什么样的生命可以称作有价值的生命？当我们在惋惜生命消逝的同时，如何做才能让短暂的生命更有意义？今天老师带领大家走进生命的课堂，去溯源生之内涵，感悟命之真意。

环节一：播放视频，引入情境——通过视频素材引发对生命产生的思考

（播放 BBC 纪录片《生命的起源》节选）

老师：同学们，观看这段视频，大家初步了解了生命孕育的过程。接下来，给大家一分钟时间总结在观看视频过程中的感悟，并从四个方面对自己的感悟进行陈述。

1. 视频中你印象最深刻的是哪一幕？

2. 你对这一幕有什么感受？

3. 这一幕对你认识世界有什么启示？

4. 你将来打算怎么做？

学生：我印象最深的一幕是受精卵逐渐演变成人体的过程。我的感受是生物的进化太奇妙了。最初那么不起眼的一个胚胎体，演变成了现在的我，任何一个因素的改变都有可能让最初的我不复存在。对我的启示是要心存敬畏和感恩，更加珍惜自己，不负生命的演变。

学生：我印象最深的一幕是人体器官逐渐发育的过程。我的感悟是身体发肤受之父母，进化不易，要好好珍惜。给我的启示和做法是要珍惜生命。

学生：我印象最深的一幕是胚胎在母体内孕育的过程。通过视频我对胎动和母亲怀孕期间的疼痛有了更直观的认识。我的启示是母爱的伟大，一定要孝顺父母。

老师：是的，老师完全赞同三位同学的分享，刚才的小组讨论也很热烈，表扬大家。通过视频的展示和小组讨论分享，我们一起感受了生命的起源，

感叹生命的诞生简直是一个奇迹，由此产生珍惜生命的认知。但这只是生命最初的意义。一个生命从呱呱坠地开始，就具备了社会价值，你的存在对周围的世界充满了意义。

环节二：体验游戏，收获认知——体验游戏过程，收获对生命很厚重的认知

（导入：播放热心家长录制的"我与孩子的美好记忆"的视频）

老师：同学们，视频内容展现了我们和父母之间的美好回忆。想起这些幸福时刻，很多人都已经闪着泪光，相信大家也对父母、亲人和周围的事物充满感恩。接下来，我们需要假设一个场景：假定现在是20年后事业有成的你，你购买了一艘游艇，桌上的A4纸代表游艇，你可以带5个生命中最重要的人或物坐游艇去旅游，5张标签纸代表5个人或物。

老师：请把你认为的最重要的人或物分别写在标签纸上，一张写一个人或物，写完后在小组内进行分享，简单陈述你选择的原因。

学生：在组内热烈讨论、分享。

老师：请大家闭上眼睛。想象蓝天、白云、海浪、沙滩，你带着生命中最重要的5个人或物要去远航，你是船长。想象你们登上游艇，想象他们微笑的样子，慢慢想，每一个人的表情、语言，越详细越好。你给他们每一个都准备了一份礼物，都会是什么礼物呢？好，旅行开始啦。请记住一个原则，本次活动你是船长，无论遇到什么情况，你不能下船，否则旅行就会终止。大家同意吗？

学生：同意。

老师：这一趟旅程不是一帆风顺的。你们出海不久就遇到一场特别大的暴风雨，浪打在船上，船剧烈摇晃，船板发出剧烈响声，感觉船即将散架。这时候你不得不做出一次重要的选择，你只能带走3个人或物，这个时候有2个人或物必须下船。请大家思考，你选择何人或何物下船，请撕掉代表他们的那两张标签纸。

老师：同学们，大家撕下标签的这2个人或物，相信都和大家有过很多难忘的回忆。请在纸上写下这么一句话："忘不了，我们一起……"并以上述2个人或物，对内容进行展开。写完后，在小组内分享你和他们之间的美好回忆。

学生：在组内热烈讨论、分享。

老师：旅行还在继续，你和你生命中最重要的 3 个人或物继续航行。很不幸的是，你们的航行遇到比上一次更强烈的暴风雨，雷电交加，狂风大作，游艇瞬间倾覆。这时候你潜到海底，用尽浑身力气打开了船舱的闸门，你抱住两个人，奋力往外游。所以，有一个人或物你无力挽救，请撕下代表他的那张标签纸。

老师：同学们，大家再次撕下标签的这个人或物，相信他曾经为你付出了很多。请在纸上写下这么一句话："谢谢你，为我……。"并以上述这个人或物，对内容进行展开。写完后，在小组内分享你对他的感恩之情。

学生：写下感恩留言，并在组内进行分享。

老师：这个时候，你带着生命中最重要的 2 个人或物逃了出来。非常幸运，你们搭上了游艇上掉落的救生艇。但救生艇在颠簸中，他们掉落海中，而你手上还有一个游泳圈，你奋力甩了出去。游泳圈只有一只，又有一个人或物你无力挽救，请撕下代表他的那张标签纸。

老师：这次撕下标签的这个人或物，相信你和他之间有很多还来不及去完成的事情。请在纸上写下这么一句话："很遗憾……。"并以上述这个人或物，对内容进行展开。写完后，在小组内分享你和他之间的遗憾。

学生：写下和他未完成的心愿或遗憾的事情，并在组内进行分享。

老师：同学们，那些落水的、你不得不放弃的人或物，他们并没有放弃生命，因为爱你，他们也在不断挣扎、求救。如果他们回到你身边，你最想做什么？

老师：经过这次的分别，你发现原来你这么爱着他们。请在纸上写下这么一句话："我要立刻……。"并以上述这些人或物，对内容进行展开，在组内分享你要立刻做的事情。

学生：写下要立刻做的事情，并在组内进行分享。

老师：同学们，通过以上的游戏，很"残忍"地让大家感受了一次生离死别。虽然只是一次游戏，但在这过程中大家也能感受到自己爱着那么多的人和被那么多的人爱着，我们也还有很多的遗憾和将要去做的事情。因此，一个活着的生命，就是有价值的生命，或许我们无法因为给社会做出贡献而变得伟大，但至少我们能够让周围的亲人和朋友因自己而更精彩。所以，好好地活着有没有意义？

学生：有，非常有意义。

环节三：感悟价值，升华情感——观看人物事迹升华对生命有价值的情感

老师：同学们，生命的时间或许有限，相比较宇宙的无限，个人的一生无疑是转瞬即逝，而纵观人类的历史，总有一些人，如耀眼的恒星流淌在人类历史的长河中。在我们的生活中，也总有一些人物、事迹让我们恒久铭记。接下来，大家观看一段"2020年感动中国十大人物"节选视频。

老师：同学们，通过上面这段视频，大家有什么感悟。接下来，给大家一分钟时间归纳总结在观看视频过程中的感悟，并从四个方面对自己的感悟进行陈述。

1. 视频中你印象最深刻的是哪一幕？

2. 你对这一幕有什么感受？

3. 这一幕对你认识世界有什么启示？

4. 你将来打算怎么做？

学生：我印象最深的是钟南山院士。我的感受是正是因为钟南山院士的精湛医术、直言敢说、当机立断，为武汉疫情保卫战的胜利定下基调。我要励志努力学习，提高本领，将来也能发挥个人价值，服务社会。

学生：我印象最深的是张桂梅校长，我的家乡也在农村，教育条件很落后。张桂梅校长用自己柔弱的双肩挑起了华坪县贫困女高中生的未来。让我更深刻地认识到学校教育的伟大作用。我要奋发有为，考取师范院校，将来也成为一名人民教师。

老师：同学们，今天的班会课我们回溯了生命的产生，体验了生命的厚重，感悟了生命的价值。人的生命只有一次，我们要珍惜生命，感恩生命，让生命之花绽放得更灿烂。最后，我们一起朗读《钢铁是怎样炼成的》中一段关于生命价值的经典论述："人的一生应当这样度过：当一个人回首往事时，不因虚度年华而悔恨，也不因碌碌无为而羞愧。这样，在他临死的时候，能够说，我把整个生命和全部精力都献给了人生最宝贵的事业——为人类的解放而奋斗。"

【教后记】

通过本次主题班会，学生感受了生命的起源、体验了生命的厚重、升华了生命的价值，初步打开了学生的生命观教育。本次班会在活动环节通过设置有效情境，充分调动学生的兴趣，达到了良好的教育效果。同时，笔者做了一个月的跟班观察，这节班会课后，学生之间的亲密关系和班级的凝聚力有所提升，协调改善了部分家庭的亲子关系。从课堂感悟延伸到生活实践，这就是班会课的魅力和动能所在。班会课后，笔者进行了一些有效工作，促进生命教育在班级内真正生根发芽。

1. 在班会活动中，留心观察学生撕下代表人物标签纸的动作和表情，对需要关注的学生进行了记录。课后，笔者进一步了解他们家庭的构成以及成长经历，并开展一对一心理疏导工作。

2. 开展亲子书信活动。邀请家长以书信的形式给孩子写封信，记录家长与孩子之间的温暖回忆，并要求附有三张最具代表性的家庭成员合照。学生收到家长来信后，笔者利用一节班会课时间，要求学生写好回信，表达对父母的感恩之情。

3. 做了一期名为"生命·告别"的分享课。我收集歌手赵英俊的生命告别视频、复旦大学教授于娟的临终日记、电影《滚蛋吧，肿瘤君》节选等一些素材，启发学生进一步思考：活着，是一件多么有意义的事情。

4. 邀请我校毕业生，任职佛山市第一人民医院重症医学科（ICU）护士，讲述在 ICU 病房救助患者的职业经历。ICU 病房救助的患者都是处于生与死的边缘，从医生的视角讲述生命的珍贵，让生命教育课更加鲜活。

以上的教育环节与生命教育班会课形成了一个有效整体，是对班会课的延续和补充，为学生树立正确的生命观提供了更多营养，也体现了班主任管理工作的科学性和有效性，为其他班会主题的开展提供了范例。

20. 亲爱的，你并不孤单

——"抑郁"治愈课

张含芬

【班会背景】

高中学生，精神力不断上升，精神需求却被持续压抑。学业压力大，测试密度频繁，学习时间长，部分学生难以扛住精神压力，继而出现抑郁现象，严重者甚至起念要轻生。多少原本有着锦绣前程的孩子，被抑郁症这个元凶扼住了喉咙，再也无法呼吸。在全球范围内，抑郁症是15～19岁青少年疾病和残疾的第四大原因。

在高发病率的同时，人们对于抑郁症仍然存在着很多误解。社会环境所带来的病耻感，让孩子们把自己层层包裹起来。承认自己患有抑郁症，得到的可能不是安慰和开解，而是"抗挫能力差""不开朗"等指责。如果得知自己的同学有抑郁症状，大家心想帮助，却又不知所措，担心自己举动不慎加重同学的病情。

在我们班级，自第一学期期中考后，两次月考及全校的排名一出来，部分学生明显地就有抑郁倾向。一位女生，第一学期期末前已经难以到校学习；另一女生，第二学期开学一个月后，也实在扛不住了，无法坚持到校学习。她们都曾经是最优秀的学生，学习动力也非常足，现在不只是学习没有动力，连活下去的动力都不够，一位女生甚至在随笔中流露出强烈的轻生念头。班里其他同学爱莫能助，不知道该怎么帮到她俩。看着她俩成绩直线下降，甚至了无生趣，她们的家长无比焦虑，老师也是心疼又头疼。并且，这种抑郁的情绪也是能影响周边同学的。

在这样的社会大背景和班级小环境下，面对危机，及时地召开"抑郁"主题的班会课就非常有必要。无论目前自己的心理健康状况如何，了解抑郁症，正确面对抑郁的"小黑狗"，储备相关的常识，这是对生命的尊重。

【活动目的】

1. 认知目标：学习抑郁症的常识，了解症状、起病原因、寻求帮助的途径、正确对待的方法。

2. 情感目标：能正视"小黑狗"，降低病耻感，能接纳自己或他人的"小黑狗"。

3. 行为目标：能通过正确的途径寻求帮助，能利用所学知识正确帮助被"小黑狗"困住的同学。

【活动准备】

1. 准备PPT、视频、图片等素材。

2. 联系一位在高中时曾长期抑郁的大学生，提前准备视频连线的相关细节。

3. 联系学校心理老师，准备十分钟的小讲座。

【活动过程】

一、暖身活动——一起来段手指操

老师：亲爱的同学，此刻，请你放下你的笔，放松你的心情，让心理委员带领我们，一起来段手指操。

播放音乐——《数星星》。

设计意图：听暖心的天籁般的久违儿歌，做富有意蕴的手指操，放松、拉近情感距离，也引出"亲爱的，你并不孤单"的话题。

二、灰灰的困惑——我有一只名叫抑郁症的小黑狗

老师：星星如果有听见，请它告诉你，我爱你。可是，从天籁般的儿歌中出来，现实中，我们总有一些人却总接收不到星星传来的爱的语言。

1. PPT展示灰灰的困惑

我是高一创新班学生，曾经是人人羡慕的学霸，现在却每天遭受来自各方的"轰炸"，因为现在我沦为人人厌弃的"学渣"了。父母失望而痛苦的眼神、老师苦口婆心的劝说，都让我很难过。我也一次次地告诉自己要振作起来，重回往日美好。然而，我实在没有能力面对学习了。晚上总是一宿宿的睡不着，上课也总是难以集中注意力，有时很认真地听讲，却不知道老师在讲什么，以前迷恋的篮球，现在也不想打了。

我真是太难受了，我觉得有只"小黑狗"总是跟着我，怎么办呢？

2. 科普"小黑狗"

老师：谁知道灰灰说的"小黑狗"是怎么回事吗？

学生：我知道，"黑狗"代表的是抑郁症的群体。记得最早是丘吉尔说的："心中的抑郁就像只黑狗，一有机会就咬住我不放。"

老师：对，"黑狗"就是英语世界中抑郁症的代名词。现代社会，它已经成为这个世界的隐形杀手，是覆盖世界的大型心理疾病，在青少年中也并不少见。这节班会课，我们就来直面"抑郁"这个话题。我们先看一下视频。

3. 播放小视频

《我有一只名叫抑郁症的小黑狗》。

4. PPT 继续展示灰灰的困惑

我悄悄找到抑郁症检测量表来测试，果然病得不轻。我非常惶恐。我不想让别人知道我的抑郁，我怕丢脸，再说，除了让亲友徒增担忧，于事并无补。我每天强颜欢笑，可谁知道，沦为"渣渣"后依然每天"没心没肺"的我，实在是扛不住了啊，我"扮"不下去了，怎么办呢？

我要不要去看看医生呢？可是，真是难以启齿啊，我该怎么跟父母说呢？又怎么跟老师请假呢？

5. 讨论

老师：灰灰怀疑自己抑郁了，自己从网上找到测试量表，自我检测，从而得出的结论，你觉得靠谱吗？

学生：我觉得灰灰自己在网上找到的测试量表，自己进行测试，并不靠谱，应该找到专业的医生，在医生的指导下，进行科学的检测。情绪的障碍是很微妙的事情，怎么能草率地就判断了呢？

老师：和你们一样，灰灰也是高一学生了，并且曾经还是学霸，你觉得是什么心理导致他怕去医院呢？

学生：从刚才的 PPT 中可以看出，灰灰觉得抑郁症是丢脸的事，有"病耻感"。

老师：当你察觉自己的情绪出了状况之后，正确的打开方式是什么呢？专业的事情交给专业的人员办，有请我们学校的专职心理老师，掌声欢迎。

设计意图：从看 PPT《灰灰的困惑》到视频《我有一只名叫抑郁症的小黑狗》，用贴近学生心理的方式，用虚拟的人物、专业的手段，了解抑郁症的特征，并引发思考，如何面对抑郁情绪。

三、微讲座——如果你被"小黑狗"缠上了

抑郁症不可怕，无知和排斥才可怕。

1. 抑郁症是很常见的精神疾病。

2. 不要自我诊断抑郁症。

3. 绝大部分抑郁症患者都能治愈。

设计意图：请专业的心理老师来作指导更科学，对学生也更有指导意义。微讲座，十分钟，针对性强，学生喜欢听，受益匪浅。

四、视频连线——我需要你的帮助

老师：当我们发现自己的情绪出了障碍，一定要按照心理老师的提示，去专业的医院找专业的精神卫生科医生就医。如果我们身边的人出现了抑郁症状，我们该怎么做呢？我认识的大学生小怡在高中时曾经一度抑郁过，她得知我们今天的班会，主动提出可以跟我们分享她的体会。她现在是大三学生，我们只能视频连线了。

视频连线小怡同学。

小怡：同学们好，我也曾坐在和你们一样的位置上，悄悄地忍受着抑郁症给我带来的痛苦。今天很荣幸能够听到你们的疑惑。

学生：学姐，我想问一下，我没有可以倾诉的对象，很多话堆在心里，没处可说。这该怎么办？

小怡：我也面临过这样的困境。每天都有很多负面的情绪在心里，但是没有人可以说。和父母说，他们不理解；和老师说，老师觉得我成绩下降，总是鼓励我要认真学习；和同学说，觉得同学又不够亲近；和好朋友说，怕给他们带来负面情绪，毕竟大家的压力都很大。这个时候，我们可以去找学校的心理老师。他们往往有比较丰富的经验。我就找到了心理老师，想和她一起聊聊。这位心理老师也很好，她带我到咖啡店，我们两个人，就坐在落地窗前，她听我叨叨叨地说了很多话，她也不发表"对"或者"错"的意见，只是和我平等地、像朋友一样地聊天拉家常。自此之后，我感觉我的心里不会那么拥堵了，有什么想说的就会告诉她，慢慢地，也学会了以写日记的方式来疏导自己。

学生：学姐，那我想问，我觉得我自己有抑郁倾向或者抑郁症，但父母觉得这不可能，不带我去医院看。这该怎么办？

小怡：你说的问题我也遇到过（笑）。我的爸爸妈妈也拒绝带我去医院看，因为他们觉得"抑郁症"就是一种精神病，去专门的医院看会丢脸。所以他们拒绝带我去医院。但是我们都知道专业的事情要让专业的人来做。抑郁症并不是完全可以自己治愈的，所以当面对这个问题时，我们可以请心理老师和父母交流，指导他们正确地认识抑郁症。

小怡：你们遇到过的困惑，也曾是我的困惑。这样的经历，让我们的心灵得到了另一种与别人不一样的成长。所以不要害怕抑郁症，也不要为此感到害羞和不幸。抑郁症就像一场"心灵感冒"，增强了我们以后人生中面对负面情绪的抵抗力。

老师：感谢小怡同学，相信小怡同学的经历，能够对大家有所启发。

设计意图：采用视频连线的方式，现身说法，最有说服力。既让同学切身体会到了一个人抑郁时刻的痛苦，TA（他）是多么需要你的帮助，又让有抑郁倾向的同学在学长的指导下正确面对自己的问题。

五、漫画图解——如何帮助被"小黑狗"困住的 TA（他）

老师：单有一颗想帮助别人的心，还是远远不够的。由于抑郁的人比较敏感，容易过度反思，陷入自责愧疚中，自我价值感极低，自我认同感极差，自我活力消失。所以，我们若缺少专业的指导，稍一不慎，就会使 TA（他）又陷入抑郁之中。

1. 看一组来自公众号"小楼聊心理"的图片

遇到心情抑郁的朋友，应该做的和不应该做的

（1）TA（他）告诉你抑郁了。

（2）TA（他）告诉你早晨起不来。

我早晨都起不来床。

为什么有这种感觉？今天有什么令你担忧的事吗？

我早晨都起不来床。

别这么懒惰。整天躺在那儿有什么用。

（3）TA（他）告诉你太累了。

我太累了。

我们回家吧。我给你做好吃的，然后聊聊你今天的经历。

我太累了。

你不是一整天都在坐着吗？

（4）TA（他）说想看医生。

我可能要去找个医生看看。

如果这样有帮助的话，就快去吧。

我可能要去找个医生看看。

别告诉别人，你不想被人当成异类吧。

设计意图：用漫画图解的方式进行对比，可以清晰地知道什么是该做的，什么是不该做的。

2. 小组讨论——遇到以下情形，我们如何帮助被"小黑狗"困住的 TA（他）

（1）当 TA（他）说：有时候我真不想活了。

最佳回答：你对我太重要了，我无法想象没有你的生活。

老师：随着抑郁的加重，很多人会经历从"不开心"到"不想活"的一个转变。随着病情的发展，患者变得思维迟缓、意志活动减退，出现认知、情感、交流方面的障碍，工作能力、人际交往能力及生活自理能力下降。如果不治疗，病情将从"不开心"发展到"过不下去"，甚至"不想活"。这个时候除了给予理解以外，主要的还是说服 TA 积极治疗。

（2）当 TA（他）说：我压力很大，很迷惘，我不知道该怎么办。

最佳回答：亲爱的，你并不孤单，我会给你建议。

老师：对抑郁症患者而言，轻如鸿毛的精神负担都会带来难以承受的心理压力。有些压力对于寻常人不过小事一桩，但抑郁症患者实在没有力气来对抗这些哪怕极度轻微的负面情绪，这时，你给予积极的建议，会让患者感到温暖和力量。

（3）当 TA（他）说：我不知道我想要什么，即使知道也不会去争取。

最佳回答：只要你坚持做真实的自己，你总会找到答案。

老师：不要逼他们去做任何事情，一个安稳的环境对抑郁症患者非常重要。

（4）当 TA（他）说：我正在经历一些事情，我希望你知道。

最佳答案：我可能很难懂，但我会听，而且，我会一直在你身边。

老师：抑郁症缺少的是"活力"，是身体被病困住了，导致人生也如同被困住了，体内的精力好似被榨干了，导致人生也如同被抽空了。所以不要对抑郁症患者说"开心一点""想开一点"这种话，你可以多倾听。

设计意图：在漫画图解之后，用小组讨论的方式迁移，让同学们真正领会在具体的语境中怎么帮助被"小黑狗"困住的同伴。

六、班主任寄语

亲爱的同学们，抑郁症是我们人类面对的常见的精神疾患，它就像是一只"小黑狗"，困扰着有些人。如果被这只"小黑狗"困住了，是身体和心灵提醒我们：你太累了，需要暂时休整一下。这时候，你不妨调整自己的生活和学习的节奏，你要温柔地对待你自己，尊重自我的感受，深度接纳自我，深深地爱自己。你也要知道，你并不孤单，家人、老师、朋友，都是你最亲爱的人，一切都会慢慢好起来的。

亲爱的同学，当你发现身边有被"小黑狗"暂时困住的伙伴，你除了表达你的温暖，你还要用今天学到的最佳话语，让 TA（他）真切地被你的爱温暖到。你的"专业"，就是 TA（他）的阳光。最后，让我们一起说一句：亲爱的，你并不孤单！

【后班会行为】

本次班会只是一个开端，掀开了"亲爱的，那你并不孤单"系列活动。

1. 准备家长会版本的"抑郁"主题沙龙。

五一小长假，邀请班级家长来学校小剧场参加主题沙龙，在小舞台上参与对话的有班主任、学校心理老师、市人民医院精神卫生科的医生、放小长假回乡的小怡同学。

2. 对有抑郁倾向的同学给予特别关注，作业布置有弹性。

除了班主任自己多关注，也跟所有任课老师介绍情况，平时多留意情绪，交流时也用特别的方式。可以允许暂时不来学校上课，如果来学校，作业布置也要有弹性，不做硬性规定。

3. 排一个帮助抑郁同学主题的心理剧，在艺术节演出。

由心理委员总负责，在小怡同学的帮助下，先写好心理剧的脚本。邀请学校心理老师做专业指导，邀请同学担任演员，抽课余时间排练节目。用排练及演出的方式，让学生用心感受被抑郁困扰的孩子的痛苦，也通过反复排戏，体会如何才能有效帮助到抑郁症患者。

4. 获取本市及省内专业的精神卫生科医生的医疗信息及挂号方式，在家长有需要时可提供帮助。

5. 班主任自己加强"抑郁"方面的业务学习，虽不敢说做到专业，至少要保证不做错。并且，与相关家长密切联系，共同学习如何才能有效陪伴抑郁症孩子。

【班会效果】

截止写稿，班会已经召开，系列活动也有部分在进行。开篇提到的两位女生，已经在家长的陪同下，去正规医院的专业科室做了检查，已经开始接受治疗。虽然此时还不能正常地天天到学校上课，但她俩已经能够坦然面对自己的困境，也做好了休学的心理准备。来学校的每一天，班级同学都能够给予足够的温暖。她们的父母，当初很爱面子，竭力隐瞒病情、怕周边人们谈论孩子的现状，班会之后，加上班主任及德育主任、心理老师持续的沟通，现在已经能够正视孩子的病情，愿意坦然地接受别人诧异的目光和各种询问。

有了向好的转变，加上有持续的系列活动，相信两位同学最终能够有力量走出阴霾，重获阳光。

参与过此次班会的其他同学和家长，对抑郁症有了初步的了解，在随后的沟通中了解到，同学开始学习各种调解自己心态的方法，尝试让自己的内心更有弹性；家长也觉醒了，教育观念有了改变，第一关注点不再是成绩，而是孩子的身心健康。这些改变，也让前一阵子弥漫在教室里的焦虑情绪得以缓解。

在班级出现"抑郁"危机时，适时地召开"抑郁"主题班会课，让我们在困难中找到力量。

21. 怦然心动

——我们一起谈恋爱吧

梁洪昌

【班会背景】

高中阶段，是中学生从未成年到成年的过渡期。随着生理和心理的双重发展，对异性产生好感，期待在自己喜欢的异性面前有所表现，甚至主动恋爱，这些都是普遍而正常的现象。同时高中生要面对繁重的学习任务和各类竞争，内心承受较大压力，而这些压力往往难以向家长和老师等成年人诉说，选择身边的同伴特别是性格互补的异性伙伴倾诉则成为顺理成章的事情，由于高中生心智相对欠成熟，在交往过程中，往往更注重感性体验，而缺乏理性思考，往往稀里糊涂坠入爱河。

中学生恋爱现象一直是困扰许多教育工作者和家长的难题，而高一年级学生处于青春期的后一阶段，随着身心发育成熟，被"恋爱"的气息吸引几乎是必然的。如何帮助中学生了解爱，懂得爱，穿越迷茫，揭开神秘，走近"恋爱"这一课，直面爱的困扰，选择爱的时机，承担爱的责任显得极为重要。

本节班会课主要针对刚进入高中阶段的高一学生。高一学生进入高中后，遇到了众多新同学，人际交往问题是高一学生要面临的第一问题，另外初高中学习内容、学习方法等方面的巨大差异，也增加了学生的心理负担。这些因素都促成高一学生极有可能面对"恋爱困扰"，开展主题班会课，帮助高一学生走好高中第一步，为高中生活打下坚实的基础及时且必要。

【目标设定】

1. 引导学生正确面对身心发育的困惑，了解喜欢、爱慕和恋爱的区别和联系。

2. 通过恋爱故事，学生了解恋爱需要面对的种种问题。

3. 引导学生从责任感和担当等角度分析，中学阶段如何取舍。

4. 提供可参考的策略，帮助学生解决诸如暗恋、被暗恋，恋爱和分手等问题。

【课前准备】

学生分成 6 组，面向讲台，弧形围坐；收集学生前期关于恋爱的各种观点。

【流程概括】

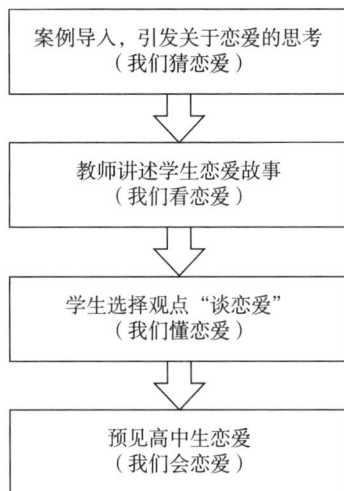

【教学过程】

一、案例导入，引发关于恋爱的思考（我们猜恋爱）

1. 案例陈述，引发思考

案例：小张是一名 15 岁的高一学生，在高一新生家访中，父母在叙述小张的各种糗事时，小张会情不自禁地在地上打滚，并开怀大笑，显得极为幼稚和单纯。然而就是这样的一位小男孩，在前不久，突然找到我，跟我说：老师，我喜欢（6）班一个女生，她叫王丽（化名），她长得很漂亮，我很想跟她聊天。

2. 提出问题，自由讨论

问题：同学们，如果你是小张的老师，你会怎么跟他说。假想你是他的班主任，你会怎样跟小张聊呢。你有没有像小张同学这样的经历和困扰呢？

任务：组内讨论两分钟，讨论结束后，自由发言，说出关于恋爱的一些词汇，可以是名词、动词、形容词，等等。

同学们自由发言：（预设以下词汇和情境）迷茫、复杂、向往、激动、消费、神秘、烦恼、朋友、僚机、幼稚、空虚……

3. 一问一答，深入探讨（结合典型词汇，关注课堂生成）

你能否解释一下消费是指的哪些方面？学生开玩笑状：我是一个穷光蛋，没钱买礼物，浪漫是需要 money 的；你能否解释一下复杂是指什么？我感觉有时候我很想谈恋爱，有时又觉得会影响学习，也没办法跟父母和老师沟通，所以，一想起这件事就觉得很难理清楚；你能否解释下烦恼是指什么？烦恼是我经常会被周围的各种现象所干扰，有时会让我传纸条，有时会被迫"吃狗粮"，会被迫接受他们的恋爱过程中的"喜怒哀乐"。追问：那你自己有没有恋爱本身的烦恼？

还好，我会告诉自己，现在不能谈恋爱，我也觉得周围没什么合适的人。

4. 水到渠成，简单总结

刚才很多同学都谈了自己的看法，我也从刚才这些词汇中，初步了解了大家对于恋爱的看法，我觉得大家超越了我的想象，因为大家对恋爱都有了相对成熟的观点，同学们也谈得很开心，说明大家都能坦率阳光地面对这个问题，甚至从同学们时不时的爆笑中，我隐约地感觉到，刚才有些发言的同学正处在"恋爱"中，而这些同学也选择了坦然面对，真诚地表达了自己的看法，我觉得大家都很了不起，谢谢大家的直率和乐观。

同学们，听完大家关于恋爱的看法，我们一起进入下一个环节：我来跟大家分享工作中我遇到的中学生恋爱故事。

设计目的：通过案例，引导同学们结合自身经历，发表观点，辨析问题，揭开恋爱的神秘感和距离感。

二、故事讲解，教师讲述中学生恋爱故事（我们看恋爱）

（教师结合自己的教学经验，选择几个恋爱故事，以期从不同角度引发学生对恋爱的思考。）

故事1：我上周日晚上参加了一场婚礼，还有幸成为证婚人，同学们，知道我为什么会成为证婚人吗？我先给大家展示一下照片（展示新郎新娘照片，郎才女貌，引人羡慕，同时展示我作为证婚人和新郎新娘合照）。同学们，我是新郎和新娘高中三年的班主任，他们两个 2013 年高考，双双考入浙江工商大学，后来女生到香港中文大学读研究生，男生则留在杭州工作，今年他们两个通过自己的努力在杭州买房定居，终成眷属。

这个男生叫管君，他写的第一封情书就是被我没收的。当时是高一下学期，情书被我没收后，他非常担心，脸憋得通红，十分紧张，我把他叫到办公室，他战战兢兢地说出了他的想法，他觉得女生陆婷很优秀，生怕别人"先下手"，所以他很着急要向陆婷表白。

我记得当时跟他谈了很久，后来我们一起得出的结论是：如果你不够努力，不够优秀，即便现在陆婷答应跟你谈恋爱，未来也很难说。与其这样，不如把陆婷当作动力，努力和她考到同一所大学，这样未来才有机会。

后来管君就持续努力，从班级默默无闻的小男生变成了阳光活泼的大男孩，成绩也从班级最后面逐步提升，高考超过一本线二三十分。如今他们步入了幸福的婚姻殿堂。婚礼上，他们夫妻都深情地回顾了高中三年，并对我表达了感谢。

故事 2：我再给大家展示几张照片，这是我跟一个叫欢欢的学生的聊天记录。

大家看到了，欢欢现在是上海交大的在读博士，说五月要结婚了，爱人就是高中隔壁班的一个女同学。

那是 2013 年 8 月，送走了一届高三后，我又中途接手了一个新的高三班级。接手之前，就已经知道班级有个男生叫欢欢，成绩不错，但和隔壁班的娜娜是男女朋友，他们经常一起出双入对，在食堂一起就餐。同事们一再告诉我，这是一个棘手的问题。

开学第一天，我就和欢欢谈话。谈话过程中，他说，老师我跟您说一下我的想法，希望您能理解，如果您不理解，那以后我们就不必再沟通这个问题了。他说，老师我真的很孤独，我需要有人听我说话，我只有跟娜娜说话时我才有被理解的感受，高中学习生活这么紧张，我没有其他时间跟她聊天，所以我只能在中午食堂吃饭时才能和她聊天，我们确实在恋爱，但真的我们都很自律，我们相互鼓励，为什么那么多人非要拆散我们呀……听完他的叙述，我第一句话，就告诉他，我理解他，当时他的眼泪就流了下来……

故事 3：那是我刚工作的第四年，我中途接了高二某班班主任，班级里一对"秀恩爱"的，非常令人反感，同学和老师都无法忍受，幸好这个男生比较好沟通。在一次谈话中，他告诉了我一个极为震惊的事情：他其实很早就想分手，但他一提分手，女生就要拿跳楼割腕来吓唬他，而且不止一次出现过类似割腕的现象，女生还独自一人跑到荒郊野地，以此来恐吓男生。男生非常苦恼，甚至告知了双方家长，而女方家长更是直接告诉男生：我女儿要是有个三长两短，我打死你。直到高考结束，男生都始终处于这种被支配的恐惧中，而且高考成绩也很差，后来的故事很长，我就不讲给大家了……

同学们，我想告诉大家的是，恋爱不是洪水猛兽，但也绝不是蜜饯糖果。如果你支配了"好感"，让自己激情澎湃地投入学习和生活中，那真是一件愉快的事；相反，如果你被支配了……

同学们，听完我分享的故事，大家可以随便就三个故事中的一个，谈谈看法。

设计目的：分享真实故事，跟同学们探讨恋爱对中学生的积极影响和不利影响，呼吁同学们不要盲目恋爱！让恋爱更健康、更积极。

三、学生选择观点"谈恋爱"（我们懂恋爱）

1. PPT 展示前期收集的"典型恋爱观点"（举例如下）

一个人于世界上最幸福的事，莫过于爱和被爱；如果你喜欢一个人，不是买一杯奶茶，也不是送一件礼物，而是你努力把那些排队的人都逼下去；在遇到对的人之前务必让自己变得很优秀；经历和视野所限，高中生很容易以为爱情就是生活的一切，为此可以抛弃学业，抛弃很多在成年人看来很重要的东西，其实不过是觉得自己是世界的中心，或者陶醉在付出的悲壮感中罢了，等大了才发现，自己丢掉的东西可能再也回不来了；如果真的有爱，请把它放一放，留给自己更好的时候再去尝试，在最好的时候遇到最爱的人，而不是在自己没有做好准备的时候，去轻易尝试，反而遗憾终生；你恋上一个人，不是因为他有什么丰功伟绩，只是因为他刚好在你的目光中投进了一个篮球；成年人有时间疗伤，但学生是没有机会的；你不是在谈恋爱，你只是拥有了谈恋爱的感觉……

设计目的：班会课要从知情意行四个方面，让学生有真实体会，这个环节旨在让"恋爱"一事走入学生心中，达到学生"意会"的目的。

2. 分组讨论，感同身受

结合自身经历或身边人的情况，谈谈自己的理解。

3. 班主任总结

四、预见高中生恋爱（我们会恋爱）

1. 我们现在再来看课堂一开始我提到的那个小张，大家能否给他一些建议。我们 6 个小组抽签，针对问题发表看法。

如果你暗恋别人，你该如何做？如果被人暗恋，你该如何做？如果你正在恋爱中，你该怎么做？如果你被无情分手了，你该怎么做？如果你觉得高中生活很枯燥无聊，你该怎么做？如果你沉迷学习，经常遇到周围人"秀恩爱"，你该怎么做？

2. 一段话揭示爱的本质（分享美文）。

喜欢是简单的欲望，而爱是高贵的担当。选择爱，那你就天然地选择了付出，不顾一切地付出，因为爱就是为了让彼此更好。值得你爱的不是当下火热的情绪，而是你冷静地坚信爱得对。不要轻易说出爱，晚一点说吧，你正好温柔，我也恰好成熟。

3. 提出建议。

建议不要在中学谈恋爱，如果你真的谈了恋爱，也请足够低调和尊重，珍爱自己的身体和健康。低级的欲望靠放纵就可以实现，高级的欲望要靠自律和克制才能实现。

设计目的：班会课最终落实在行动上，引导学生分析高中阶段可能面临的有关问题，预见恋爱，并给出学生一些建议，希望学生走好高中生活。

【班会后续】

一节主题班会课仅仅是播下某个主题教育的种子，要想达成教育目标，后续尚有较多工作需要完成。

1. 初步评估班会课效果，并有意识进行补救和巩固

本节班会课非常注重学生的个性展示和观点表达，这客观上就会给班会课的执行效果带来较大不确定性。一些学生思维活跃，面对这种跟自己日常生活比较接近的话题，表达欲望非常强，往往会引发学生哄堂大笑，导致场面过于活跃，嘻嘻哈哈，效果大打折扣。因此，班会课后，要认真评估班会课效果，如果有必要，可采用谈话法或调查问卷法，侧面了解或直接了解班会课执行效果，从而采取有效措施进行补救。

2. 针对主题班会课过程中未深入探究的问题进行完善

本节班会课的第二环节，即"故事讲解，教师讲述中学生恋爱故事"这个环节中的三个故事，均未在课堂中深入探究，仅仅是点到为止。这样设计的目的，是引发学生思考，甚至进行角色代入，从而有深刻体会。在班会课结束后，要引导学生结合自己的实际或身边同学的案例深入思考，并发表自己的观点。

本节班会课的第三个环节，是班会课由放到收的环节，希望学生分组讨论，发表对诸多观点的看法，但限于时间关系，很难充分讨论发言。实践中，我跟语文老师一起完成这个任务，学生在语文课过程中进行观点碰撞，既拓展了视野，又不拘泥于"恋爱"话题本身，给学生充分思辨和自省的空间。

3. 从整体教育转向个体问询，采用谈话法，深入了解个体"恋爱"状态

主题班会课面向整体，阐述共性问题，引发学生共性思考，但在整体教育的框架下，面向个体的谈话问询才更具针对性。在班会课后，设计谈话步骤和方案，跟学生逐个谈话，了解学生之前的恋爱历史及未来的想法，接纳学生的现实，理解学生的想法，并给出合理建议。谈话过程中，要特别关注那些心思细腻敏感而有失败恋爱经历的学生，要事先做好精细化安排，逐步引导学生发表观点，避免说教式的教育。

4. 精细化分类管理，引导学生学有所悟，学有所行

通过前期谈话摸排，深入了解各类学生的实际。特别关注有暗恋无奈感、有恋爱负罪感、有分手疼痛感等感受的同学。恋爱无奈感的同学，一种是因为暗恋不被接受而无奈，还有一种是想结束恋爱但无法分手的无奈，这两类同学往往会非常苦恼，且持续时间较长，后期教育中，要给予日常化的关怀和指导。恋爱负罪感的同学往往是意识到恋爱会影响学习，但并不舍得分手，从而产生负罪感，对这类同学要督促其以学习为主，恰当处理好学习时间和"恋爱"时间的安排。对分手后感到痛苦的同学，要引导其转移注意力和兴趣，走出误区。

5. 借助家校合作，增强教育合力

教育实践中，我们发现有恋爱困惑的学生往往亲子关系也存在问题。因此，在主题班会课之后，有必要开展针对家长的教育引导活动，形成教育合力。特别是针对部分亲子沟通存在较大障碍的家庭进行家访，帮助家庭亲密关系重建，以期孩子找到情感支撑，感受更多亲情的关怀。

6. 促成自省和自控，形成隐形的班级"恋爱文化"

中学生的年龄特征决定了他们模仿同伴的行为，因此要借助强大的班级文化约束彼此的行为。班会课之后，针对恋爱问题，引导学生剖析自身问题，写给自己一段话，以便更好督促自己反省，促成自我成长。在后续的班会课上，由班干部引导同学形成班级公约，从而促成班级隐形的"恋爱文化"发挥作用。

【班会效果】

在高一第一学期及时召开"谈恋爱"主题班会，引导学生树立高中阶段较为积极阳光的"恋爱观"，有助于班级良好人际关系的形成，提升班级文化品位，同时也减少各类心理问题的产生，为学生的身心健康发展和学业成绩的提升提供文化保障。

班级女生小董高一入学成绩优异，但开学不久就热衷打扮化妆，在上学期的屡次考试中，成绩一直在退步，家长反映在家中表现非常反常，行为神秘脾气暴躁。后来发现小董同学暗恋隔壁班级小张，并大胆追求，最终成为她认为的男朋友，但男生小张非常贪玩，常常不能照顾到小董的情绪，这导致小董非常苦恼……

在这次班会课上，小董同学显得非常拘谨，我也注意到这样的情况。班会课后在找小董谈话的过程中，她非常坦诚地跟我沟通了她进入高一以来各个阶段的思想变化，并反思了自己的行为，认为自己之所以被小张吸引，仅仅是因为他身高臂长，打篮球很好，所以她一直在讨好他，尽管似乎成了男女朋友，但自己反倒更痛苦了。在听完小董的倾诉后，我给了她一些引导，并建议她认真地跟父母沟通此前发生的事情，但小董同学拒绝了，她认为父母不能理解她的行为。在征求她的同意后，我跟家长进行了认真交流，家长也表示完全理解孩子走的弯路，很欣慰她及早意识到问题所在。

　　高一下学期以来，开朗活泼真诚的小董不再每天披头散发涂口红假穿校服了，成绩更是一直在进步。

　　在本学期的班主任工作中，我更是让学生自己选择同桌，尽管一些领导和任课教师担心男女生同桌会导致恋爱问题，但我并不担心。我坚信我们班级已经形成了较好的隐形"恋爱文化"，这一定会促成学生形成较为成熟的"恋爱观"。事实上，当班级男女生阳光交流，坦诚相待，青春就不再孤独，不再困惑，那自然就不必非要上升到"恋爱高度"了。很欣慰，我有一个阳光健康的班级。

22. 做勇立潮头的小浪花

—— 自我心理调适课

张丽娜

【班会背景】

进入高三，同学们身上不由增添了压力。原因也许很多，可能意识到高考是人生面临的一次重大考验，也可能是高一高二时过于放松导致基础薄弱，或者进入高三后考试的成绩有起伏甚至呈下滑趋势。这时，班内出现了学习动力不足、学习焦虑、情绪烦躁等问题。

一次小考成绩出来后，一名女生 X 跑到办公室找我，我刚叫了她的名字，她眼睛就红了，眼泪夺眶而出，边哭边说：老师，我压力很大，我都不知道接下来该怎么办了，除了吃饭睡觉，我把所有的时间都用到学习上了，可是我越学越不会，越背越记不住，成绩一塌糊涂。

还有一名男生 L 也出现了相似的状况，我们一轮复习刚开始没多久，他就已经把一轮资料做完了，自己还买了历年高考真题、各种模拟题，可是题刷了很多，一到考试就做不上来或者做错，很是苦恼，觉得自己脑子里的那根弦快要绷不住了。

而这些不同程度的心绪波动将会直接影响到接下来的复习备考，因此，很有必要开展一些主题班会，帮助同学进行心理调适，缓解心理压力，找对学习方法，明白成绩有起伏很正常，甚至是好事，因为现在遇到的所有成功和失败都是在为最后的高考做积累。同时，也让学生明白，人生路上还会有更多的磨炼，我们能做的就是让自己变得坚强，以阳光、无畏的心态踏上征程！

【活动目的】

1. 认知目标：让同学了解心理压力是大多数人具有的心理状态，是一种正常现象。

2. 情感目标：可以直面压力，进行自信教育，绽放青春活力，树立正确的人生导向。

3. 行为目标：能够合理利用压力，对影响正常学习、生活的心理压力进行积极干预。

【活动准备】

老师准备：准备 PPT、视频、图片等素材；邀请心理老师参与班会。

学生准备：同学准备自愿讲述曾有心理压力并得到化解的事例；同学为班会准备节目，他们不约而同准备了歌曲。

【活动过程】

活动一：播放视频电视剧《小欢喜》中"玩游戏释放压力"片段

老师：小浪花们，我们先来看一段电视剧吧（同学们都欢呼起来）。

设计意图：这是一部学生喜欢的电视剧，人物和剧情都能引起学生的共鸣，而播放的片断正是学生关心的问题。这就能够让他们在接下来的环节中释放自己。小浪花这个称呼学生很熟悉，来源于综艺节目《乘风破浪的姐姐》。

活动二：倾诉，把心里的石头搬开

老师：我们和电视里的英子一样，正处于高三，也会面对学习的压力，你现在愿意把你心里的苦恼说出来吗？大家一定还记得这一幕（PPT 展示）。

当你们把手握在一起的时候，你们的力量是双倍的。请大家找到自己的伙伴，互相问一问，你的压力是什么？你是怎样调节的？

有这样的一个契机，学生很快便互相倾诉起来。老师走到其间，听到他们在诉说自己的苦恼，并且很多同学有自己的方式去缓解压力。老师趁机请几位同学把自己的方式说给全班同学。

学生 W：我开始觉得到了高三一定要利用所有可以利用的时间，然后精神始终处于紧张状态，不敢放松，如果不这样就会感到内疚。可是越想做好，就越出乱子，比如我每天早读都背考点，可是背完之后又觉得什么也没记住，还老是丢三落四，不是这个书找不到就是那个资料找不到。我自己吃饭也很快，而且我看别人吃得慢我就会心急。后来我就找老师聊天，试着按老师的建议去做，就餐时，我找了一位同学作伴，让自己适当地慢一点，效果还不错。

学生C：我之前没有这样过，从上次期考开始，我坐在考场里很容易受到别人影响，哪怕是别人试题翻页的声音都让我紧张，然后脑子里就一片空白。后来老师问我成绩下降的原因，给了我一些建议，比如可以做一做深呼吸，别人翻试卷可能是不会做才翻的。我也有意识地暗示自己，做好自己的试卷。希望以后在考场上能有改善。

······

设计意图：让同学们先敢于把自己的压力说出来，这是解决问题的第一步。而在交流的过程中，他们会听到各种缓解压力的方法，比如有的同学找老师聊天，有的和心理老师约谈，有的找要好的同学聊天，有的写日记，有的给家长打电话，有的去操场上跑步或者在校园里走走，也有的同学会哭出来。这短暂的倾诉也许让有的同学得到暂时的放松，也许让一些同学豁然开朗，但他们应该能明白，问题总是可以解决的。

活动三：一起来了解压力

老师：我们班大部分同学都承受着压力，其他同学又何尝不是如此？我们看网上的一个调查：

PPT展示：基于学生压力指数量表的调查数据。

对现在的学习压力：32.8%的同学选择压力过大，50.0%的同学选择还可以。

目前的学习任务是否感到力不从心：21.9%选择是，62.5%选择有时觉得。

你认为目前的压力来自：31.3%选择家庭的期望，68.7%选择自己的期望。

如果别人不督促你，你是否主动学习：76.6%选择会。

考试完你最关心的是：56.3%选择自己的成绩。

一次考试失利，对你会有怎样的影响：17.2%选择情绪波动很大，18.8%选择没有影响，64.0%选择更加努力。

如果有一场考前心理讲座，你希望的内容是：23.4%选择情绪调节，

64.1％选择学习方法。

你去过学校的心理咨询室吗？92.2％选择从不。

你有放弃学习的想法吗？32.8％选择偶尔有，42.2％选择没有。

老师：从调查中得知，大部分学生都存在压力，并且压力大都来自对成绩的期待（成绩排名对成绩优异的学生固然是肯定和激励，但同时也会造成很大的心理负担；而排名落后的同学受到一次次的打击，可能还要遭受老师的批评家长的责备，因此心理负担更为沉重。）、父母的期望（如今社会竞争激烈，家长们望子成龙望女成凤，这种过多的期望使学生加倍紧张）、学习方法有效与否（很多学生也确实努力，但成绩提升很慢甚至踏步不前，他们感到苦恼）。

PPT 展示：

当一个压力来源被认定对个人有威胁时，智力的功能应会受到影响。一般而言，压力越大，认知方面的功能及弹性思考就会越差。人的注意力是相当有限的，如果只把焦点放在具有威胁性的事件及个人的焦虑上，我们对问题的注意力就会大大降低，威胁就更不易消除。另外，人的记忆也会受到影响，短期记忆的好坏是根据个体对新刺激所付出的注意程度而定。同样的，压力也干扰问题解决、判断与决策的能力。因为在压力状况下，我们的知觉范围缩小了，思想也比较刻板、古拙，所以很难会有创意的反应。——朱敬先《健康心理学》

设计意图：在上个环节中，同学们说出了自己的压力，再通过这个环节可以了解到压力的存在是一种普遍的现象，这也可以促使同学们想要了解压力，也为下面解决问题做了铺垫。适当的压力可能提高人的警觉性，使其更小心思考、谨慎行事，从而发挥更理想的表现。过度的压力则会使其困扰、沮丧和气馁，失去自控能力，影响身体健康。作为一个社会中的人，作为一个积极进取的学生，身上有压力是很正常的现象，它可以成为我们向前的动力，也可以成为压垮我们的稻草，我们应做的是要正确对待压力。当压力过大影响到我们正常的学习和生活时，我们就应该及时积极干预。

活动四：别怕，我陪你一起面对

根据大家的交流和调查数据，我们会发现，同学、老师、家长是心理倾诉的对象。作为老师、作为一名家长，我们永远都是你们最坚定的支持者！

PPT 展示：

请学生 L 给我们讲述一下他的心理历程。

学生 L：看到图片，我真的很感动。在学习的过程中，我得到了太多的帮助。我想很多同学和我有相似的经历，初一初二的时候不知道学习，疯狂地玩，到了初三才在家长老师的管制下收了收心，奋力一搏考到高中。然后又复制了同样的历程，可是高中的知识不管是从广度还是深度上都是初中无法比拟的，所以想要提高成绩绝对不是只临时抱佛脚就可以的。这时候，一方面，家长对我的期待还很高，觉得初中的时候成绩还可以，那么到了高中应该也能跟上；另一方面，初中学习成绩不如我的同学进入高中之后却超过了我。我既想要提高成绩，不辜负自己，不辜负家人，又对同学的努力嗤之以鼻。我越想越多，越想越不该是这么回事，像是钻进了死胡同，钻进了牛角尖，就拔不出来。我开始失眠，可是晚上睡不着，白天也很兴奋。我意识到这样是不对的，我就和心理老师王老师联系，找班主任谈话。通过和老师谈话、家长沟通，我现在的状况好了很多。我想把我的经验从以下几个方面跟大家交流一下：

1. 调整心态，设定合理目标。

2. 增强自信，摆脱负面情绪。

3. 科学作息，提高学习效率。

4. 优化方法，做到事半功倍。

5. 多和家长、老师谈话，进行有效沟通。

设计意图：通过同班同学讲述自己的亲身经历，同学们会感觉到真实，会感同身受，会更容易和台上的同学产生共鸣。当台上的同学总结自己的经验时，在座的同学能够结合活动中自己和同学的交谈更快地接受这些经验，知道自己背负的学习压力是可以通过多种途径来缓解、消除的。

活动五：心理老师说

心理压力是几乎每个社会人都会遭遇的问题，一般的压力对我们造不成危害。可从以下 3 方面做起：

1. 安排科学合理的作息，身体健康是心理健康的基础。

2. 明确学习动机，设定合理的目标，树立信心。

3. 给自己积极的心理暗示，进行自我提醒。

设计意图：心理老师的建议更专业、更系统，对于同学们来说也更有说服力。而且班里有好几位同学都和心理老师交流过，心理老师的到来也会让他们觉得亲切。经过前面的环节，心理老师的建议自然是水到渠成，同学们很快就能理解、接受。

活动六：自信，绽放青春风采

从以上内容可以看出，压力主要来源于同学对于自己的期待，而这份美好的期待也是同学们学习的动力，因此，现在就是要想办法增强自己的信心，提高学习的积极性。

1. PPT 展示：同学学习场景

设计意图：这些图片展示出来，老师会引导他们想象，不管是在微带凉意的夏天还是寒风凛冽的冬天，当他们捧起课本朗读的时候，他们都是最让人敬佩的少年！当他们举起右臂、握紧拳头喊出自己的誓言时，他们一定是豪情满怀、心怀激荡的！这一定能够唤起同学们心中的学习热情！

2. 播放视频

姚俊鹏——我要飞得更高，脑瘫少年高考取得佳绩

设计意图：这个视频会带给人很大的震撼，虽然视频不长，讲述也很简单，但是姚俊鹏承受的压力和苦难，同学们一定可以想象得到。我想，这可以激发他们对这个坚强少年的敬佩、激起他们不服输的勇气。想要飞得更高，前提是一直在飞。我们只能通过自己的努力拼搏，把压力转化成一直飞的动力，才能领略到成功的风景。

3. 自我呈现

同学 L：中文歌曲《蜗牛》

同学 W：英文歌曲《Breakaway》

同学 Z：日文歌曲《我的步伐》

设计意图：同学 L 就是前面提到的有压力的那个同学，成绩也在进步。同学 W 的英语成绩在班里一直名列前茅。同学 Z 选修日语后，成绩有了很大提升。几位同学的歌声优美动听，这可以让同学们认识到每个人都有自己的优点，要树立起在学习中克服困难的信心和决心。

4. 播放视频《以青春之我创青春之国家》

设计意图：从自己的梦想出发，到脑瘫少年的展翅翱翔，再到身边同学的美丽绽放，这些都已经点燃同学心中的激情。然后通过这个视频的播放，同学们会更加意气风发，不再局限于自己的小宇宙，而是把眼光放得长远，胸怀变得宽广，格局更大。

少年智则中国智，少年强则中国强。《稻草人手记》中有一句话说得好："我们还年轻，长长的人生可以受一点波浪。"我们要承担起国家民族的未来，所以面对学习中的压力，我们要积极应对，提高自己的抗挫能力。只有这样，国家才能放心地把未来交给我们。

老师：我们每个人心中都有一个完美的"自我"，当"理想的我"与"现实的我"和现实产生差距时，我们的心理可能就会遭受挫折，产生压力，处于矛盾痛苦之中送给大家一段话，希望能够激励自己，努力奔跑，勇毅向前，劈波斩浪，勇立潮头！

PPT展示：

不管谁说了什么都坚持努力的你，超帅气。有压力是正常的，之所以有压力是因为你有可以成功的自信；成绩没有起色也不要害怕，毕竟竹子生长速度之迅速也是因为它向下的根系可以铺几里长。一定要对自己有信心，没有什么来不及，从现在开始，一切都来得及。——电影《垫底辣妹》

班会在歌曲《少年》的旋律中结束。

【班会后续】

一次班会不能解决所有问题，接下来的时间我继续跟踪同学的心理状态，关注他们在课堂上的表现，尤其是情绪容易起伏的同学，以及每次考试成绩不理想并容易受分数影响又不善于总结的同学。我会及时找他们谈话，帮助他们管理情绪，研究学习方法，跟任科老师介绍部分同学的情况，请他们在课堂上多关注这些同学。并在家长群发布公告，和部分家长电话或微信联系进行沟通，让家长用正确的方式鼓励孩子，增强他们的信心。

另外，我们还进行了一系列的活动。学习上我们制订了"只赶前一名"的计划，既让他们有学习的动力，又不会产生过分的压力。作业完成上，我们规定，哪一组完成的好就给予一定的奖励；哪一组落后，就有惩罚，罚他们表演节目，学生对于这样的惩罚易于接受。同时在课前还举行了"高考，我要对你说"的活动，同学们很有激情。在我自己的课堂上，有时我也给他们播放一些或轻松或励志的视频，这样整堂课学生就很精神。

作为班主任，我也注意加强心理学方面的学习，了解高中生的心理，了解新时代青少年的心理，这样学生才愿意和老师交谈。

【班会效果】

这一次班会过后，班级的氛围更好了，同学老师之间亲近了很多，同学的状态也有很大的改变。前面"班会背景"里提到的两名同学后来又找我谈话，他们一边承受着压力之痛，一边提升着自己的成绩。虽然有些同学的成绩依然有起伏，但是他们也不再像之前那样焦虑。所以在一模考试中，我们班的总成绩有了突飞猛进的提升，这更增强了同学们的信心。遗憾的是，有一位同学压力太大，虽然班主任、级校领导、家长、心理老师都做了不少工作，但是他还是离校了。不过最近他的状态很好，又在他身上看到了积极乐观的一面，希望他能走出阴影，走进阳光。

我想，经历了高三的同学，更有克服困难的决心、战胜自我的意志、直面人生的勇气，而这次班会也会指给他们前行的方向。

23. 在亲子之间搭一座桥

——逐梦，有爱相伴

程　旭

【班会背景】

高三阶段，家长对学生成绩的关注度远远高于学生其他方面的进步，然而在实际生活中很多高三学生学习成绩的进步往往比较缓慢，家长的期望和学生现实中的成绩存在很大的差距。家长迫切希望看到学生的进步，学生的努力又迫切地希望得到家长的认可。

高三阶段，学生考试比较频繁，在高三开学短短一个月的时间内，很多学生因为家长对自己成绩不满意、自己付出的努力没有得到家长的认可，和家长产生了矛盾，影响学习的积极性，部分学生出现学习的倦怠。

问卷调查发现产生这种现象的原因主要是，学生和家长的沟通交流比较少，导致学生和家长之间存在一些误会。

因此举办"我爱我家"的主题班会，给家长和学生提供一个恰当的沟通交流舞台，让家长了解学生在学习和生活中的情况，同时让学生体会家长的期望和付出，帮助学生把压力转化为动力，用一个积极乐观的心态面对高三生活。

【班会目标】

1. 通过观看"来一斤母爱"，感悟父母的爱，体会父母对自己的期望。

2. 通过我爱我家班级故事会，增进学生和家长的沟通交流，感受家的味道和家的力量。

3. 通过小组板报和班级杂志，促进学生健康成长。

【活动准备】

学生：确定班会各个项目负责人——主持、板报设计、班会摄影、杂志编写、公众号发表、班会总结。

老师：协助学生分工，收集学生和家长拍摄的照片和文字。

【班会流程】

环节一：感悟亲情，唤醒点点记忆

老师：同学们，现在我们正式进入高三生活有一个月了，大家有什么感受啊？

学生1：我感觉每天都有学不完的知识，每天都有做不完的作业。

学生2：我感觉我最爱的手机现在对我的吸引力在渐渐消失，每天都有一种学不够的感觉。

学生3：我感觉每天都好累。

老师：俗话说不苦不累，高三无味。进入高三，很多同学都放弃了自己的喜好，把大量的时间投入高三紧张的复习中，看到同学们现在努力的样子，老师为你们的付出与努力感到骄傲。这几天下了晚自习看到门口来接学生的家长越来越多，进入高三以来，同学们发生了很大的改变，我们的家长也在发生改变，大家感到我们的家长有什么变化呢？

学生1：我感觉好烦，每次放学回家，我想玩会儿手机，可是妈妈总是不让我玩，一直在强迫我学习。

学生2：爸妈现在除了每天给我准备一桌好饭菜，还有一桌的唠叨，总是对我说个不停。

学生3：老师，我的感觉和他们不一样，我感觉爸妈比以前友好了，进入高三后，再也没有吼过我。

老师：进入高三以来大家都发生了一些改变，尤其是父母发生了很大的变化，让我们一起走进《来一斤母爱》，尝尝母爱的味道，体会家长如此巨变的原因。

播放视频的同时，观察学生的表情变化，播放完毕，邀请感触较深的学生说说自己的感受。

学生1：我感觉自己的做法好不对啊，每次回到家爸妈问我的成绩，我总是在敷衍他们，不愿意和他们说。

学生2：我好想爸爸妈妈，我有两年的时间没有看到他们了，每一次打电话总是说过两天就会回来陪我，可是我等了两年也没有看到他们。我以为他们不爱我了，原来他们都是为了我能更好地生活才背井离乡地在外打拼。

学生3：妈妈好伟大，我的妈妈好伟大。我一定要考上大学，我要把大学入学通知书亲自交到妈妈的手里，我要成为妈妈眼里最最骄傲的小公主。

老师：母爱是伟大的，母爱是有重量的，母爱也是有温度的。在家里不仅有爱我们的爸爸妈妈，还有爱我们的爷爷奶奶。我们的家人为了给我们创造一个更好的生活条件，生活的苦染白了头发，生活的难压弯脊背，多希望时间的齿轮可以停止，让我们铭记这段美好的时光。大家有没有办法让时间静止下来？

学生1：……时间静止？

学生2：不可能的任务吧。

老师（比划拍照的动作）：再想想。

学生1：拍照，回到家我要和爸爸妈妈拍张照片，我要把我家的故事分享给大家。

学生2：回到家，我要和爸妈和弟弟拍个视频，我要用视频给大家看看我的幸福。

老师：大家都想把家里的故事分享出来，咱们这周班会开个《我爱我家，班级故事会》怎么样？

学生（异口同声）：好！

设计意图：通过师生之间的谈论引出高三阶段家长发生变化的原因是出于爱，短视频的播放让学生感受父母浓浓的爱，为班级故事会的开展做铺垫。

环节二：敞开心扉，走进融融亲情

《我爱我家，班级故事会》开始之前，班级主持人根据同学们所讲故事的内容，分为四个组：妈妈组、爸爸组、爷爷奶奶组、兄弟姐妹组，学生利用教室内多媒体设备向同学们展示照片或者视频。

第一组：妈妈组

播放《烛光里的妈妈》这首歌，播放完毕，主持人致开场词。

主持人：世界上最伟大最可爱最可敬的人是妈妈，是她给了我们生命给了我们一个家，这世间任何事情都可能会改变，但唯独妈妈的爱是永恒不变的，让我们一起向妈妈致敬，欢迎妈妈组的同学上场。

学生1：虽然我是女孩，但小时候非常调皮捣蛋，喜欢翻墙、爬树、掏鸟窝，经常和小伙伴干"坏事"，父母既生气又无奈。我家西边有几棵奇形怪状的树，树干弯曲也不太高，对于我们小孩子来说刚好可以干"坏事"，我们先搬几块砖垫在地上，踩上去，抓住枝干，登着主干，一溜儿烟地就上去了，玩得不亦乐乎。回到家母亲看到我裤子上的破洞总是一顿教育，但是每次都不以为然依然如故。时光流逝，母亲的青丝也变成了白发，皱纹爬满了眼角，背也不似从前那般挺直，在母亲身上留下了不可磨灭的痕迹。

学生2：记得小时候，我吃饭总爱淘气，但妈妈总会变着花样地去做各色美食。每次到吃饭的时候，邻家小妹妹都扒住门框远远地望着我的爱心餐，眼尖的我总会偷偷地拿上一两个红薯丸子，抑或是几个小花馒头悄悄地塞给她。一直认为我的小动作很神秘，后来我才知道母亲早已发现了我的小秘密，在那之后她就总会多备上几个小点心，以方便我送人。

学生3：我的妈妈，不是天文学家，不懂琴棋书画，也不精通柴米油盐酱醋茶，但她也不差，从小就在培养我的独立性。从我记事起，过马路不再由妈妈牵着，看电视时也不再是被妈妈抱坐在腿上。基本上只要是我能做的事她绝不帮忙，只要犯了一点小错就会被骂，有时就连我自己都开始怀疑这是不是亲妈。但也正是这样严厉的教育方式培养了现在独立而倔强的我。

第二组：爸爸组

播放《父亲》这首歌，播放完毕，主持人致开场词。

主持人：他是那拉车的牛，他是那登天的梯。父爱是一座山，总是挺拔地站在你身前，为你遮风挡雨；父爱是一缕阳光，在你寒冷的时候给你温暖；父爱是一把大伞，在风雨交加的夜里替你挡雨。父爱这字眼是多么的平凡，但这种爱是多么的不平凡，让我们一起聆听父亲的故事。

学生1：小时候，每天晚上，我总是拉着爸爸的手，让他给我讲故事给我唱歌，那些小故事和歌曲至今记忆犹新。有时候爸爸让我猜谜语，每次我都猜不出来，然后缠着他，让他告诉我答案，而他总是笑笑摸着我的头告诉我答案。

学生2：记得那是个风和日丽的上午，我考试考得非常糟糕，心里一直都在想一个问题——回家该怎么交代。只要一想到回到家后要面对全家人那失望的眼神和谴责的话语，我的心就会一直怦怦地跳个不停。不知不觉间便走到爸爸车前，爸爸打开车门，一脸惊讶地看着我，从我的表情中，爸爸很快明白发生什么事情了，眼中透出一丝失望，但那丝失望一闪即逝，深邃的双眸又充满着慈爱："没事，女儿，别难过，我知道你已经很努力了。"爸爸微笑着，话语中没有一丝责怪，让失落的我感到了淡淡的温暖。有家真好，累了有人让你靠，哭了有人听你说，甜了有人与你一起分享。忧愁时，它能激励着你前进；遇到困难和挫折时，它能给予你勇气和力量……

学生3：我爸常说："我不像别人的父亲那样有本事，我就像个纸梯，什么也做不了。"记得初三时，有一次你陪我去购买寄宿用的衣物，结账时发现少拿了一件东西，于是让你留下排队等着。等我回来时，发现你竟坐在一旁的椅子上伏着购物车睡着了，侧仰着头，轻声地打着鼾。往返拿趟东西只不过三分钟而已，你竟已如此疲惫，那一刻，我久久站在你身边，注视着你，不忍将你叫醒，嘈杂的超市在我心里突然也寂静了。十七年来我第一次如此近距离地观察你——那个在我出生时第一个抱我的男人，那个在我生病时鞍前马后照顾我的男人，那个对母亲说"如果你生个儿子，我们爷俩保护你，如果你生个女儿，我保护你们娘俩"的男人。

第三组：爷爷奶奶组

播放温梓豪的《爷爷奶奶》这首歌，播放完毕，主持人致开场词。

主持人：在父母打工在外的日子里，爷爷奶奶成了为我们遮风挡雨的大树。您们的爱，是春天里的一缕阳光，和煦地照耀在我的身上；是夏日里的一丝凉风，吹散了我心中的烦热；是秋日里的一串串硕果，指引着我走向成功；是冬天里的一把火，温暖着我那颗冰冷的心。

学生1：从我记事起，我和爸爸妈妈就和爷爷奶奶一个院儿里居住。小时候的记忆不多，奶奶却是浓墨重彩的一笔。奶奶是何等相貌，现在大抵已记不清楚，唯有她整天笑呵呵的神态被我铭记至今。或许是因为家里知识分子不多，奶奶便把我一直视为"文化人"。她最爱坐在堂屋门口，手里攥着针线，细细密密地为家里的小学生缝制衣裤鞋子。这时，我也最爱溜到她眼前，缠着她教我剪花、画画。兴趣来了，还能听上奶奶讲的故事。家的味道，就像我从小爱吃的棒棒糖，甜甜的，能化在嘴里，记在心里。

学生2：我们家算是四世同堂，一共七口人，太爷爷、爷爷、奶奶、爸爸、妈妈、弟弟和我。我们家是极其矛盾的一家人，爷爷奶奶喜欢吵闹，经常拌嘴，可我爸爸却喜安静，于是爷爷奶奶吵架拌嘴时，爸爸总是一副很烦躁的样子，而这时，我妈妈就会说，家有一老，如有一宝，家里有三个老人，应该和睦一些。太爷爷年近100，身体虽硬朗，可做事终归有些慢，爷爷就不想让他干活，让他去歇着，可太爷爷丝毫不为所动，不听他的话，每天都闲不下来，这件事常常让爷爷气得跳脚。

学生3：我算是一个留守儿童，从小和爷爷奶奶待在一起，在爷爷奶奶这个家里，我很满意。小的时候，每当我找到橡皮泥。我的爷爷总会和我一起玩，他教我捏宝塔、捏锅碗瓢盆。小的时候学自行车，他总是陪着我，学的时候我用脚蹬一次登半圈，拐弯时拐到水沟里，他总是把我扶起并给我鼓励。后来，我学会了骑自行车，自行车也留下了些许"骨折"的痕迹，它珍藏着那一段美好的岁月。

第四组：兄弟姐妹组

主持人：有一种关心不请自来，兄弟姐妹永远相互关怀；有一种默契无可取代，兄弟姐妹心有灵犀一点通；有一种思念因你存在，兄弟姐妹血浓于水情常在，让我们一起倾听兄弟姐妹的故事。

学生1：我的家有七口人，不善言辞的爸爸、总爱唠叨的妈妈、温柔懂事的姐姐、成熟稳重的姐夫、调皮捣蛋的弟弟以及出生不久的外甥女。有人说，女儿嫁了人就不是娘家人了，但我并不这样觉得，姐姐的出嫁只是为我们家增添了新成员而非离开。每次回家，总少不了妈妈的唠叨，但我感到很幸福，因为我知道妈妈是爱我的。家人很多，外甥女奶声奶气的啼哭、弟弟斗嘴时的面红耳赤，热闹的氛围中流露出一家的欢声笑语，这是我前进的动力，也是我幸福的源泉。

学生2：我有一个非常孝顺、非常会疼人、关键是对我非常好的哥哥。对于他，我不知道如何表达，只知道我从小是在他的庇护和管理下长大的，也清晰地记得小时候哥哥非常顺从我，说什么他都会听，而且每次给他买东西，他都会给我"跑路费"。可是长大以后，一切都变了，哥哥不再像以前那样顺从我，经常因为成绩而吵我，而我也经常惹他生气。我知道他那样是为我好，有时就喜欢和他对着干。也许我现在在他的眼中还是个小学生，可我想告诉他的是，我已经长大了，我有我自己的想法。我也知道我们之间越长越大、越走越远，我们之间见面的机会也会越来越少，但是他对我的关心和爱，不曾减少，而我对他的依赖也不曾改变。

学生3：记忆中，我将弟弟摔过，弟弟将我打过。总之，深扒记忆，实在找不出与他的美好回忆。即使如此，我也与他在同一屋檐下共处了十几个春夏秋冬，这实在是个奇迹。多少个春秋里，我最爱每个初秋的午后，我虽与弟弟经常"作斗争"，但也经常处于"休战"状态。初秋的午后，妈妈都会准备过冬用的棉被。那时，妈妈就会在院儿里铺上一层草席，用洗干净的棉布套着棉花做棉被。我和弟弟就喜欢躺在院儿里的棉被上，对着太阳享受日光浴。初秋的太阳，不骄不躁，院儿里的晾衣绳上还晒着一排排的被子。家的味道，就像晒过的被子，抱在怀里，深深一嗅，满是阳光的气息，暖暖的，温温柔柔地爬遍全身。

设计意图：班级小主持人主持班级故事会，让学生的表现会更加自然，容易说出内心最真实的感受，容易引起学生的共鸣。把学生讲述的故事分成多个小组，充分考虑家庭的成员组成，让学生充分感受到家里每个人的爱。

环节三：深情流露，铭记美好亲情

主持人：听了那么多感人那么多有趣的故事，真想到每一位朋友家里一起坐坐，一起感受家的味道家的力量。家里有那么多爱我们的家人，学校里有爱我们的老师和同学们，我们还有什么理由不努力？我坚信"长风破浪会有时，直挂云帆济沧海"。咱们把照片贴到咱们班的心灵园地上，让我们的家人陪着我们一起学习吧，让我们努力的高三生活处处时时充满爱。

学生：老师，给我和我们组心灵园地拍张照片发给我的妈妈吧。

老师：好啊，家的味道真好，家的温度正好，感谢每一位分享故事的同学，大家把这次讲的故事收集起来，放到咱们班的杂志里，让家长也和我们一起分享家的味道吧！

设计意图：学生和家长的合影分小组张贴到班级的心灵园地上，可以增加学生分享我爱我家故事的喜悦，让学生感受到最辛苦的高三生活中每时每刻都有家长的陪伴，增加学生对家长的理解，增加学生发展自己完善自己的信息，促进学生发展。

环节四：心心相融，打进理解之桥

老师：同学们，就在大家精心张贴照片的时候，老师把咱们班会的部分照片和视频发送到咱们班级微信公众号（兰之心语）上，有很多家长给老师发了信息，大家一起听听家长听了我爱我家班级故事会有什么想法。

家长1：我平时对孩子的要求比较严格，甚至有时候很苛刻。打小就怕孩子输在起跑线上，只要孩子有时间就给她报各种各样的补习班，我总是认为我所做的一切都是为了孩子好，殊不知，这些行为对她造成了很大的伤害。闺女，爸爸错了，以后不再强迫你做你不喜欢的事情了。

家长2：小时候，我的儿子成绩很好，我把所有的希望都放在他的身上。

在小学在初中，他的成绩总是名列前茅，但是进入高中以来成绩总是不理想。每次见到他，总是批评他，换来是他每次越来越差的成绩单。甚至有一次，在教室外的走廊上还把他打了一顿，完全没有意识到他还是一个学生。当他遇到困难的时候，也没有想办法帮他一起去解决困难，而是一味地埋怨他责怪他。今天，我才知道儿子进入高中以来，一直都在努力，一直都想让他的爸爸为他感到骄傲。

家长3：感谢程老师，感谢我亲爱的"小棉袄"，让我对自己有了一个重新的认识。我是一个没有多少文化的妈妈，但是我总是希望我的"小棉袄"将来能够上个好大学，将来能有一个好工作。有时候看到她的成绩不理想时，我总是忧心忡忡的。对待孩子的问题，有时候很简单粗暴，一直在强迫她好好学习，很少在乎她的感受。

设计意图：班会中的照片和视频发送到班级微信公众号，可以把班会内容更好地保存下来，方便学生以后观看和回忆，也可以很方便地分享给学生家长，邀请家长观看学生讲述的我爱我家故事会中的故事，让家长了解学生对家长的感情，了解学生对家的真实感受，邀请家长把这次的感受用视频或者文字表现出来。利用这个活动通过文字或者视频内容的交换，促进学生和家长之间的沟通和交流，让学生和家长同时感受家的温暖家的力量。

【班会延伸】

本次班会以"逐梦高三，有爱相伴"为主题，以"我爱我家"为主线，设立三个环节层层推进，学生亲身体验，家长适时参与，在活动中加强家长和学生的沟通和了解。针对不同学生的情况，后续发起五个延伸活动使这一主题活动贯穿整个高三，通过不同的活动形式，逐步逐次解决学生高中关键节点上的问题。这次班会之后，发起英才计划，满足家长想更多参与学生成长进程的目的，缓解家长对学生成绩提升慢的焦急心情；高三期中考试后发起大学名片制作活动，让家长参与到学生大学目标的确认和实施计划中，让家长了解学生的愿景，让学生明确高考努力的方向；在高考60天时，发起致敬高考60天让家长了解学生现在的学习状态，让学生更进一步明确自己奋斗的目标，为学生高考加油。

【班会效果】

本次班会之后，有些家长认识到自己某些教育方式不够合理，在关注学生成绩的同时更加关注学生的成长与进步，家长不再把自己一些不合理的想法强加到学生身上，极大地增进了家长和学生的关系。当家长再面对学生问题时，很少再采用一些简单粗暴的方法，而表现出更多的耐心和理解，家长和学生之间的矛盾渐渐减少。

学生平时考试时出现焦虑紧张的情况渐渐减轻，平时的学习也不仅盯住考试的内容，不再以考试为学习的目标，更加注重自己的综合发展，同学之间的关系更加融洽，有些学生根据自己的兴趣爱好发展了自己的特长。放学回家后，有些同学在学习之余，主动承担家务为父母洗衣做饭，每次从家回到学校总是可以看到学生脸上洋溢的幸福。

学生在家长施压减少的情况下，克服了平时的懒散状态，学习更加积极主动，学习成绩稳步提升，各样素质逐渐提高。

24. 爱您，我知道要这样做

——带上恩情逐梦想

邓志军

【班会背景】

开学以来我多次通过和部分家长面谈，或者电话沟通，很多家长提起孩子满脸无奈一声叹息，家长们反映自己的孩子上高中了还无视父母的感受，在家对父母的教诲满不在意，唯我独尊。有个男生要父母给自己买手机，竟然以不买就不上学相威胁；有个学生要计算机，也是不买就以不上学相威胁；还有的学生对父母大呼小叫，对父母缺乏基本的尊重，对父母一味索取，不懂得回报。有个学生单身家庭，父亲早亡，在农忙时节，每次母亲一个人在地里干活，自己竟然心安理得地在家睡觉玩手机。这时候确实有必要给班级上一节感恩父母的主题班会。

【班会目标】

1. 通过此次班会，让学生认识到感恩父母必须从现在开始。

2. 通过此次班会，让学生学会感谢父母的生养之恩、教育之恩，感悟亲情，懂得回报。

3. 通过此次班会，让学生明白能完成父母的愿望在现阶段就是最大的感恩。

【班会准备】

1. 下载此次班会用到的视频，制作用到的 PPT，与部分家长沟通，了解现在部分家长特别是在外地打工家长们的工作状况，了解这些家长的艰辛，了解部分学生在家和父母的相处情况和对待父母的态度。

2. 邀请五名学生家长作为家长代表参加这次主题班会。

【班会流程】

设计一：播放羽泉的《烛光里的妈妈》和王琪的《万爱千恩》

设计意图：羽泉和王琪是高中生喜欢的歌手，学生们都天性善良，歌曲意境能感染到学生，把学生引到班会氛围中，制造庄重的氛围。

主持人：羽泉和王琪的演唱声情并茂，有的学生受到了歌曲的感染眼中有了泪花。前苏联教育家苏霍姆林斯基说过"只有爱妈妈，才能爱祖国"，想将来成就大事者必须先从知道感恩父母开始。下面请看作家陈岚的讲演《当父母老了，他们就是我们的孩子》。

设计二：播放作家陈岚的讲演《当父母老了，他们就是我们的孩子》

设计意图：陈岚的演讲讲述了当父母老了，我们一定要像父母在我们小时候对待我们那样对待他们，对父母的养育之恩当涌泉相报，将来自己经济上有能力了，赡养父母，报答父母的养育之恩，那我们现在还没经济能力，要报答父母恩情就是现在努力学习，好好做人，将来有所成就。

学生活动：请两个同学谈谈看了这个视频的感想。

两位同学通过自己或者身边的事例，讲述自己理解的怎么报答父母的养育之恩，以后要时刻记得父母的叮嘱，一定好好学习，让父母放心，争取完成父母未了的心愿和实现父母对自己的期待，对以前因自己的幼稚惹父母生气感到后悔。

PPT 展示：尊前慈母在，浪子不觉寒。

图片背景：前北大校长周其凤在母亲 80 岁生日时给母亲下跪感恩母亲。

主持人：我们能来到这个世界真的不容易，有人说孩子的生日就是母亲的难日，是的，我们的母亲要承受着多大的痛苦和危险才把我们带到这个世界，我不知道在座的大家有几个同学知道自己母亲的生日？有几个同学在母亲的生日送上自己诚挚的祝福和感恩的拥抱，下面请看小视频《一场伟大的历程》。

设计三：主持人播放小视频《一场伟大的历程》

设计意图：通过这个小视频，让同学们知道我们能来到这个世界是多么的不容易，母亲遭受了多大的痛苦付出了多大的代价才把我们带到这个世界，即便如此，我们伟大的母亲总是以把我们这个小生命带到这个世界而自豪，这个生育之恩比天高比海深，今生我们无论怎么尽孝都报答不完父母的生育之恩。

主持人：我们有多少人在自己生日的时候和同学朋友用各种方式庆贺，那一天可是我们伟大母亲的难日，我们在母亲的难日我们该怎么做？我们有什么资格花着父母的血汗钱庆贺？我们难道不应该在这一天为母亲洗一次脚吗？难道不应该给母亲一个拥抱、感恩母亲的生育之恩吗？难道我们不应该在这一天说些让母亲开心的话语吗？

PPT 展示：十月胎恩重，三生报答轻。

图片背景：一个母亲在医院里在生命的最后一刻给孩子哺乳的照片。

学生活动：两个小组代表发言，谈谈看了这个视频的观后感，自己平时怎么和母亲相处的，在自己的生日和母亲的生日是怎么做的，自己应该怎么报答母亲的生育之恩，是母亲冒着巨大的疼痛和极大的风险把我们带到这个世界。

设计四：播放配乐散文

主持人：《解放军报》社主任刘声东写了一篇散文《妈妈没了才知道这辈子儿子做完了》，下面请看这篇配乐散文《妈妈没了，才知道这辈子儿子做完了》。

设计意图：养不教父之过，父母不光生育了我们，养育了我们，还教育了我们，虽然我们的父母没有高深的教育理论，但他们在用自己的实际行动感染着我们，在用行动告诉我们怎么做人，在什么时候该做什么事情，无论做什么事情都要用心去做。身教胜于言传，我们现在怎么报答父母的养育之恩，现阶段就是完成他们的愿望，努力学习，将来有所作为来报答父母的养育之恩。

PPT 展示：父母之恩，水不能溺，火不能灭。

图片背景：重庆星火学校校长郑天云在学校师生大会上当着全体师生当众给母亲洗脚，感恩父母的教育之恩。

设计五：随机采访外出打工的父亲

设计意图：通过班主任随机采访两位外出打工的父亲，让学生了解父亲在外打工的艰辛与无奈。

主持人：我们在座的很多同学的父亲为了我们能安心地学习，为了养家，背井离乡外出打工，可是你知道我们的父亲在外面的生活情况和工作情况吗？下面请班主任老师出场。连线个别家长，采访部分参加我们班会的母亲。

老师：我也是一个父亲，我更懂得父亲的伟大，同学们，你们知道你们今天能安心坐在这里学习的最大保障来自哪里吗？在你面对风雨时又是谁在为你遮风挡雨吗？在你抱怨学习苦了累了的时候、你在假期在周末在业余时间热衷于游戏痴迷于言情武侠小说的时候、早上晨读起不来床的时候、学习吃不来苦受不了寂寞忍不了孤独的时候，你知道你伟大的父亲在干什么吗？你和父亲交流过这些吗？下面请父亲在外面打工的学生举手，我在这些孩子中随机连线两位父亲，做个采访。

班主任老师打开手机，打开免提，随机连线两位在外打工的学生的父亲，询问父亲的工作时间和地点，平时有没有节假日，周末是否休息。

通过连线，班主任告诉了连线的父亲他的孩子在学校学习很用功，在外地打工不用牵挂孩子，可以放心了。电话询问了他们在外地打工都干的什么工作、每天工作几个小时、节假日和周末是否休息等问题，通过连线家长的回答，让同学们知道了父亲大多数因年龄偏大只能在建筑工地上工作，每天的工作时间很长，为了多给孩子挣学费和生活费，节假日和周末都没休息过，如果休息，工资就没有了。为了养家为了孩子的学费生活费，任劳任怨，从来没抱怨过生活的不公，一边牵挂着家牵挂着孩子的学习情况，一边还要不停地干着劳动强度极大的工作，甚至干着有些危险的工作，孩子们应该很震惊，原来父亲如此伟大。

PPT展示：父爱，如大海般深沉而宽广。一个新娘子在出嫁离开家的时候给父亲下跪，感恩父母。

班主任请参加班会的两个学生的母亲介绍孩子父亲平时生活的节俭和打工的辛苦，讲述生活的不易，为了孩子家长什么苦都能吃，什么罪都能忍受，同时表达了，为了孩子成长他们所做的一切都无怨无悔心甘情愿。班主任老师连线和采访完毕后，再随机采访两个学生，谈谈他们对刚才连线和采访的感受，谈谈怎么报答父母的养育之恩。

PPT展示：慈父之爱子，非为报也。

图片背景：河北衡中的感恩教育，孩子集体给家长鞠躬致谢感恩。

设计意图：通过这个环节，使学生更进一步了解父母的养育之恩今生难报，更坚定了以后要更加用心学习，报答父母的养育之恩。

设计六：家长代表发言

主持人：请出在座的五位家长代表，请他们走上讲台。同学们请看看这就是我们的父母，你们再仔细看看他们，现在他们已经不再年轻，头上有了白发，脸上有了皱纹，这就是我们成长的代价。我们成长的过程就是意味着渐渐远离父母的过程，我们要珍惜现在每一刻能和父母在一起的日子。我们感恩父母的生育之恩、养育之恩、教育之恩，我们找不到感谢的合适语言，让我们给家长代表深鞠一躬，表达我们对父母的生育之恩、养育之恩、教育之恩的感激之情，表达我们对自己的行为没有完全让家长满意而忏悔，表达我们以后一定听从家长的教诲，不辜负家长的期望。全体起立，鞠躬！

全体学生同时给五位家长代表深深鞠躬。

设计意图：通过深深的鞠躬，让孩子们知道父母生育之恩、养育之恩、教育之恩重如山大如天，对自己过去没有遵从家长的教诲愧疚，对以后要好好做人，不辜负家长的期望而做出最真诚的承诺。

PPT 展示：谁言寸草心，报得三春晖。

图片背景：一个八十多岁的老人在从台湾回到家乡后，在父母坟前长跪不起，感恩父母。

设计七：制作一个小视频

主持人：每个人此时此刻都有千言万语对父母要说，下面请每个同学站起来给父母说一句话，班主任用手机录制下来，然后发到班级家长群，每个同学的父母都能看到，我们这句话就是我们对家长的承诺，全体家长都能看到，全体家长都是证人，我们言而有信，说到做到，决不食言，让家长在以后对我们放心，我们将来一定能成为父母的骄傲。

最后，全体学生一起喊：爸爸妈妈，我们长大了，我会努力成为你们的骄傲，你们放心吧。

PPT 展示：爸爸，妈妈，如果有来世，我还做你们的孩子。

图片背景：一所学校全体学生给家长洗脚。

设计意图：通过此环节，每个学生给父母说一句话，这是对父母的承诺，是对自己灵魂的冲击，是以后做人的导向。

【班会后续】

1. 班会结束后，每个学生都要和家长打个电话，谈谈自己班会后的感想，对自己以前的幼稚行为感到后悔，告诉家长当自己不在家长身边时一定要自己照顾好自己，同时给家长表明态度，自己以后长大了，一定会牢记父母的嘱咐，听从老师的教诲，努力学习，争取以后有所作为，报答父母，以后绝不会再让父母失望了。自己会时时记得父母的教诲，踏踏实实做事，老老实实做人，懂得珍惜，懂得感恩。

2. 班主任和部分学生交流，尤其是平时违反纪律次数较多的学生和学习不太努力的学生，帮他们摆正态度，争取自己的努力配得上父母为自己的付出，要时刻记得父母的不易，各方面都对自己严格要求，尽可能让父母因为自己脸上经常露出笑容，尽可能让自己成为父母的骄傲，不能给父母当孩子带给父母的都是失望和泪水……

3. 和部分家长交流，交流孩子在家和在学校的表现，老师和家长更进一步达成默契，统一思想，老师和家长有共同的目的就该有共同的行动，帮助学生提高认识，树立远大的目标，克服困难，不但要更快地提高成绩，而且要更好地学会做人，学会感恩，感恩社会的给予，感恩父母的生育之恩、养育之恩、教育之恩，感恩老师的教育之恩，感恩身边的每一个人，从身边每一个人身上都学到了东西充实了自己。

【班会效果】

自从开了这次感恩父母的主题班会后，班级学习氛围明显浓厚了很多，同学们学习自觉了很多，明显能感觉到同学们身上有了朝气，思想上有了追求，吃完饭回到教室后磨磨蹭蹭、说说笑笑的现象明显少了，大多学生回到教室能立刻投入学习中，在去餐厅去宿舍去教室的路上基本小步跑，能感觉到学生充满了正气，有了梦想，并且为了实现自己的梦想而努力。有的家长打电话说，孩子周末回到家，知道学习了，并且还争着抢着干家务活，还对父母说，以后我回到家家务活农活之类的尽量让他干，让我们尽量歇歇吧，感觉孩子突然间长大了，感觉养孩子无论付出多少都值了。

25. 你不必在孤单中"坚强"

——学着读懂亲情

高秀莲

【班会背景】

高一的孩子在身心发展上正处于半成熟半幼稚的矛盾状态，他们有一定的道德思维能力，但在多多少少的叛逆中，总是置父母于不顾，又时时心存愧疚；学习情绪时时波动，学习持续动力不足，感恩父母的话只是停留在嘴上；当学习碰到难题需要坚持时，钻研、刻苦的精神明显不足，还很依恋父母，可以说还算是刚断奶的孩子。记得有一次我调查我们班学生是否愿意来校自主学习，一男孩竟然说，"让我打个电话问问妈妈"，可见他们羽翼尚未丰满，可塑性极大。

月考前，我曾用这样的话语动员，"你是否知道你的进步，是家长和老师们最大的骄傲？你拼搏的身后，是我们默默关注的目光？"出乎我的意料，孩子们响起了雷鸣般的掌声，由此可见，他们渴望成功。又有前不久，放假回家，我班有几位同学都向我透露了这样的心声，跟爷爷奶奶待习惯了，即使有个小长假也不想奔向打工在外的父母，觉着没话说，相处尴尬。其中一长相甜美的姑娘，小长假返回后深情地拥抱我，说想我了。我是又心疼又喜悦，这孩子命苦，母亲死得早，跟爷爷奶奶生活，爸爸常年在外打工，可见她内心寂寞，渴望亲情。我班还有一同学，学习成绩下降，学习没有动力，反咬一口说是妈妈逼得才不想学习的，可见他心无感恩，不知妈妈的良苦用心。

凡此种种，我认为孩子们的心灵在孤独中应该坚强起来，他们看似叛逆实则心灵饥渴，为了给他们适时的心灵救助，为了给他们的学习注入持久的动力，我设计了本班会和班会后续。

【班会目标】

1. 围绕"父母与孩子"的话题，引导学生方方面面认识不同的家庭，不同的父母与不同的孩子。

2. 通过案例分享活动，学习身边的榜样，增强感恩意识。

3. 通过体悟名家名言、签名等活动，用实际行动报答父母。

【课前准备】

教师准备：确定班会环节，制作课件，向同学家长发邀请，调查学生家长代表，收集冰心等名家感恩事例等。

学生准备：备好纸笔并搜索对父母的珍贵记忆，无论是好的还是坏的。

【班会流程】

一、我说，你说，大家说

教育活动：真情故事。

老师：案例《你真爱孩子，我懂》

我班学生李舒畅的妈妈，在得知孩子延长一周才能放假时，赶快赶到学校送钱，说："老师，400 元够不？"我说："哪用那么多，200 元足够。"接过钱的那一刻，我想，如果我给我的女儿送钱，我绝对也会这么做。接过钱的那一刻，我想，这位妈妈也未必家缠万贯，但她的"豪爽"，是不想让她的女儿在学校为衣食发愁。后来，在我们班的条幅上，我赫然写上：父母很节俭，那不是吝啬，是不想让你生活拮据；父母很豪爽，那也不是富有，而是想让你衣食无忧。

学生活动：诉说"真情"。

主要说法呈示：

杨坤说：我的父母很节俭，一次性口罩总是戴好几天才舍得扔，说过他们很多次就是不听，后来，他们更是变本加厉，买来酒精喷一喷再用。唉，父母可能穷日子过多了，如今条件好了也依然如初。

朱赫说：我的父母比较严，他们很关注我的学习，为了了解我的学习情况，他们会采用各种方式，如果我成绩后退，他们会与我谈话，直至我接受他们的学习观念为止。

崔晴说：我听不得批评，待我做错事被他们批评时，我会和他们大吵，妈气急了便会上手。

陈家乐说：我父母爱唠叨和爱管闲事，虽然我知道是对我好，但还是很心烦，他们总想让我积极向前，于是就总是拿别人家的孩子与我比，这就令我很反感。

设计意图：浅谈孩子和父母千丝万缕的微妙关系，认识不同的家庭、不同的父母和不同的母子关系，父母爱孩子，只是孩子却未必真正懂得。

二、头脑风暴致敬父母

1. 问卷调查：你认为父母对你最在意的是什么？为什么

调查表

学生	认为父母最在意	为什么
张跃彬	我的成绩和在学校的生活	怕我学习上掉队，怕我被欺负
郭学通	在校是否好好学习	不放心我的学习，怕我贪玩
赵芯茹	每次考试是否稳定发挥	知道我成绩好，怕我掉队，怕我考不上理想大学
……	……	……

设计意图：呈现孩子对父母的片面认识，与后面环节父母真正在意的形成对比。

2. 家长联系（小卡片调查）

问题设计：此时若只用两句话表达你对宝贝儿子或宝贝女儿的爱，你会说什么？

调查表

家长代表	说的内容
家长1	把名次看淡些，只需每日反省：我努力了吗
家长2	你是父母的骄傲，你是懂事的孩子，希望你全面发展
家长3	希望在老师的培育下，各方面都更出色！更优秀
……	……

设计意图：碰撞上个环节中孩子对家长的片面认识，二者形成合力，给孩子的学习注入持久的动力，从而让孩子感恩自己的父母，并认识到父母希望看到的样子就是自己渴望成为的样子，二者并不矛盾。

3. 矛盾的碰撞中，你真正走进父母的内心世界了吗？大家谈一谈，说一说

李舒畅：我一直很想问他们一个问题："如果我这辈子碌碌无为只能上个野鸡大学他们还会这么对我好吗？"

老师：你觉得呢？

李舒畅：我觉得他们没有那么功利（抿嘴而笑）。

贺世凌：说心里话，近两年才开始理解父母，以前对他们有很多抱怨。

老师：抱怨什么呢？

贺世凌：抱怨他们分啊分的，考试就像紧箍咒一样，反正有考试就有争吵……

设计意图：意在制造矛盾点，让自以为是的学子们深感惭愧，原来每一个父母都是最疼爱自己的那一个，原来每一个父母都称得上伟大，绝不是别人家的父母最好！

三、成熟的孩子最美

人物采访：这一环节班长是我们的主持人，他来采访我班同学高志强。

班长：听班主任说，你的父亲是常年在外打工，我父亲也是，可你的成绩一直在稳中上升，从三四百名到二三百名，到现在的一百多名，你在学习的过程中有没有懈怠的时候？或者说力不从心的时候？若有，你都是怎么度过的？

高志强：懈怠应该每个人都有过吧，我在懈怠的时候主要是在想我的梦想、我的家人、爱我的人和给我帮助的人、我爱的人以及我的未来。我的妈妈，我的爸爸可以说都是给我动力的人吧，简单来说，我就是想让我的爸妈以我为荣，以我为傲，我想让他们摆脱这穷苦的日子。

班长：前一段时间，你爸给我打了个电话，他问你的情况，他觉得自己常年在外打工，对你关心不够，他很愧疚，你的优秀和你父亲有关系吗？你如何看待你的父亲？

高志强：先说说我自己吧，我以前也是个叛逆惹父母生气的问题少年，直到后来，哥哥的一次次惹事，引来了许多的麻烦，家里面欠了许多钱，爸爸妈妈不得不更加努力地打工，也把我交给了爷爷奶奶，我才感觉到，我不能再做混混，我要努力学习改变这个家庭，我才参加了补习班，我才慢慢地让成绩处在中游、处于上游，直到今天稳居上游，都是为了让父母高兴（当然自己也高兴），我明白世界很美好，退步、停止是没有出路的，既然身在学校，何不努力学习呢！爸妈拿他们的血汗钱供我读书，我是不忍心辜负的……

设计意图：联系优秀同学的当下，引导同学们认识到：一个人的学习需要持续不断的动力，而能注入这种动力的是你对父母的那份心疼，心疼他们养了你，心疼他们一直逼自己做生活的强者，他们总冲在生活的前面，我们怎能甘心做生活的弱者！

四、名家的力量

1. 名家有引领：冰心、毕淑敏等大家用笔颂父母

我从不妄弃一张纸，总是留着留着，叠成一只只很小的船儿……母亲，

倘若你梦中看见一只很小的白船儿，不要惊讶它无端入梦。这是你至爱的女儿，含着泪叠的。——冰心《纸船》

"孝"是稍纵即逝的眷恋，"孝"是无法重现的幸福，"孝"是一失足成千古恨的往事，"孝"是生命与生命交界处的链条，一旦断裂，永无连接，赶快为你的父母尽一份孝心吧，也许是一处家宅，也许是一顶纯黑的博士帽，也许是作业簿上的红五分……——毕淑敏《孝心无价》

设计意图：名家感恩父母的说服力是强烈的，名家之所以是名家，当然是他们这一世的成绩斐然，同学们就会思考，这斐然成绩的背后，有多少是他们心系父母所致，这样他们就会以名家为榜样，让心系父母之情伴随他们学习的始终！

2. 我辈复登临

活动1：表决心。

组织学生在倡议书上签名，许下人生中庄重的誓言！

活动2：演讲比赛自写自演讲，激情创作。

回忆生活中父母最让你心疼的那一刻，写出来，深情诵读。

王梦鑫：五六年级是我最疯、最难管教的时候，与母亲一言不合就吵，每次还都是那一两句经典台词：

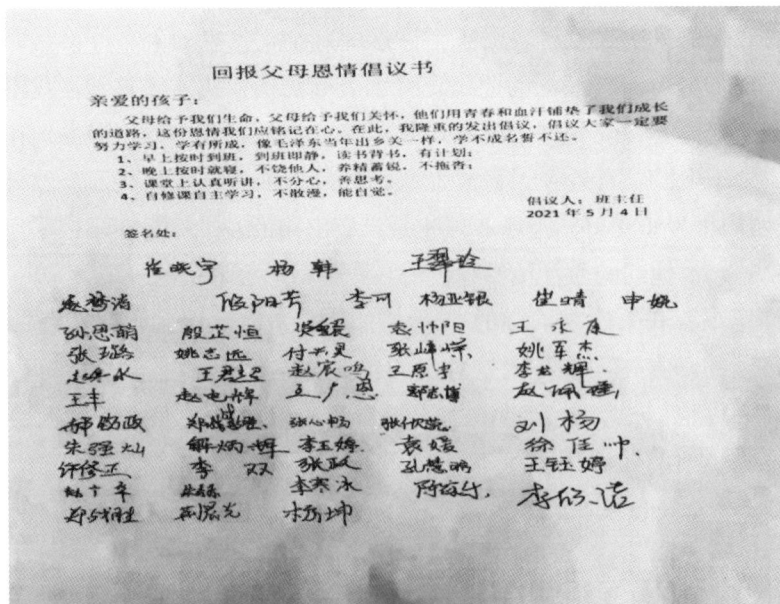

"你能不能别管我。""那你别生我啊。"然后摔门而出，留下的是一位独自站立的母亲。当时的我从未想过我走后我的母亲会怎样，这十五年，我欠母亲的太多。

王阳迪：自从上了高中，好久没见过我父亲了，也没认真观察过我的母亲，但前不久的一次洗衣服，我看见了她额前的几缕白发，那个一直陪我成长强硬的女人也终究被岁月所伤！

张政：和爸妈散步，过马路的时候，我走在后面，我爸牵着我妈过马路，那一瞬间忽惊觉，爸妈老了。

设计意图：心扉敞开了，就更懂父母了，高一的孩子，他们多多少少的叛逆要在笔端流露，用嘴巴诉说，等孩子和父母关系真的走近的时候，相信在他们的学习中，特别是当他们学有所怠时，对父母的心疼会为他们长期的学习注入永不枯竭的动力！

【班会后续】

教育是一项系统工程，班主任带班更不是一蹴而就，适时适地的情感教育应是学生懈怠时的一副副良药，但爱父母、疼父母应是他们最根基的情感慰藉，适时运用必定收获颇多，所以班会后续必不可少。

1. 联系优秀学生家长做客班会，请他们谈一谈虽务工在外但心系孩子的心情；可以在班级群发起邀请，邀请部分家长，请他们帮忙，在忙碌的工作生活之余，录一段短视频发给我，内容主要呈现想孩子时的细微情感吐露，比如工作不如意时因心系孩子而产生的莫大工作动力，比如天气变化时因心系孩子冷暖而念念叨叨的烦恼情绪等。这一切都是想让孩子们看到，他们并不孤单，他们也应时时心装父母，让父母们劳有所安。

2. 给将来要身为父母的自己写一封信，表达你可能会对孩子的叮嘱；让孩子们角色互换，让他们想象着尝试着做父母，因为只有自己真正地成了父母才真正地懂得父母的艰辛，真正地体谅他们的不易。现在不可能让孩子成为真正的父母，但是我认为，给他们时间，让他们在头脑中构想也是有益的，至少他们能静下心来思考，思考他们可能会对未来自己孩子的要求，可能会要求他们奋进，要求他们惜时，要求他们自立自强，等等，也许他们也就会明白父母为什么这么要求他们了。

3. 每天在"心事本"上想想父母，想他们会怎样想着自己；学习的征途遥远，学习中的诸多不顺常在，有些时候有些事不必诉说，因为无人能懂也无人能解，这时候不如拿出"心事本"，就在此处专门想一想相隔不远的父母正在想什么，是否如你一样地想着逃避和放弃，是否如你一样地难捱学习（生活）之苦，又或者……

【班会效果】

感恩父母是我们每个人最心底的声音，或轻或弱，它一定存在。如今的我已步入中年，这种声音对我尤为强烈，唯恐子欲养而亲不待，所以带班过程中，当孩子学有所怠时，很想以此作为他们持续的动力。

本次班会中，当我让他们敞开心扉说说自己的父母时，他们说得诚恳；当我让他们倾听别人诉说时，他们也听得入心；最后我让他们像史铁生写母亲一样地写一写自己的母亲时，他们更写出了惭愧，这应该是一些十五六岁孩子最不做作的表达。

班会背景中的长相甜美女生，她叫王静，刚刚给我来电，说其中考试英语考了107分，这是她入校以来英语考试的最高分，喜不自已。要知道她这样的分数来之不易，是她一次次想放弃后坚持的结果，她努力地记单词，记短语，可考试时总用不上，一次次找我时眼含泪花，我告诉她要坚持，像你奶奶苦熬岁月一样地坚持（此女孩没有妈，靠奶奶艰难度日），她做到了，我想这一天天的坚持中让她历经风雨而不败的最大动力应该是她对奶奶的感恩吧！她因心疼奶奶而努力坚持，她也因坚持而学有所获，在此真心地祝贺她！

这次感恩父母的主题班会，对我班的德育教育提供了一个难得的教育契机和准确的切入点，也为我班今后培养良好的班风、学风找到了可行的途径。通过实践这次感恩父母的主题班会，为我班学生今后的学习动力、行为习惯、自主能力、合作意识和道德情感的提升提供了帮助。感恩父母只是感恩教育的开始，感恩老师、感恩社会等一系列的情感教育会为他们在心底埋下爱的种子。

教育是一项系统工程，适时适地的情感教育应是学生懈怠时的一副副良药，但爱父母、疼父母应是他们最根基的情感慰藉。我也知道情感教育工程浩大，但只要心存感恩我们就没有忘根忘本，学习就不会南辕北辙。

第四辑

激情·奋战：做一只不屈的"蜗牛"

"蓬勃的情感，是一个人始终保持对自己和亲人、他人及家国、天地间万物的热情，有向外延展的爱与温暖，也有纵身一跃的激情与勇气。"前三辑并第四辑，是这句话最好的诠释，这7节班会给您的学生"激情与勇气"。

26. 做一只不屈服的"蜗牛"

——磨炼自己的意志

姜孝奎

【班会背景】

现代社会迅速发展，升学压力、家长期望、自我期望等各方面压力纷纷压到学生的心头，如何引导学生正确对待压力，并培养自强不息的意志力成为现代学校德育的重要内容。

离高考还有 200 天，学习紧张，学生们承受着学习和心理的双重考验，孩子们难免迷茫，难免紧张焦虑，为了给紧张备战的高三学子以鼓励和力量，让所有学生的高三生活有一个可期的目标，我们开展了本次班会活动，目的是引导学生找寻到自己的动力来源、精神支柱。

【活动目标】

1. 正确认识自己所背负的压力，初步形成主动磨炼自己的意识。

2. 树立自强进取的信念和信心，培养勇于承受压力的能力和乐观积极的生活态度。让学生初步形成主动磨炼自己的意识，培养勇于承受压力的能力。

【课前准备】

歌曲《蜗牛与黄鹂鸟》和《蜗牛》。制作课件，并提前将班会主题告知学生。

【班会流程】

环节一：故事导入——通过埃及的一个古老传说引入

有一个故事说，能够到达金字塔顶端的只有两种动物，一种动物是雄鹰，靠自己的天赋和翅膀飞上去，另外一种动物就是蜗牛。蜗牛到达金字塔顶，主观上是凭它永不停息的执着精神，客观上应归功于它厚重的壳。正是这看上去又笨又拙、有些负重的壳，让小小蜗牛得以到达金字塔顶。在登顶过程中，蜗牛的壳和鹰的翅膀，起的是同样的作用。

可是生活中，大多数人只羡慕鹰的翅膀，很少在意蜗牛的壳。就像我们羡慕别人能有某种天赋或特长而获得某些成就，却整天埋怨我们身上要背负太沉重的"壳"一样。

环节二：提出问题——那么我们身上背负的"壳"到底是什么呢？学生讨论回答。教师稍作归纳。这"壳"能够搁下吗

设计意图：以提问的方式来激起学生对于自身所处境地的反思，让学生自发想象应对态度和策略，从而引出今天的班会主题"如何坚毅前行，做一只不屈服的"蜗牛"。

环节三：讨论——我们要如何背着"壳"前行呢

看动画片《蜗牛与黄鹂鸟》，听歌曲，并要求同学们根据动画中的一些启示去归纳出自己的答案。在学生发言后，邀请同学上台讲述他们准备的故事，并在故事中得出启示。

活动1：学生A讲述一个励志小故事：德国法兰克福的钳工汉斯·季默，从小便迷上了音乐，他的心中有一个始终不变的奋斗目标——当音乐大师，尽管买不起昂贵的钢琴，但他能用钢板制作的模拟黑白键盘，练贝多芬的《命运交响曲》时，竟把十指磨出了老茧。后来，他用作曲挣来的稿费买了架"老爷"钢琴，有了钢琴的他如虎添翼，并最后成为好莱坞电影音乐的主创人员。他作曲时走火入魔，时常忘了与恋人的约会，惹得女孩"骂"他是"音乐白痴""神经病"。他不论走路或乘地铁，总忘不了在本子上记下即兴的乐句，当作创作新曲的素材。有时他从梦中醒来，打着手电筒写曲子。汉斯·季默在第67届奥斯卡颁奖大会上，以闻名于世的《狮子王》荣获最佳音乐奖。那天，是他的37岁生日。

启示1：要能背着"壳"前行，要有明确的目标，目标是指引行动的前提。

设计意图：通过活动1抓住学生注意力，把他们引入今天的班会主题情景中，并使他们明白启示1的道理。

活动2：学生B讲述：美国伟大的励志成功大师拿破仑·希尔曾讲过这样一个故事：赛尔玛陪丈夫驻扎在一个沙漠中的陆军基地里，丈夫经常外出演习，她一个人留在陆军的小铁皮房子里，奇热无比，又没有人和她聊天，周围都是不懂英语的墨西哥人和印第安人。她很难过地写信对父母说："一心想回家去……"她的父亲给她回了一封信，信中只有两行字，但这两行字却永远留在她的心中，并改变了她的生活，这两行字是什么呢？"两个人，从牢中的铁窗望去，一个看到泥土，一个却看到了星星。"从此，赛尔玛决定在沙漠中找到自己的星星，她观看沙漠的日落，寻找到几万年前留下的海螺壳。她和当地人交朋友，互送礼物，她研究沙漠中的植物、动物，又学习有关土拨鼠的知识，她把原来认为最恶劣的环境，变成了一生中最有意义的冒险，并出版了一本书《快乐的城堡》，她从自己的"牢房"望去，终于望到了自己的"星星"。

启示 2：要能背着"壳"前行，要有积极的人生态度。

设计意图：通过活动 2 进一步引发学生对于困境的反思和升华，打开思路，使活动继续向前有序推进。

活动 3：老师分享：一天某个农夫的一头驴子，不小心掉进一口枯井里，农夫绞尽脑汁想办法救出驴子，但几个小时过去了，驴子还在井里痛苦地哀嚎着。无奈之下，农夫决定把枯井填上。当泥沙落到驴子的背上时，驴子停止了哀叫，把背上的泥土抖掉，站到了上面。就这样它居然一步一步地走出了枯井。在生命的旅程中，有时候我们难免会陷入"枯井"里，会有各式各样的"泥沙"倾倒在我们身上，而想要从这些"枯井"脱困的秘诀就是：将"泥沙"抖落掉，然后站到上面去！那原本是埋葬驴子的泥沙，被他抖落到脚下，变成了走出困境的阶梯。

启示 3：要能背着"壳"前行，还要有主动在艰苦的环境中锻炼自己的意识。

设计意图：老师借此机会深化主题，点题并把握住班会的主题和方向，引导学生不要偏离主题。

活动 4：观看励志视频：《你见过凌晨四点的洛杉矶吗?》；中国女排刻苦训练。

启示 4：进步依靠的不只是天赋，更重要的是努力和坚持，不怕失败，就像女排一样"我们不是为了赢得冠军，而是明知不会赢，也要竭尽全力"。

设计意图：通过活动进一步引发学生对于困境的反思和升华，科比和中国女排都是学生熟悉的偶像和榜样，通过他们把活动推向高潮，也给孩子以自信心和荣誉感，尤其是男生多数喜欢科比女生喜欢中国女排这样的榜样。

活动 5：展示我校去年名次榜及进步之星名单。

设计意图：通过活动 5 把学生由外在感官上的激动情绪引回到自身的反

思和感悟，为下一步活动做铺垫，起到承上启下的作用，学生们最在乎的就是他们的面子，这也是他们学习的动力，努力的理由之一，对于成绩一般或中等的学生来说，争取"进步之星""单科前十"是他们可以企及的目标，能够真实打动他们。

环节四：学生进行小结

看了上面的两段视频，你有何感想？你认为背着"壳"前行的过程中还应该具备些什么？你又是怎么做的？

学生谈感想：

同学甲：首先讲述自己从高一入校 1400 名之外，现在成绩冲进年级前 200 名，介绍了自己的学习经验和学习方法，最后，该同学送给大家一段话，与所有同学共勉！

同学甲的共勉发言节选：

人的青春是有限的，虽然我平凡，但我会燃烧我的青春，我要用学习的光芒点燃青春的火把。因此，我比较端正学习态度，掌握学习方法，有效地利用每一分每一秒。因为我坚信，有志者事竟成，破釜沉舟，百二秦关终属楚；苦心人天不负，卧薪尝胆，三千越甲可吞吴，最后我还要告诉大家一件事：科比每天练习投篮超过 4000 个，这就是他为什么是科比的重要原因之一。

同学乙：我觉得学习有目标是很重要的，那才不会像无头苍蝇一样撞来撞去。我这个人就是这样，对自己的事情很有目标，玩的时候尽情地玩，学的时候我就能专心地学。每当我取得成绩的时候，每当我能够站在台上领奖的时候我就心里很高兴，因为我觉得我没有给父母丢脸。但是爸爸对我说：

笑在最后才是笑得最好。我知道我的成绩还不值一提，我将用最大的力量最大的信心去取得最好的成绩，同学们看我的吧！

同学丙：虽然我个性活泼，看起来对什么都无所谓。但是我其实对学习是很认真的。我的理科较好主要是因为我上课很认真，并且喜欢自己去主动思考，所以课外没有用太多的时间去复习。当然我想如果课外我再努力一点的话我的成绩将会更好，我的偶像就是中国女排的张常宁。

同学丁：我之所以取得现在与以往相比较好的成绩，是因为我上课的时候专心听讲，按照老师的思路去认真地听课。下课的时候我对有些疑难问题进行研究，不明白的就去问老师。每天都把上过的新课复习一遍，这样对自己的学习很有好处。如果不信可以去试试啊！

同学戊：拥有思维迟钝的我，曾在沙场中战死，也曾在众目睽睽中得胜。一般来说我对事情的处理犹豫不决没有太多的主见，但是唯有对学习，我始终有着执着的追求，我相信，只有学习，只有现在用知识武装自己将来我才能有自己的一席之地。

······

陈述总结：古人有"凿壁借光""映雪读书"的事例，那些刻苦攻读的人都取得了至高的学问和成功。老一辈革命家在血雨腥风的年代也能挤出时间学习。我们有这么好的条件和环境，有什么理由不抓紧时间来学习呢？只有吃得苦，才能有成功。

设计意图：通过环节四，把学生的想法尽可能地抒发出来。借着多名同学的陈述总结，让学生将班会主题深入内心，学生自己观点的总结才能触动他们的内心，使其真正地接受这些结论和成果。

环节五：班主任总结

我班许某某同学入校 2000 名开外，现在是班级前 20 名，全校前 400 名，只要有坚定的信念，积极的态度，你也可以创造奇迹，你就是高三的黑马。人生是一个背着"壳"前行的过程。不管壳有多重，希望同学们能够像蜗牛那样，化压力为动力，凭借自己的执著和自强，爬上自己心中的金字塔。

设计意图：通过环节五，升华主题，为下一步宣誓环节做情感铺垫。

环节六：共同宣誓

选择大海，就去乘风破浪；选择蓝天，就去展翅翱翔；选择高三，就去勇敢进取。站在高三的门口，面对高三的岁月，我们用青春的名义宣誓：不负父母的期盼，不负老师的厚望，不做懦弱的退缩，不做无益的彷徨，奋斗二百天，让飞翔的梦在六月张开翅膀；奋斗二百天，让雄心与智慧在六月闪光。我们将带着顽强的微笑，去赢得志在必得的辉煌。有志者，事竟成，百二秦关终属楚；苦心人，天不负，三千越甲可吞吴。

设计意图：彻底点燃学生的热情，是本次班会第二次震撼的地方，宣誓可以发泄内心压抑的情绪，也可以坚定目标，利用这个形式，把本次班会的成果再次巩固。

环节七：结束

播放周杰伦的《蜗牛》，带引全班同学起立合唱。

设计意图：通过环节七，为本次班会活动画上句号，用歌曲反扣主题，合适的歌曲最能触动年轻的心，通过这个环节使大家的心更近一些，引起大家心灵上的共鸣。

【班会后续】

一节班会不会永远地激励学生，它的时效性非常有限，所以趁热打铁，为了充分发挥这节班会的作用，让它产生最直接的效果，我们后续开展了以下工作：

1. 每位同学写一份感言，选取优秀作品，在下次班会为全班展示。

2. 制订"自我激励卡"和"给高考后自己的一封信"明确高三学习目标。

3. 考试后进步学生给予表扬，发奖状，邀请进步之星家长合影。

4. 和级部其他班级联合举行跑操和拔河友谊赛，鼓舞士气。

【班会效果】

通过本次班会，很多孩子有了较为明显的士气和决心，有好几个学生课下找到班主任谈话，诉说心声，感觉和学生们的共同话题多了一些。还有的学生写下了自己的下一次联考目标，在老师面前立下"军令状"。感觉给孩子的鼓励会收获意想不到的结果，也为以后类似主题班会的开展积累了经验，但我要说明的是：励志班会并不是要让孩子都疯狂，而是给他们动力和目标。在高三这种竞争激烈的学习状态下，没有目标和动力，学生很容易迷失方向，甚至可能产生比较，悲观的情绪。尤其对于基础不太好的学生来说，把所有问题都让他们自己"扛"对于他们来说是非常残酷的，对他们及时鼓励和表扬是非常必要的。当然，针对种种问题我们都可以做一些相应的活动来解决，本次班会只解决本次预设目标的问题。

27. 你的世界里没有桃源

——直面竞争铸辉煌

杨雷焕

【班会背景】

步入高中生活之后，很多学生从学习方法到生活习惯多方面都极不适应，成绩迅速滑坡，并由此导致心态失衡，表现出低成就动机。学生在校生活迷茫，学习动力不足，学习目标不明确，并诱发出了一些不良的学习生活习惯。譬如个别学生在班里总喜欢出洋相，逗乐子，并以此为荣；有学生到班里就睡觉，站着都能睡着的那种，回到宿舍却玩手机到深夜（学生反映）；有些学生认为自己成绩比别人差太多，再怎么努力也考不了好大学，还不如就这样混日子；前些日子有位学生让家长帮自己请假，原因竟然是要外出买一款和同学一样的鞋子。家长还不敢明着阻止，给老师电话说请老师不要批准该学生外出。后来这位学生没能请下来假，又给家长打电话说："你给我请不了假，我就跳楼死了。"结果吓得孩子妈妈赶紧从乡下赶到了学校。

如此种种现象，反映出班内部分学生已然完全抛弃了自己的人生理想，丧失了学习生活的斗志。适时召开主题班会，借机引导学生认识到当今世界仍然是一个充满竞争的社会，风险和挑战每时每刻都会出现在我们面前，想要提高化解风险的能力，我们就不得不努力学习。并在班会中通过榜样的示范作用启迪学生努力做有为的青春少年，激发学生的学习热情和奋力拼搏的精神，扭转班级学风。

【班会目标】

1. 通过对社会现象的分析和讨论，让学生正确认识竞争对人的发展和社会进步的促进作用。

2. 充分调动每一名学生的积极性和参与意识，以饱满的热情和勤奋进取的姿态投入到美好的学习生活当中去，形成比学赶帮超的良好学习氛围。

3. 引导同学从不同角度认识到青春少年努力拼搏、奋发进取的重要性，帮助学生树立正确的价值观，培养学生成为具有社会担当和爱国情怀的时代新人。

【课前准备】

1. 召开班委及学生代表会议，明确分工，拟写出班会方案。

2. 查阅与班会主题内容相关的资料并做出整理。

3. 在班级进行宣传，激发学生的参与积极性。

4. 组织班委会成员对全班学生进行问卷调查，摸排学生学困原因并做统计。

【活动过程】

课堂导入

主持人：每个人都会有自己的梦想，有了梦想，人才会有奋斗的目标，才会有方向，才会有动力。作为一名当代中学生，我们是祖国的未来和希望，更应该拥有梦想。为了让我们今后的人生变得更美好、更有意义，我们特地举行这次《奋斗，铸就辉煌人生》的主题班会，让我们由此明确奋斗目标，发扬拼搏精神，书写美丽人生。

环节一：扬起自信的风帆

播放 PPT 图 1，看图说话：《拴着的大象》。

请同学们根据图 1 展开联想，写一段话。

图 1

图 2

学生思考，发言：

学生：大象被一条铁链拴住后，它苦苦挣扎，最终也没有摆脱铁链的束缚，于是它哭着向妈妈求助……

老师：事实上它的妈妈会帮助到它吗？

学生：不会。

老师：那大象应该怎么做才能摆脱束缚呢？

学生：靠它自己的力量。

主持人：播放 PPT 图 2。《拴着的大象》是我们小时候就了解的一个故事。一个小孩子看到马戏团的大象只用一条小小的绳索拴着，他就问他的爸爸："大象的力气不是很大吗？这么细的绳子，怎么可能拴得住呢？"他爸爸回答："大象从小的时候，都是用钢索拴住的。它拼命挣扎，怎么也挣脱不了，于是渐渐地它就放弃了挣扎。等它长大之后，只要有一根很细的绳子，就能拴住它。"实际上，拴住大象的并不是绳子，而是它那颗不再努力拼搏的心。

主持人：调查发现，我们当中也有一些学生经过一两次不理想的考试就开始认为自己基础比别人差，脑子没别人好用，说白了就是认为自己比别人笨，故而主动放弃学习，这其实就是习得性无助行为。

学生讨论：拴着的大象和因考试成绩不理想而自暴自弃的学生其实都缺失了一种东西，这种东西是什么？

学生 1：没有决心。

学生 2：没有持之以恒的努力。

学生 3：缺少意志。

学生 4：没有信心。

……

主持人：总结：失去了自信，没有竞争意识和努力拼搏的精神，而这恰恰是人类社会甚至一个种群生存和发展不可缺少的动力。

设计意图：以卡通图片展开联想，有助于激发学生的兴趣，让学生通过一种简洁、有效的方式发现自己当前学习和生活中存在的问题，为进入下一环节提供帮助。

环节二：直面竞争，勇创辉煌

展示 PPT 图片。讲故事《灭狼护鹿》。

这是小学语文课本里讲到的故事。大家都知道，食草动物的天敌是食肉动物，它们始终相生相克。在美国亚利桑那州北部的凯巴伯森林里，鹿的数量只有四千只左右，而美国总统罗斯福却认为鹿的数量少的原因是狼所导致，就下令捕杀狼，狼群的数量急剧下降。鹿由于失去了天敌，生活很是悠闲，不再每天奔波，并且大量繁殖，总数达到 10 万只。这之后当瘟疫到来时，这些没有得到锻炼的鹿纷纷病倒死亡。迫不得已，1995 年美国政府实施"引狼入室"计划，从加拿大引进了狼，鹿和狼又展开了血腥的生死竞争，大自然却因此又显得生机勃勃，恢复了往日的灵秀。

提出问题：

（1）美国政府为什么实施由"灭狼护鹿"到"引狼入室"的转变？

学生：早期美国政府出于保护鹿的目的大肆扑杀狼，是为了让鹿失去生存竞争的压力；后来实施"引狼入室"，则是把鹿置于生存竞争压力环境下，让鹿时刻有危机意识，这样的鹿才会不断奔跑，才会有良好的体质，才能够很好地生存下来。

（2）在自然界中，动物离不开竞争。那么人类社会能没有竞争吗？竞争对我们会产生什么影响？

学生 1：我认为人类社会同样需要竞争。我国在建国初期采用平均主义，吃"大锅饭"。不论工业、农业都是干多干少一个样，干好干坏一个样，人们照样有饭吃。这种制度严重地压抑了人们劳动的积极性、主动性、创造性，社会生产力遭到极大破坏，使本来生机盎然的经济很大程度上失去活力，最终导致人们无饭可吃。

学生 2：我非常同意刚才同学的观点。1998 年，中国与以色列签订协议，以 2.5 亿美元购入以色列生产总装的"费尔康"预警机。但是在合同即将履行的时候，美国政府得到了中以费尔康预警机交易内幕，出于阻止中国掌握一流预警机技术与遏制中国军队建设的目的，美国威胁禁止以色列向中国发货，并将三架接受改装的中国战机转售印度。

对中国来说这可是巨大侮辱！这件事情之后，中国明白了这种国之重器必须牢牢掌握在自己的手里，在之后的数年时间里，中国工程院王小谟院士率领国内数十家军工厂商参与了空警 200 的研发以及制造工作，经过不懈的努力，最终研发成功。现在我国的空警 2000、空警 500 达到世界一流水平。所以说，竞争有利于创新和发展。

设计意图：现实生活中，群体与群体之间，群体中各成员之间总是处于竞争与合作状态之中。让学生意识到，正是这些竞争的持续存在，从而使社会生活变得千姿百态。引导学生以积极的姿态面对生活中的各种竞争。

环节三：爱拼才会赢

主持人：展示 PPT 图片，讲述人物传记《任正非创业的故事》。

大家应该听说过一个叫任正非的人，大学期间父亲被关进了牛棚。他一边惦记挨批斗的父亲，一边把高等数学、电子计算机、数字技术、自动控制等专业技术自学完，又自学了三门外语。

1983 年，任正非从部队复员转业至深圳南海石油，一路做到副总经理。1987 年，43 岁的任正非由于工作失误，被南油集团除名，且背负 200 万元债务。"屋漏偏逢连夜雨，船迟又遇打头风"，这时他的妻子又要求离婚，他一个人带着家人蜗居在深圳。任正非陷入人生的最低谷。

怎么办？

播放歌曲《爱拼才会赢》。

也是在这年，在深圳湾畔的一个杂草丛生的地方，任正非刚筹集了 2.1 万元的创业资金，搭起两间简易的板房，开始启动创业引擎。创立初期，华为靠代理香港某公司的程控交换机获得了第一桶金。再后来的任正非我们就慢慢熟悉了，2005 年入选美国《时代》杂志全球一百位最具影响力人物；2018 年 10 月 24 日，入选中央统战部、全国工商联《改革开放 40 年百名杰出民营企业家名单》。入选 2019 年的"福布斯年度商业人物之跨国经营商业领袖榜单"。入选 2019 年度中国经济新闻人物。

因为任正非背后华为集团 5G 的先进技术和巨大影响力，西方国家不惜动用国家力量对其进行绞杀，封锁华为芯片，扣押任正非的女儿孟晚舟女士，对与华为有生意往来的企业进行制裁，等等。

美国为什么违背其一贯标榜的市场经济和公平竞争的原则，违反国际贸易规则，疯狂地对我国一家民营企业进行无理打压呢？

学生讨论发言。

学生 1：因为华为太强大了，抢了美国的生意。

学生 2：因为华为 5G 技术领先，不对其进行打压，美国就会失去先进科技的领导地位。

学生 3：美国以华为 5G 网络威胁他国安全为借口，迫使他国放弃华为技术，断供华为芯片，实质上是一种赤裸裸的贸易霸凌，是一种国与国的竞争，根本原因是阻止中国的发展。

老师：我们怎么才能帮助华为走出困境？

学生：努力学习，提高我们自己的科研创新水平，制造自己的光刻机……

主持人：面对当前国内外日趋激烈的竞争，面对西方国家对中华民族伟大复兴的强力干预，作为一名当代中学生，我们岂能置身事外？就像刚才这位学生所讲的，我们应该怎样？

学生回答：刻苦学习，努力奋斗！

设计意图：让学生意识到当今世界仍然充满着竞争，我们时刻都面临着风险和挑战，想要提高化解风险的能力，我们就不得不努力学习，提高科技创新能力，让自己更强大，同时增强学生的爱国主义情怀。

环节四：青春就是用来奋斗的

主持人：习近平总书记说："青春就是用来奋斗的！"青春如朝日，是一个人最宝贵的年华，如何度过，才能让青春的枝头绽放梦想之花？想必大家一定会从社会生活事例找出答案，请举例。

学生发言，列举青春奋斗事例，播放 PPT 图片。

学生 1：100 年前，以毛泽东为代表的十多位青年辗转来到嘉兴南湖的游船上，宣告了中国共产党的成立，点燃了中国革命的星星之火，历经艰苦奋斗，创造了开天辟地的伟业。

学生 2：邓亚萍从小就梦想有朝一日能够在世界大赛上大显身手，却因为身材矮小、手腿粗短而被拒于国家队的大门之外，但她并没有气馁，而是把失败转化为动力，苦练球技。持之以恒的努力，终于催开了梦想的花蕾，她如愿以偿地站在了世界冠军的领奖台。

学生 3：大家都知道衡水中学被人们形容为"人间炼狱"，但从这所学校走出来的学子们却并不这么认为，他们反而以拥有在衡中奋斗拼搏的历程为荣。该校 2011 届学生李松当时接受央视采访时曾高呼："多拿一分，压倒一千人。"靠着衡中给予的这笔宝贵财富，李松如愿考上了理想的大学，后成为了外交部常驻联合国代表团的外交官。

老师：听了几位同学的举例发言，大家有什么感触？

学生："青年时代，选择吃苦也就选择了收获，选择奉献也就选择了高尚。青年时期多经历一点捶打、挫折、考验，有利于走好一生的路。"

主持人：这位同学说得很好。要知道，春天的道路依然充满泥泞，没有哪一代人的青春是容易的。只有在年轻的时候奋斗过、拼搏过、奉献过，书写过人生的精彩、攀登过人生的高峰，我们才能在以后回忆的时候，自豪地道一句：青春无悔！

设计意图：人生之路是漫长的，但紧要处只有几步，尤其当人年轻的时候。通过榜样的力量启示当代中学生必须抓住青春好时光，走好人生的关键几步，远大的志向、奋斗的理念，靠自身的努力成就美好人生。

环节五：心中有梦，砥砺前行

主持人："中国女排"是一个大家都比较熟悉的名字。她之所以能被大家记在心中，是因为女排姑娘们有追求，敢拼搏，她们能让我们心动。2016 年里约奥运会，中国队小组赛遭遇罕见困难。但为了心中梦想和国家荣誉，女排姑娘们一直咬牙坚持，一分一分地拼，最终逆转东道主巴西队，复仇美国队，决赛又将将塞尔维亚队斩落马下，登上了最高领奖台。

请大家观看视频，体验女排的拼搏历程，夺冠的荣耀时刻。提出问题：什么是女排精神？对我们学习生活有什么启发？

学生："女排精神就是面对困难不放弃，敢打敢拼的精神。教育我们在学习过程中遇到困难也不能轻言放弃，要坚持刻苦学习，努力拼搏，相信风雨之后一定能见彩虹。"

设计意图：让学生通过观看女排夺冠的历程，学习中国女排面对困难永不放弃、顽强拼搏的精神，激发学生昂扬的斗志。

主持人：学会坚持，永不放弃，勇于拼搏，因为它们有一个响亮的名字叫"中国女排"；我们也有一个响亮的名字叫"中国少年"。若我少年者，前程浩浩；壮哉我中国少年，与国无疆！面对困难我们应该怎么做？播放 PPT 图片。

学生齐声回答：对自己狠一点，努力拼搏！把握生命里的每一天，全力以赴我心中的梦！

【班会后续】

每次励志报告会，都会有一些学生哭得稀里哗啦的，并立志好好学习，为考上自己理想的大学而努力奋斗。可为什么一段时间之后，这些学生就完全忘记了自己的誓言了呢？我想还是因为他们还是孩子，心智发育还不够成熟，容易受外界不良因素干扰，所以对他们的鼓励也不可能一蹴而就，靠一次班会课就达到所有的目的，课后活动仍尤为重要。我主要采用以下几点：

1. 结合学生历次考试成绩和平时在校表现及时与学生交流谈心。谈心时我主要把学生分成了三类：

（1）优秀生：这类学生一般各方面行为习惯都比较好，当然要多鼓励，帮助他们树立远大的理想和目标，争取更大的进步。

（2）成绩尚可，却有很多不良习惯的学生：这类学生爱玩，闲不住，总吃不了学习的苦。对他们最需要多谈心，帮助他们养成刻苦学习、奋力拼搏的良好习惯，有助于学生成绩迅速提升。

（3）学困生：这部分学生解决问题比较麻烦，有学生个人智力因素，有家庭环境因素，有学生感情和心理因素，但我本着"关爱学生"这一基本原则，努力学会理解和宽容学生，不断尝试用自己的心去温暖学生的心灵，不断地去鼓励学生，帮他们重拾信心和勇气。

2. 利用好电话、家长群平台和家长会与家长沟通，了解学生家庭成长环境，积极做好家校共育。现在很多学生家长外出务工，孩子成为留守学生，监护缺失；还有个别学生因父母离异、去世而感受不到家的温暖，失去了生活的动力。这些都成为影响学生努力拼搏的重要因素，我通过电话和微信做到了及时了解，适时补位，做好学生的监护。另外，很多学生周末返校后个别学生很容易犯困，打瞌睡。经与家长沟通发现，这些学生都有一个共同的习惯——在家玩手机上瘾。

3. 与本班其他任课教师多交流，多渠道、全方位了解学生学习动态，共同做好学生的心理帮扶，因材施教。本次班会课后我经常查阅学生作业，发现学生交作业及时了，书写较以前认真了许多，书写认真，答题规范。这应该是一种进步的表现。但还有个别学生作业书写潦草，应付差事，说明这些学生思想仍较散漫，课下还要通过单独交流了解其思想动态，积极引导。利用班主任工作日志，认真记录各任课教师反馈的班内学生消极学习信息和动态，及时了解情况，分析成因和寻找解决方法。

【班会效果】

通过本次班会及班会后续活动的开展，班级学风较前期有明显好转，学生精神面貌焕然一新，自习课终于静下来了，课堂气氛真正活跃起来了。现在，每人都在自己的课桌上贴了个小标签，上面写了自己的大目标（理想的大学）和小目标。班里的个别学困生也逐渐有了学习积极性。班委会还通过组织学生写挑战书的方式相互激励学习，这不，期中考试成绩出来后，班委会又酝酿向姊妹班级（13）班下战书了。这说明班里的学生开始有了奋发学习的决心和勇气，相信再经过一段时间的努力，我们班级会以一个崭新的形象展现给大家。

28. "三个工人"的秘密

——梦想的力量

张思敏

【班会背景】

高二是高中阶段的关键一年，这一年各学科难度都有所增大，一些学科还要参加会考，各学科为了赶教学进度，课堂节奏都有所加快，无形中给学生增加了很大压力，因此要求学生尽快适应本年度的学习生活，心理上也要迅速成熟。

我们班是疫情过后，根据学生选科新组建的班级，入班考试学生成绩还算理想，但自高二以来，有些同学出现了懒散、提不起精神、对未来迷茫的状态，学习不努力，其他活动也不积极。针对这种状况，我让学生写了一篇以《我的高二，我的梦想》为题的随笔，在读完学生以《我的高二，我的梦想》为题的随笔后，这一点得到了进一步证实：没有梦想，有梦想不能努力行动是班级学生中普遍的状态。

所以，帮助学生确立梦想，并努力实现自己的梦想，是班级急需解决的问题。

【班会目标】

1. 通过故事和实例让全班学生意识到有梦想的重要性。

2. 通过班会活动，让更多的同学参与到活动中来，帮助全班学生确立梦想。

3. 通过制订自己接下来的学习计划，帮助学生实现梦想。

【课前准备】

1. 教师准备：搜资料，做 PPT，找相关视频及图片。

2. 学生准备：拿出一张纸写出自己的梦想和理想大学。

3. 布置好教室、黑板，师生共办一期"追梦"主题板报，创造良好班会氛围。

【班会流程】

环节一：故事导入——初识梦想的重要性

主持人：有梦想就有希望，有希望才有未来，下面我们一起来看一个故事和一份调查报告。

故事内容：三个工人在建筑工地砌墙，有人问他们在做什么。第一个工人悻悻地说："没看到吗？我在砌墙。"第二个人认真地回答："我在建大楼。"第三个人快乐地回应："我在建一座美丽的城市。"十年以后，第一个工人还在砌墙，第二个工人成了建筑工地的管理者，第三个工人则成了这个城市的领导者。

学生讨论：这个故事告诉我们什么道理？

观点展示：人要有梦想，有梦想才有未来。无论我们现在的成绩怎样，绝对不能没有梦想。

哈佛大学有个《关于目标对人生影响的调查报告》：有一年，一群意气风发的天之骄子从美国哈佛大学毕业了，他们即将开始穿越各自的玉米地。他们的智力、学历、环境条件都相差无几。临出校门前，哈佛对他们进行了一次关于人生目标的调查。结果是这样的：

27％的人，没有目标；

60％的人，目标模糊；

10％的人，有清晰但比较短期的目标；

3％的人，有清晰而长远的目标。

25年后，哈佛再次对这群学生进行了跟踪调查。

结果又是这样的：

3％的人，25年间他们朝着一个方向不懈努力，几乎都成为社会各界的成功人士，其中不乏行业领袖、社会精英；

10％的人，他们的短期目标不断地实现，成为各个领域中的专业人士，大多都生活在社会的中上层；

60％的人，他们安稳地生活与工作，但都没有什么特别成绩，几乎都生活在社会的中下层；

剩下27％的人，他们的生活没有目标，过得很不如意，并且经常在抱怨他人、抱怨社会、抱怨这个"不肯给他们机会"的世界。

学生讨论：针对以上调查结果你又有什么感想呢？

观点呈现：通过调查结果可以看到，目标对人生有巨大的导向性作用，你选择什么样的目标，就会有什么样的成就和人生，如同现在的我们一样，不能因为一次考试成绩不理想，就萎靡不振，失去信心，放弃当时我们来一中时的初心和梦想。正如爱默生所说："当一个人知道自己的目标去向时，这个世界是会给他让路的。"

设计意图：通过讲述的故事和调查报告，让学生意识到人活着要有远大的理想和目标以及在学习的过程中有目标对实现梦想的重要作用，从而引出今天的班会主题"启航，向着心中的梦想"。

环节二：观看视频——感受梦想的力量

活动1：播放李东力，独腿英雄的视频《梦想，让他站起来》。

视频内容：该视频中，主要讲述了李东力三岁时，因一场突如其来的车祸，使他痛失一条左腿，是拐杖撑起了他一生的辛酸和荣耀。跌倒、爬起、空翻、托马斯全旋……独腿舞者李东力在聚光灯下的表演，让在场的所有人叹为观止，把残疾人自强不息、不甘人后的精神展现无遗。

活动2：心声大家谈：让学生谈自己的内心感受。

观点呈现：看了李东力的舞蹈我被深深震撼到了，在这种困难的情况下他依然能坚持自己的舞蹈梦，这就是梦想的力量。那么就现在的我来说，仅仅因为一次考试的失利，就被打败，放弃了自己的梦想，真是太不应该了，接下来我会重拾自己的梦想，为实现自己的梦想努力奋斗。

设计意图：通过观看视频，让学生进一步了解建立梦想的作用和力量，梦想有多大，舞台就有多大！

环节三：展示梦想——说出梦想，重拾初心

活动1：梦想小故事——展示名人的梦想。

（1）展示林肯的梦想：消除奴隶制，为黑人争得权力和尊严。

（2）展示岳飞的梦想：学艺报国。

（3）袁隆平的梦想：一是把"超级杂交稻"合成，二是让杂交稻走向世界，三是让种田的农民都富起来！

活动2：自由说梦。

让学生自由谈谈"我的感想和梦想"。

设计意图：通过活动1、活动2梦想的分享，激励学生坚定自己所想，并为下面的行动激发做铺垫。

环节四：自我检省——正视梦想的距离

活动1：班主任分享上一届一位学姐梦想逐次降级的故事。

主持人：这是一个真实的例子，你是否也像这位学姐一样，早已将最初的梦想遗忘在来时的路上？

活动2：播放学生上课时的照片。

主持人：同学们能否看到你的影子，课堂上睡觉、聊天、吃零食、玩手机、听音乐，这些照片不令我们羞愧吗？这些行为无疑使我们与梦想的距离越来越远。

活动3：主持人播放背景音乐《最初的梦想》，请两位同学朗诵《追逐梦想》。

活动4：播放电影片段《中国合伙人》《北大追梦》。

讨论：通过观看这两个视频，对你有何启发？你的目标是什么？距离实现自己的目标还差多远？

设计意图：通过身边人真实经历的分享及学生上课图片的展示，提醒学生坚持自己最初的梦想，不要放弃，观看励志视频，让学生结合自身实际，思考自己的目标是什么？距离实现自己的梦想还差多远。

环节五：实事励志——乐于追梦，寻找追梦的方法

活动1：分享励志故事《你凭什么上北大》。

主持人：下面请欣赏梦瑶同学为我们带来的北大女生贺舒婷的故事《你凭什么上北大》（故事略）。

活动2：视频连线——学姐分享自己坚持追梦的经历。

主持人：相信通过刚才的励志视频和故事，大家心中的梦想已被重新点燃，我们要做的就是马上行动起来，当然，在追梦的路上会遇到很多困难，很多困惑，大家有什么问题可以问学姐（视频连线学姐婉璐）。

部分观点展示：

1. 付出和回报总不成正比，现在的我比较浮躁，我该怎么办呢？

婉璐：我也面临过这种困境，但是我并没有因此而失去信心，而是调整心态，调整方法继续努力。我建议你调整好自己的心态，平和沉稳而积极，这样才能最大限度地提高自己的学习效率，并让你时刻保持充沛的精力。

首先要非常明确自己要做什么，你的目标只有一个，就是在高考中拿到尽可能多的分，其他的一切都是不重要的，偶尔的测试不理想算不了什么，外界的人和琐碎杂事都不应该让你的情绪有任何的波动。

然后要对自己如何实现目标有一个合理的规划，知道如何一步步去实现它，这样才不会迷茫不知所措。

最后一点就是要时刻地激励自己，并做到松弛有度。毕竟，高中的生活是辛苦和单调的，一句话，学会控制心情，调整心态。

2. 学姐，你能给我们传授一些你的学习方法吗？

婉璐：传授是说不上的，只能说一些个人的拙见，希望对大家有所帮助。

要注意时刻反省。吃饭时、走路时、睡觉前、晨跑的时候，一切不能用来学习的时间都可以用来反省。反省自己的优势和弱势，对于弱势怎样弥补。我们时常说人的潜力是无限的，但这种无限的潜力怎么去挖掘呢？关键点就在于自己的弱点上，弱点总是相对存在的，所以你总可以做得更好，这就是潜力。反省让你对自己的实力了如指掌，这样才能最有效地分配时间。

具体到学习方法上，其实每个人的方法都不一样，适合自己的就是最好的。我只想说一点比较通用而且非常重要的：每次测验之后统计自己应该拿到但却丢掉了的分数。这些分数是你最容易提高的部分，每次考试都要提醒自己尽量减少在这方面丢失的分数，减少失误也是一种能力。

活动3：小组讨论与个人发言（随机6～8人）。

讲述自己要怎样努力来实现自己的梦想。

设计意图：采用视频连线的方式，当面解惑和分享学习方法，最能鼓舞学生坚定自己的梦想，给学生信心。从"行"的角度，引导学生用行动追求梦想，巩固班会效果。

环节六：全体宣誓——表明追梦的决心

宣誓（班级每日誓言）并展示班内学生的理想大学图片（放映幻灯片）。

班会在宣誓声中结束，余音袅袅……

【班会后续】

这堂班会课虽然结束了，但仅凭一节班会课就想达到想要的成效，还远远不够，接下来还有很多工作要做，趁此机会我做了以下几点工作：

1. 让同学们为实现自己的梦想设立自己的目标。

（1）目标要明确并分短、中、长期阶段，越具体越佳。

（2）找出可以达成这个目标的方法，方法越多，目标达成的机会越大。为每种方法拟定清楚且可行的行动计划表。

（3）将自己的目标贴在班级展示墙上和自己的课桌上，每天看自己的目标。

（4）拟定详细的执行计划，按首先——最重要——次重要顺序。

（5）许下承诺并写下自己的誓言，开始行动并坚持到底。

2. 填写下面的表格并张贴到桌子上。

行动计划表

姓名：				人生理想：			梦想大学：	
	语文	数学	英语	化学	生物	历史	总分	排名
期中考试								
期末考试								
一模考试								
二模考试								
期中考试								
三模考试								
高考								

我的行动计划表：			姓名：		
学习习惯培养	周一	周二	周三	周四	周五
我能做到"入班即静，入座即学"培养自己的专注力					
我每天上课通过多做笔记、多发言，来集中注意力					
我每天坚持弄明白做错的题目，不懂得问题及时问老师或同学					
当天的问题，我能做到当天清，绝不堆积到明天					
我每天都会自我反省					

3. 帮助学生建立自信的具体方法。

（1）抬头挺胸，走快一点，许多心理学家将懒散的姿势、缓慢的步伐跟对自己、对工作以及对别人的不愉快的感受联系在一起。但是心理学家也告诉我们——借着改变姿势与速度，可以改变心理状态。

（2）练习当众发言，拿破仑·希尔指出：有很多思路敏锐、天资高的人，却无法发挥他们的长处参与讨论，并不是他们不想参与，而是因为他们缺少信心。从积极的角度来看，如果尽量发言，就会增加信心，下次也更容易发言。

（3）以勤补拙，增强自信，自信来自勤奋、刻苦、付出。作为学生，要建立自信，必须积极向上，勤奋学习，开阔视野，不断用科学文化知识充实自我，更新自我。

（4）进行体育运动。

4. 成绩出来后及时和每位同学谈话，了解情况，和他们一起分析原因，对于学生困惑给以指导，引导他们及时改正调整，增强自信心。

5. 为了鼓励学生，做他们的坚强后盾，定时召开家长会，和家长沟通交流；每次考试结束都让家长给学生写一封信，一是让学生知道，自己身后一直有父母的支持和鼓励，二是给学生继续坚持下去的信心。

【班会效果】

截止写稿，班会已经召开，班会的后续工作也在逐步进行。对于学习上有困惑的学生，在听了学姐的建议后，也在总结自己的问题所在，及时进行纠正，不知道怎么学习及没有学习方法的学生在逐步寻找适合自己的学习方法，班级的学习氛围越来越好。

通过本次班会让学生意识到了有梦想的重要性，从而让学生重拾自己的梦想，并设定目标，通过观看励志视频，让学生坚定自己的梦想，相信只要自己坚持努力，就一定会实现自己的梦想，在班会活动的互动过程中，增强了班集体的凝聚力，培养了班干部的独立自主能力和组织能力，同时也让更多的同学参与到活动中来，增强了学生的自信心，为学生更全面的发展提供一个很好的平台。

29. 找一个理由去坚强

——做最好的"后浪"

高 明

【班会背景】

新高考模式的实行，让学生能够充分发挥主观能动性，通过选择不同的学科组合，能够更好地发挥同学们的学习潜能，充分发挥他们各自的长处，更能适应国家选拔人才的要求。

目前临近高三，刚刚进行完期中考试，有些同学进步巨大，与此同时也有些同学成绩下滑，或者还有些同学一直没有达到自己理想的目标，没有考出自己的真实水平。新课部分截止目前也已经全部结束，学校计划于五一假期后提前开始进行紧张的高三一轮复习阶段，班内学习气氛普遍有些浮躁，如何让同志们戒骄戒躁，保持优势，追寻更好的自己成了当下必须慎重对待的问题。比如说我们提倡"不懂就问"，但会有同学以问问题的借口嬉笑，或者是一道题看着不会，在有答案的情况下仍然不加思考就拿去问同学，这其实是不利于培养同学们自主思考的能力的。另外还有些同学，平日里看起来争分夺秒，每周的小测验成绩也都不错，但到一些大型考试往往不能够达到预期的水平……

诸如此类问题，其实这些都与孩子们平时的态度密不可分。而且目前班内有相当一部分同学没有进入良好的备战高考的状态，暂时未达到自己理想的目标与预期的成绩。同学们这种梦想的遥远与当下自己能力不足的现实落差造成了激烈的矛盾和冲突，甚至容易让他们产生自我怀疑等消极情绪，学习如逆水行舟，不进则退。长时间紧张的课业学习也难免会让同学们感到疲惫或者产生懈怠的念头，"心有余而力不足"的学习现状困扰了相当一部分同学。

【班会目标】

1. 通过"我的大学"PPT 展示，让同学们意识到梦想与现实的落差，激发其学习的内驱力。

2. 通过理想与现实的落差分析让同学们意识到当下必须奋力逐梦高考的情况，帮助同学们规划圆梦的措施。

3. 通过榜样们的力量让同学们更加坚定"敢于有梦，勇于圆梦"的决心。

【课前准备】

1. 教师准备：收集同学们的理想大学，制作成理想大学的视频合集；收集材料，提前拟定班会流程；制作PPT，准备"心愿箱"；联系好以前的一位学长，商量具体演讲事宜；收集一些大学所在城市照片。

2. 学生准备：提前规划未来，制作心愿卡片，拟定誓词。

【班会导入】

活动形式：播放励志视频《后浪》。

主持人：同学们，在开始前，让我们先来看一个视频。有些同学在疫情期间可能看过这个视频，当时几乎可以说是刷屏了各大网站，有些同学已经猜到了对不对？就是《后浪》，现在让我们再来共同欣赏一下，看看是否会有新的感悟。

（播放视频）

主持人：好，看完这个视频，有哪位同学和大家分享一下自己的感受？

（学生分享）

主持人：说得特别棒！那你愿意和大家分享一下自己未来想做的事或者自己对未来的憧憬吗？

（学生分享）

主持人：非常棒的梦想！同学们掌声在哪里？谢谢这位同学的分享！

【班会流程】

活动一：梦想大学展示

主持人：同学们，我们正处在一个充满了机遇与挑战的时代，一切皆有可能，驻足时代洪流，我们每个人都有实现梦想的机会，而梦想如星河长明，永远是我们前行的方向和奋斗的目标，三毛曾说："一个人至少有一个梦想，有一个理由去坚强。"

那么同学们，现阶段，你们的梦想又是什么？或者说，一年半以后大家想考入哪所大学？现在，让我们欣赏全国的几所高等学府，看看这些是不是你心仪的大学（播放幻灯片）。

活动形式：PPT 播放大学照片。

主持人：刚才展示的几所大学，都是同学们在"我的大学"上填的大学，也是全国各地学子梦寐以求的学府。在此，我想问一下同学们，你们有多少把握一定能被这些大学录取？

设计意图：让学生快速有参与感，避免一开始就感到枯燥、乏味。先是从其理想大学入手，以当下与理想的差距为出发点，让同学们再次直面自己丰满的理想，充分调动他们"心怀梦想"的意识。

活动二：对比反思，找准定位

主持人：现在让我们来看一下这些大学去年的录取分数线。

活动形式：PPT 呈现若干大学去年录取分数线，并随机找两名同学分享梦想大学，让他们分析现状与梦想的距离。

PPT 分别展现了北京大学、清华大学、哈尔滨工业大学、南京大学、北京外国语大学、国防科技大学、北京航空航天大学、中国人民大学、浙江大学、山东大学的照片以及一些大学 2020 年的高考录取分数线。

主持人：怎么样，同学们？会感到很遥远吗？这是大家现在所能触碰到的目标吗？

主持人：现在请同学们拿出来我们的心愿卡，在卡片上写上自己的名字，写上自己的理想大学，再写上这个大学的录取分数线以及自己目前能够考出的成绩，把他们相减，是正数还是负数。相差会不会很大？

相信每个同学都曾有过这样的感觉："我以后绝不会是一个平凡的人。"冥冥之中，会觉得"天将降大任于斯人也"。的确，少年嘛，谁都不甘平庸，总是"欲与天公试比高"，可是同学们，梦想如此远大，你能接受将来回头再看时，年少的梦想沦为空谈吗？

设计意图：通过帮助同学们明确"梦想"与"现实"之间确实存在落差，以此来让学生意识到"任重而道远""革命尚未成功，同志仍需努力"的现状。

活动三：欣赏名人风采

活动形式：观看刘翔发布的励志演讲视频《致敬赶路人》，找两名同学分享自己观看视频的收获，能从中学到什么，对自己有什么启发。

主持人：同学们，大家还记得被称为"亚洲飞人"的刘翔吗？他是中国体育田径史上，也是亚洲田径史上第一个奥运会冠军，以一己之力挑战了不可能。现在让我们一起看一个视频，然后我们再找两名同学分享一下自己的心得。

（播放刘翔演讲视频）

主持人：你对刘翔有多少了解呢？（同学回答）那在这个视频里，你看到了怎样的刘翔？（学生分享）这对你有什么启发呢？（学生分享）

主持人：同学们，所有光鲜亮丽的背后无不承受着不为人知的磨难，高考就是得"博他个无悔青春"，谁的成功都不是一蹴而就的。空谈误国，实干兴邦，你我都敢于有梦，但是，空有一腔热血是不够的，激情终会有褪去的时候，如果不能做到脚踏实地，以后的路会更加坎坷。就像仰望星空的时候必须要脚踏实地，不然就会很容易摔跟头。

设计意图：自然地从梦想联系到当下的实际，让同学们在刘翔身上感受这种鼓舞，使同学们产生这种想要付诸实际行动的迫切希望，进一步激发同学们的热情，引人入胜。

活动四：榜样的力量

活动形式：请一位已经毕业的刘竞哲学长为学弟学妹们做演讲。

简介：该学长曾在班级后几名，后来经过不懈的努力和自己独到的学习方法逆袭到了班级前三，最终以优异的成绩被哈尔滨工业大学录取。此番演讲，也是为学弟学妹们做个榜样，分享一下自己的心得和学习方法。

主持人：谢谢学长的分享！刘竞哲学长为我们树立了一个极好的榜样，同学们，只要你敢想、敢拼，就没什么是不可能的。所谓"黑马"也全部都是努力铸就的！比我们优秀的人还在努力，我们还有什么理由不去拼搏呢？

学生活动：闭上眼睛，静静思考两分钟，扪心自问一下自己是否真的拼尽全力了呢？每一天都过得充实吗？想想自己的梦想，想想自己想要的未来，想想父母和老师的期望，要怎样做才能让十二年寒窗苦读都不白费？

主持人：同学们，我们必须强调的是那种设立目标，然后再尽一切努力去实现目标的做法对我们每个人都有启发意义。设立目标，当然谁都会，真正有意义的是付诸行动。付诸行动的过程一定会很辛苦，但我们的最终目标是高考，是千军万马过独木桥，为实现梦想而努力的过程就犹如走路，如果感到很难，也先别急着放弃，因为我们一直在走上坡路。

设计意图：用身边的优秀榜样唤起同学们对榜样进行学习的意识，树立目标取长补短的意识。

活动五：学霸心得

活动形式：让预先确定的一名同学分享自己的梦想和学习心得（确定在时间允许的范围内，约三四分钟）。

主持人：正如×××同学所分享的一样，大家的时间都不够用，但要努力安排好这些时间，在有限的时间内做最有效率的"功"，提高学习效率，找到适合自己的学习方法，每道题都落实，每门功课都不懈怠，每天都积累一点点，日复一日，年复一年，长此以往，就一定会有所收获！

设计意图：让学生明白优秀的学霸们大多具有相似的品质，勤奋且好学，努力且刻苦，并且有一套自己的学习方法，让大家意识到学习的方法和途径有很多，但找到适合自己的学习方法才是最重要的。

活动六：闭目两分钟

主持人：本次班会也快接近尾声了，再回首望去，自己是何时有了梦想呢？好久了吧？年轻的心向往未来和挑战。不惧风雨，砥砺前行，未来充满希望，梦想在未来等着大家。

活动形式：PPT播放一些同学理想大学所在城市的幻灯片，之后全体同学沉思两分钟，回顾梦想，描绘自己的未来。

（两分钟后再找两位同学）

主持人：请问你的理想大学是？（学生回答）

主持人：愿意和大家分享一下班会开始时写的心愿卡片吗？

（通过视频展台投影）

主持人：在此我想问一下，我们有这个必胜的信心吗？就算现在跟自己的理想仍有差距，就算很难，但我一定能考上！对不对？

学生：对！

主持人：好的，谢谢这位同学的分享！掌声鼓励！加油！

设计意图：用再次闭目反思的活动环节来让学生从对过去的反思转向对未来的描绘，从而铺垫积极昂扬又向上的氛围，再找两位同学向大家展示自己的心愿卡，带给大家一种"与我息息相关"的感受，将班会气氛推向最高潮。

活动七：庄严宣誓

活动形式：全体同学起立宣誓。宣誓后依次将自己准备的心愿卡片投入心愿箱中，并在宣誓词后签上自己的名字并按上手印。

誓词

我庄严宣誓：

我的梦想大学是××，为此我要付出比过去更多的努力。三更灯火，正值少年苦读之时，五更鸡叫，起舞还须久成功。尽管，前路征途漫漫，哪怕火海刀山，心中有梦想，脚下就有力量。从现在起，珍惜每分每秒；从现在起，努力每分每刻；从现在起，拼搏每日每夜；从现在起，铸我成功之道。未来，将会属于我们，成功，必定属于我们！

宣誓人：××

宣誓后，由主持人负责组织同学们按列依次向讲台上的心愿箱内投放自己的心愿卡片，随后再在誓词上签上自己的名字并按上手印。此时播放背景音乐《Travelling light》。

设计意图：通过让全体学生进行宣誓、心愿卡的收集和承诺的签订这一系列活动来进一步激发学生们树立远大目标，实现伟大理想，立足当下，向梦想进发的昂扬斗志，让班会的效果回荡在同学们心头，让这份激励长久地在同学们的学习和生活中发挥积极正面的影响。

【班会后续】

在之后的学习生活中，作为班主任，我和各任课老师将更加注重孩子们精神方面的疏导和鼓舞，也将及时地和学习上出现问题的学生沟通交流。比如说开头提到的那位问问题不太注重方法的同学，我们已经和他进行过相关问题的交流，通过和班级干部商讨，也为他确定了"一对一帮扶"的人选，本着"不放弃任何一个人"的原则，我们也陆陆续续地和其他孩子进行了类似的交流，"一对一帮扶"政策也逐渐完善，不放弃班级任何一个同学。

通过和班内班级干部及学习组长们结合，分析班内同学在学习中存在的各种问题和当下班级内存在的其他各种问题，再共同商讨解决方案；和每个同学交流，帮助他们认清学习现状，分析其学情，鼓足其干劲儿；定时召开家长会，和家长同志们一起探讨如何做好同学们的后勤服务工作，与家长朋友们一道共同助力孩子们的逐梦之旅，尽最大努力帮助他们实现梦想。

【班会效果】

本次班会目的是在即将步入高三阶段为孩子们打气加油，鼓舞干劲儿，通过这次班会，调动同学们"悟以往之不谏，知来者之可追"的积极性，激发孩子们"善于有梦，敢于追梦，勇于圆梦"的斗志，为实现远大梦想，实现无悔青春而奋力拼搏的坚定决心，并发扬坚持落实到切实行动上的实干作风。

经过这次班会，我也学会了很多，更加了解班内孩子们的真实情况，这对于我今后的教学是有很重要的意义的，比如说一定要关注孩子们的精神状态和心理状况，因为这是他们学习和生活的基础；切实做到因材施教，根据每个孩子的不同和差异，针对性地制定相应解决方法。在以后的工作中我将更好地落实和贯彻这两大项。

30. 莫让世俗染了少年魂

——点燃心之所向

赵伟英

【班会背景】

随着互联网的高速发展和迅速普及，学生已进入网络时代。近年来，在丧文化和正能量的相互碰撞中，学生处于迷茫阶段，极易被网络上形形色色的丧文化所蒙蔽，迷失自我。所以，学生需树立正确的人生价值观，增强辨别是非的能力。

同时，对于高二这一重要的分水岭，有些同学缺少认知能力，缺乏自信；有些同学甚至把坏心情带到学习生活中，严重影响学习生活；此外，来自家庭、社会、学校等各方面的压力，也使得他们开始自暴自弃，颓废不前。

距离高考不到 400 天，"寒门出贵子，鲤鱼跃龙门"，高考是这帮孩子改变命运最关键的一仗。我们班一直带有"2019 级最差的班级""养老组合"的标签。面对家长的望子成龙，老师的殷切期望，学生们太想打好这场"翻身仗"了；但是这样的压力，未免都是好的。"太难了""我学不会""放弃吧""对不起老师，对不起妈妈"……太多这样的声音在班级内回响。因而学生亟需正视自身的不足，并能够发现自己的闪光点。

【班会目标】

通过班会让学生树立正确的人生价值观，帮助他们设立目标，寻求梦想。

【课前准备】

1. 教师准备：查找资料，制作 PPT，准备奖品若干、卡片和留言板等。

2. 学生准备：将课桌围坐摆放，准备好纸笔。

【班会流程】

一、莫让世俗气，沾染少年魂

活动 1：畅谈"少年"

老师：每当我们听闻"少年"二字，内心多半是美好的，少年的征途是星辰大海，是万里波涛。现在，请同学们自由表达自己对少年时的期许和祝愿。

观点展示：我希望能尽快摆脱现在颓废的状态，以少年的雄姿英发，捡回往日的骄傲与辉煌。

设计意图：激发学生对班会的兴趣，学生与老师的交流对话，拉近老师与同学之间的距离。为后文做好铺垫，加强情节渲染。

活动2：PPT呈现四幅照片

老师：同学们仔细看看上面的4幅图片，是不是觉得很眼熟？

学生1：第一张是国外表情"鲍比·希尔"，第二张是国内表情"葛优躺"，第三第四是动物界的"悲伤蛙""长了脚的鱼儿"。

学生2：他们被誉为"丧届四大天王"。

老师：不知从何时起"丧文化"开始疯狂滋长。但在"青春"这个大命题内，是否可任由其发展呢？同学们以前桌子上是自己向往大学的图片，是各种励志名言。而现在呢，被满满的负能量语言所吞没……我们本不应让那些污秽沾染了我们年轻的纯净灵魂。

设计意图：让学生对"丧文化"有更深层次的认识。

活动3：赶走"坏心情"

老师：现在，每人发一张"烦恼清理单"，你们可以把自己的烦恼、不满等坏心情写在上面，匿名的哦。然后交给我，我会打乱再发给其他同学，大家给出建议之后再给我，让我们一起帮助你得到切实的帮助好不好？

（同学们收到卡片后，开始写下烦恼，收集并打乱，再次发下，让同学们写下建议，再次收集）

老师：下面我们共同制作一个主题为"滚蛋吧，丧君"的留言板，把这些"清理单"挂在上面吧。

（同学们将自己的卡片依次粘贴留言板上）

设计意图：

1.增强课堂趣味性，活跃气氛。

2.全体参与，增强集体意识。

3.同学们合理宣泄小情绪，既有利于个人的身心健康，也能促进教师教育工作的开展。

二、你就是你，独一无二的你

活动4：PPT呈现奥托·瓦拉赫的故事

奥托·瓦拉赫是诺贝尔化学奖获得者。在他读中学时父母曾为他选择过一条文学之路，但由于瓦拉赫做事拘泥过于谨慎，在文学上很难发挥，于是改学油画。不料他又不善于构图，对艺术的理解也不强，成绩竟在班上倒数第一。面对如此笨拙的学生，绝大部分老师认为他已成才无望，但只有化学老师认为他做事一丝不苟，建议他试学化学。若干年后，瓦拉赫变成了化学方面公认的"前程远大的高材生"。

老师：主人公身上的闪光点有谁发现了吗？

学生3：虽然外界对自己的评价不佳，但他仍然没有放弃，发掘了自身的化学天赋，并坚持不懈地走下去，最终用实际行动改变了自己的命运。

设计意图：通过小故事，让学生知道每个人都有闪光点，闪光点应从日常生活中去观察；让学生了解闪光点亦是我们人生道路的起点，也是我们通向成功的大门。

活动5：播放PPT上的图片

老师：现在PPT上有三张不同的图片，第一张是钻石，第二张是鹅卵石，第三张是石头，现在请大家说一说，你们认为他们有什么用处？

学生4：钻石被人们赋予永恒的含义，可以被打造成钻戒。

学生5：鹅卵石独特，可以用于装饰鱼缸。

学生6：这个石头形状奇特，有很大的观赏价值，可以当作一个旅游胜地。

老师：你们每个人都说得很对。他们各有所用，那么你们对此有什么看法吗？

学生7：它们在我们的生活中很常见，但它们又很特别。它们用自己的闪光点成就了它们一生的价值。

学生 8：我们或许会因为一次成绩下降，一次被老师的批评，一次被同学的嘲笑而感到迷茫，但一定要相信，自己就是独一无二的。

老师：你们的见解都很到位。"青春"多么美丽的词汇，让我们在这美丽的年纪闪闪发光，让我们"以梦为马，不负韶华"。请同学们全体起立，大喊："我行，我能行，我一定行！"

设计意图：让学生明白自身独特的闪光点，树立每个学生的独特意识，提高他们的自信心。

三、放飞梦想，扬帆起航

老师：接下来我们看一个故事。

活动 6：PPT 呈现浮克的故事

20 世纪末，浮克一度成为某高校里一个不愉快的话题，身为物理老师跟着一帮人到处走穴，被人端掉了铁饭碗。有人惋惜：一个农民的孩子考上大学已是不易，能够留校任教更是幸运，为什么不好好珍惜呢？更让人难以理解的是他家世代务农，除他之外没人对音乐感兴趣，在农村时他对乐器的概念，就是二胡和笛子。一直读到大学三年级，他才第一次摸到西洋乐器，然而这一切都阻挡不了浮克追逐的脚步。

老师：好，先看到这。大家知道这个横线上应该填什么吗？（两分钟后）

学生 9：梦想。

老师：很好。那之后浮克的生活又发生了怎样的变化呢？

他艰难地辗转于广东、福建等地，废寝忘食地流浪在音乐天地里，多年后凭借一首《远空的呼唤》，他一下子走向全国 MTV 大赛金奖的领奖台，接下来他的才华也开始得到不断的释放，《为你》获得全国 MTV 大赛金奖，《快乐老家》获中国原创歌曲总评榜冠军……一个个接踵而至的荣誉使浮克迅速蜚声国内流行乐坛。因那份对音乐的痴情和坚持，中国少了一个平凡的大学教师，却多了一个才华横溢的音乐才子。

老师：浮克是通过什么来实现自己的梦想的？

学生 10：作词作曲的天赋、孤注一掷的勇气、坚持不懈的精神。

老师：让我们把掌声送给他。如果我们最初拥有的只是梦想，然而，之后的一切都将从这里出发，最终的结果还是要靠自己。

设计意图：让同学们明白一个人的人生，只要有梦想就有自己追逐的目标，但同时，落实梦想还是要看自己的行动，有想就要有动。

活动 7：梦想小游戏

老师：好了同学们，现在我们做一个小游戏。

游戏规则：每人发三张纸条，第一张请同学们写上自己的名字，第二张写上将来某个时间某个地点，第三张写上梦想中想做的事。然后从第一份中随机抽取一张，二、三份同上。读出三张纸条连起来的一句话。

例：李华　　在 2019 年的教室里　　讲课

设计意图：提高同学们的积极性，活跃气氛；加深同学们的印象，增强课堂效果。

活动 8：总结寄语

老师：面对当下流行的"丧文化"，你们或许也曾深陷其中，开始怀疑自己。类似于"我的人生也就这样了""我只是来凑数的"这样的话是否在你们的脑海中浮现过？我们请两位班长为这次班会进行总结。

副班长：我认为没有人生来就是凑数的，每个人都有自己的闪光点，都是这世界上独一无二的自己，就像每个人都有一个属于自己的梦想，而你就是实现梦想路上唯一的高墙，越过去全世界都能看见你的光。

班长：梦想是一个闪闪发光的词语，有人说，"如果我不是在梦想中，就是在通往梦想的路上。但梦想越远大，实现的过程就越艰辛。"我们要勇做追梦人。

老师：这两位班长总结得很好。少年狂，志气破山河。梦无限，朝气蓬勃空未来。内心有梦想，未来不彷徨，以梦想为帆，我们尽情乘风破浪！不要忘记在追梦路上有我陪你们一同前往！

【班会后续】

1. 班会后请每位同学给老师写信，可以是自己学习或生活中的困惑，也可以是难以言说的心事，等等，之后老师进行回复或者找同学谈心。这有助于学生打开心门，以更积极的面貌迎接接下来的学习生活。

2. 让每位同学写出自己的理想大学以及下次考试的目标。教师制作人生规划表，让学生填写并分享。这有助于学生积极思考并构建自己的人生规划，努力追梦。

3. 每日宣誓。在开始每一天的课程学习之前，全班同学起立宣誓：

为了我和班级的成功，我宣誓：

不做怯懦的退缩，

不做无益的彷徨，

我将唤醒所有的潜能，

我将凝聚全部的力量，

我要将拼搏进行到底，

今天的我一定比昨天更棒！

以此来激发学生学习的动力，增强他们学习的激情。真正做到走进来、坐下去、学进去。

4. 课堂演讲。在每节语文课之前进行一句话演讲——选择最能够打动你的名人名言，结合一些真实事例或个人的情感体验进行分享，并将这句话张贴在班级文化墙上。这能够在潜移默化之中帮助学生树立起坚实的自信心，以昂扬的态度来迎接挑战。

【班会影响】

本次班会之后，我们仔细观察了本班同学的日常生活和学习状态，结果惊喜地发现，在面临小考大考的多重压力下，在承受父母老师的殷切期望下，他们不再喊苦叫累，不再怨天尤人，而是以肉眼可见的高效率处理好了自己的情绪与学业之间的矛盾。少年本该如此，稚嫩的肩膀也许扛不起国家的重担，但也有足够的力量去扛起成就自己一方梦想的重任。

行走在教室中，聆听着他们朗朗的读书声，注视着他们埋头钻研难题的神情，顿时觉得这每一步微小的努力，终将是命运赠予他们的礼物。学生小B饱受"丧文化"的荼毒，日益沉迷网络，甚至产生厌学的情绪，我和他不止一次谈过心，小B对自己十七八岁最美好的年纪充满了迷茫和厌恶。本次班会让他深刻地理解了少年人在这个世界扮演的角色，以及不可或缺的重要性。从此以后，小B一改萎靡之态，成绩也突飞猛进，以自身诠释何为"此间少年郎"，着实让人惊叹。

班内不良风气渐渐少了，留给这群孩子的时间也渐渐少了。班会的意义不只在于激发他们内心的斗志，也给予我们更多的沟通理解的时间。我相信，这群少年定将乘风破浪，不畏艰险，为自己的十二年寒窗画上一个圆满的句号。

31. 品味责任的力量

——"疫"往无前面高三

魏素臻

【班会背景】

由于 2020 年春季的新冠肺炎疫情突如其来，影响着国家和社会，牵动着全国人民的心。在这场没有硝烟的战役中，我们看到了大国担当、名人担当和许许多多勇于担当责任的人，而承担责任是每一个人应尽的义务，也是人存在的价值所在。

我以本次疫情为背景，开展高考前的一次班会，与学生一起探讨"责任"这个话题。天下兴亡，匹夫有责。梁启超说："少年强，则国强。"说的是青少年的各方面都强大了，并有着爱国之心，那么我们的国家就会强大起来。作为中国人也为青少年，要有担当精神，所谓担当，就是接受并负起责任。而作为高三学子来说，眼下的责任与担当就是肩负起学习的任务，奋力高考。

因此，想借此次班会对疫情期间国家与个人反映出的"中国精神与担当"的深刻剖析，提高学生的公民意识，引导学生树立正确的价值观、承担自己的社会责任。在高考倒计时之际，帮助同学们建立起内心的责任与担当，激发同学们集中精力奋发图强的动力，一往无前，奋战高考。

【班会目标】

1. 通过对疫情期间国家与个人反映出的"中国精神与担当"的深刻剖析，让学生意识到自己身上的责任与担当。

2. 正面引导和帮助学生收获勇担重担的责任意识，明确当下如何战胜高考，并激发同学们奋发图强的热情，一往无前，奋战高考。

【班会准备】

准备 PPT、视频、图片等素材；准备"责任树"书签；准备卡片；学生学唱《我和我的祖国》。

【班会流程】

一、回顾 2020

PPT 呈现：2020 年是不平凡的一年，一场突如其来的疫情打乱了我们的生活节奏，但我们毅然共同携手，齐心抗疫，2020 年已经过去，但疫情并未结束，防疫工作时刻不能松懈，我们的学习仍要继续向前。

PPT 呈现图片（国外疫情）：

PPT 呈现图片（国内疫情）：当前，我国的疫情防控持续向好，但国外新冠肺炎疫情仍处于大流行阶段，这触目惊心的数字也表示了疫情输入我国的风险持续存在，国内多地不断有境外输入病例。

学生活动：全体同学起立，默哀三分钟，深切悼念为新冠疫情的牺牲烈士和逝世同胞。

设计意图：迅速将同学们带入严肃的氛围，触动同学情感，创造一个良好的班会氛围，PPT 所呈现的触目惊心的数字表明疫情并未结束，以启发同学们"革命尚未成功，同志仍需努力"，学生活动意图启发学生"天下兴亡，匹夫有责"，以顺利引出班会后续环节。

二、疫情之下，彰显大国的担当与责任的力量

（1）大国担当。

播放视频：大国情怀——疫情肆虐下的中国精神与中国担当。

PPT 呈现：从疫情暴发之初的世界"重灾区"而后被称为"世界上最安全的地方"，中国在果断采取措施、快速查找传染源、迅速隔离救治感染者等方面向世界诠释了"大国担当"。西班牙政治学家阿尔韦托·克鲁斯发表文章称，中国为全世界争取了时间。这充分体现出了大国的责任与担当，从而争取到了更多人的平安与健康。

PPT 呈现：中国疫苗助力全球抗疫。

PPT 呈现新闻：据中国外交部最新消息，中国目前已经或正在向 53 个国家提供疫苗援助，向 27 个国家出口疫苗。近日，中国对蒙古、埃及、泰国、新加坡、多米尼加、玻利维亚等国的疫苗援助和出口都已运抵当地。春节期间，中国向津巴布韦、土耳其、秘鲁、摩洛哥、塞内加尔、匈牙利、阿联酋等 7 国交付了疫苗。中国对外提供和援助新冠疫苗的行动一直没有停歇。

学生活动 1：让学生自由讨论，分享到这里，同学们有何感想呢？

观点呈示：我们中国承担了大国的责任，展现了大国的担当！我无比庆幸我是一个中国人，我为祖国感到骄傲！

学生活动2：文艺委员带头合唱《我和我的祖国》。

设计意图：从观看《大国情怀——疫情肆虐下的中国精神与中国担当》视频和PPT呈现的新闻，让学生更清晰直观地感受了中国精神与担当，合唱《我和我的祖国》更是直接点燃了全体同学的心，由大及小，为接下来的个人担当做了铺垫。

（2）责任的力量。

PPT呈现图片。

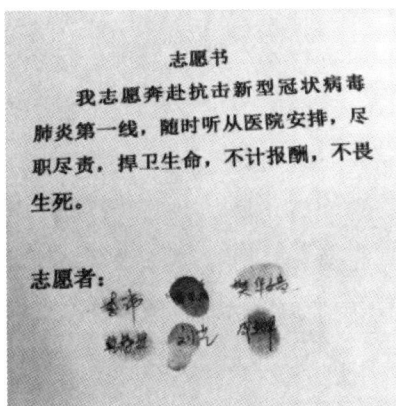

PPT呈现：17年前带头抗击非典的钟南山院士，17年后又从广州奔赴武汉。由于买不到当天的航班，他选择坐高铁，一落座就拿出文件研究，在武汉开完会，又立刻赶往武汉金银潭医院了解患者的收治情况。同行者拍下了钟南山院士在车上休息的照片，现在已经84岁高龄的钟南山院士，建议大家"没什么事不要去武汉"，但自己却义无反顾地赶往武汉防疫第一线。

疫情暴发初期，一张钟南山院士和一张请战书照片火爆全网，84岁钟南山挂帅和大批的白衣天使志愿奔赴武汉，哪有岁月静好，不过是有人替你负重前行！

老师：同学们，在疫情期间，我们总能看到很多人投入这场疫情战役中，他们全副武装，连续工作7～8个小时，为了节约防护服，甚至不吃不喝。当防护服脱下的那一刻，全身湿透，精疲力竭。他们也是父母的孩子更是孩子的父母，同学们思考一下如果你是他们，你觉得支撑他们的是什么？

学生活动 1：学生思考。是否更加深刻理解了什么是"中国精神与担当"？

观点呈现：身虽隔离但心手相连的紧密团结，把一个个不可能变为可能的实际行动；一个个挺身而出的凡人英雄，一个个细微处涌动的爱心暖流；在看不见硝烟的战场把职责使命扛在肩上，不畏艰险、英勇付出的伟大实践。疲惫的时候，责任鞭策着他们前行；受挫的时候，理想支撑着他们坚持；困难的时候，环境压迫着他们独立。

学生活动 2：学生自己创作，制作"责任树"书签。

PPT 呈现：

责任心是金。一个人有了责任心，他的生命就会闪光。

一个人有了责任心，就树立了不可逾越的信念。

一个人有了责任心，就拥有了至高无上的灵魂。

人生须知责任的苦处，才能知道尽责任的乐趣。

自由的第一个意义就是担负自己的责任……

设计意图：让学生了解到现在良好的学习环境是源于国家力量与大批前线抗疫者个人的担当，通过制作"责任树"书签，唤起学生勇于担当的责任意识，激发学生努力拼搏战胜高考的决心与动力。

三、勇担责任，决战高考

PPT 呈现新闻：疫情期间，河南南阳高三学子小通，学习成绩一直名列前茅。特殊时期学校选择了网上开课，小通家境并不富裕，家里没有开通网络，就跟领居家借网。寒冬之下，他每天 5 点半起床晨读，8 点爬上屋顶读书，一张照片感动了大批网友。网友评论：古有匡衡凿壁偷光，今有学霸借网上课。

学生活动 1：作为高三学子的我们，如何体现出自我的责任与担当（小组讨论）？

观点呈现：作为高三学子，学习是我们的重中之重，应奋力拼搏，战胜高考。看了小通这则新闻，从"每天"两个字看得出，他是一个能克服困难，能坚持的学生，即使放假对学习也毫不松懈。小通的学习环境一般，但他对自我的责任与担当，树立起了不可逾越的信念。

老师：的确，他内心中的责任与担当使他树立起了不可逾越的信念感，正是由于这种信念感，在其他人放纵的时候，他选择了默默地努力和持续地自律。美国总统罗斯福曾说："有一种品质，可以使一个人从碌碌无为的平庸之辈中脱颖而出。这个品质不是天资，不是教育，也不是智商，而是自律。"坚持自律，收获的不仅是考上心仪的大学，而是受用终身的强大助力。

PPT 呈现：曾经因为一张作息计划表被夸上热搜的浙大学生胡一捷，他的作息表，不仅精确到分，而且根据计划每周调整，严格执行。由于严格的自律和时间管理，他顺利考进了高手聚集的竺可桢学院，转专业到建筑系，在浙大成了"神一般的存在"。

学生活动 2：统计班级同学制订计划表情况。

结果显示：只有 5% 同学有长中短期的具体计划，10% 同学有短期计划，剩余同学无确切的计划。

学生活动 3：制订符合自己的冲刺计划表贴到自己的桌角。

老师：如何坚持执行呢？

学生：找自己的好朋友相互监督，老师帮助监督。

学生：确定高考目标，朝着这个目标前进，这样可以自我监督……

学生活动 4：将自己的目标高校写到纸上，集体放入盒子里，由班主任保存。

设计意图：通过特殊时期涌现出来的正面事例，学霸越自律越优秀的事例，意图将学生的责任感转化为信念感，并落实到学习的行动上，引出冲刺高考路上坚持自律的重要性。通过制订计划表，让学生明确最后冲刺关头应如何保持有节奏地学习。通过明确自己的目标高校，提升学生的信念感。

四、青春须有为，高考共成长

PPT 呈现：时间虽紧，犹然可追。年过八十的钟南山院士告诉我们人生永不止步，而我们的同学们，青春正当时，更应奋力前行！

设计意图：让同学们明白青春就应该勇担责任，明确目标为之奋斗，充满热血，勇往直前！

PPT 呈现：做自己命运的主人，不做命运的奴隶！

学生活动：齐读标语！

设计意图：点燃同学们的情绪，激起同学们的斗志！

【班会后续】

班会后深入学生中去，真切体会学生紧张的学习生活，与每位同学交流，感受每位同学的思想状态，针对同学们学习及生活上的困难的各种情况分方式处理，缓解焦虑增加信心。在学生面前表现出乐观、镇静、自信的精神面貌，用自己充满斗志和拼搏的工作气势去影响激励学生。由班长、学习委员带领同学们做每日高考誓词宣誓，以鼓舞同学们士气。监督同学们严格执行计划表，关注同学们的成绩波动，适当鼓励与教导。做好各科任课老师的协调工作，支持各任课老师的教学工作，做好他们有力的后盾。给家长们做好思想工作，家长群实时交流，交流如何为学生做好后勤保障。

【班会效果】

通过这次班会，圆满完成了各项活动内容，取得了既定的效果。同学们勇担责任的意识有了更多行动上的体现，班上从前部分学习上较懒散的同学也有了新的面貌，同学们严格执行计划表，早晚自习无一人走神游离，经各科任课老师反映，部分以前上课爱打瞌睡的同学变得专注了，学习风气一片融洽，分秒必争冲刺高考。由班长和学习委员带领的每日高考誓词宣誓鼓舞了全班同学的士气，每天课前宣誓时学生们坚定的语气响彻教学楼，刚毅的面庞都在展示着他们对高考无畏、必胜的决心。

经过一系列的沟通，一些常年在打工的孩子家长也终于意识到了自己的激励对孩子信心的重要性，也尽可能地抽出时间与孩子联系，他们舒展开紧皱三年的眉头开始与孩子积极交流，一切都在往好的方向慢慢行驶着，我坚信着他们一定会破茧成蝶一飞冲天。

32. 扫去自我心灵的灰尘

——调整心态战高考

马兴敏

【班会背景】

距离高考仅剩几个月，不少学生心态不稳定。有的觉得考学没希望，不想学习，成绩惨不忍睹；有的害怕辜负父母的期望，焦虑烦躁，成绩一落千丈；有的觉得自己的成绩还行，但学习敷衍，成绩原地踏步；有的觉得没有目标没有动力，静不下心来，成绩一退再退；有的打算来年再复习一年考个好学校，所以学习不肯吃苦……种种现象，我觉得有必要开一次励志班会，让学生从心底自觉迸发出一股持续学习的动力和信心，全班形成一股合力，一种积极向上的势头，从根本上摆脱以前自由散漫的学习风气，彻底消除恋爱、手机、小说、吸烟等因素对学习的影响。

【班会目标】

认知目标：本节班会课通过活动来让学生认清阻碍自己学习进步的因素，激励学生扫除学习障碍。

情感目标：让学生调整心态，以积极的心态决战高考。

行为目标：按照自己制订的详细学习计划，积极地稳步迈向下次考试的奋斗目标和理想大学。

【课前准备】

1. 班主任

（1）利用网络、书籍查找资料，搜集去年各高校在山东的高考录取情况统计表，根据班内所有学生的成绩，统计出可能报考的各大高校往年最低和最高录取线，分别打印出这些分数对应的学校大门的彩色图片，并给学生留出写豪言壮语的地方。结合班委制订切实可行的班会方案。

（2）与学生、家长座谈交流了解学生心态。

2. 班委

利用网络搜集整理班会要用的歌曲、诗歌、新闻、视频等素材，深入了解班内某些同学存在的突出性问题及原因，想出对应的解决方法。

3. 所有学生

（1）写出目前自己学习上出现的问题及原因。

（2）给小组成员提出他们学习上存在的问题及改正的方法。

（3）写出所崇拜同学的优点长处。

（4）根据自己的分数写出理想专业和学校。

【班会流程】

一、班主任导入

拿破仑·希尔说过，人与人之间只有很小的差异，但这种很小的差异却往往造成了巨大的差异，很小的差异就是所具备的心态是积极的还是消极的，巨大的差异就是成功与失败。

设计意图：用名人拿破仑·希尔的话导入心态决定成败，更有说服力。

二、活动流程

1. 分享两个故事

学生 1：下面让我们来听两个故事（PPT 展示）。

故事 1：古时候有甲、乙两个秀才去赶考，路上遇到了一口棺材。甲说："真倒霉，碰上了棺材，这次考试死定了。"乙说："棺材，升官发财，看来我运气来了，这次一定能考上。"当他们答题时，两人的努力程度就不一样，结果乙考上了，甲没考上。回家以后他们都跟自己的夫人说："那口棺材可真灵啊！"

故事 2：教授说："你们九个人听我指挥，走过这个弯弯曲曲的小桥，千万别掉下去，不过掉下去也没有关系，底下就是一点点水。"——顺利过桥

走过去后，教授打开了一盏黄灯，透过黄灯九个人看到，桥底下不仅是一点水，而且还有几条在蠕动的鳄鱼。——吓了一跳

教授问："现在你们谁还敢走回来？"——没人敢走

教授说："你们要用心理暗示，想象自己走在坚固的铁桥上。"——只有三个人愿意尝试。

第一个人颤颤巍巍，走的时间多花了一倍；第二个人哆哆嗦嗦，走了一半再也坚持不住了，吓得趴在桥上；第三个人走了三步就吓趴下了。教授这时打开了所有的灯，大家这时才发现，在桥和鳄鱼之间还有一层黄色的网，

刚才在黄灯下看不清楚。大家现在不怕了，说："要知道有网，我们早就过去了。"几个人哗啦哗啦都走过去了。只有一个人不敢走，教授问他："你怎么回事？"这个人说："我担心网不结实。"

设计意图：以上两个故事能充分调动同学们的兴趣，让他们进一步体会不同的心态确实能影响个人的发挥水平，甚至成败。

学生2：显然，这两个故事中心态确实影响了他们的发挥水平甚至成败。面对疫情面对高考我们应该保持什么样的心态呢？首先看一下去年这位学姐在武汉方舱医院的备考心态（PPT展示疫情下方舱医院小女孩静静学习备战高考的图片）。

2. 拟情拟景，对比自己的学习状态

在方舱医院里，一位女孩安静地坐在小书桌旁，边看平板电脑，边在笔记本上书写着英文单词，一旁的桌面上摆满了备战高考的书籍资料。

学生2：对比这个乐观、勇敢、沉静的女孩，你的心态如何呢？谁愿意上来分享一下自己目前学习上存在的问题及产生这些问题的原因？

设计意图：方舱医院里新冠肺炎高考学生以稳定积极心态备战高考的例子，能够使同学们勇敢地揭露自己的不足，敢于进行心灵剖析，为下一步解决问题做铺垫。

学生3：通过同学们的自我剖析，我发现有些同学目标不坚定、动力不充足、心态不稳定，这势必造成成绩不能有大的突破甚至还会后退。你想改变现在的心态吗？那就向你的组员求助吧！

3. 正视过去，面对未来

（1）小组内排忧解难（小组讨论）。

小组内部把自己当前遇到的问题和出现此问题的原因说出来，也可以给别人指出问题并帮其解决。

设计意图：通过组内讨论，同学们之间能更方便深入了解某些同学成绩差或后退的原因，并更好地给他们一些鼓励和建议。

学生3：通过大家的讨论，我看到有些同学渴望从以前的焦虑烦躁中走出来，因为"少年心事当拏云，谁念幽寒坐呜呃"。（PPT介绍诗句来处，说明诗意及诗歌背景）

（2）"少年心事当拏云，谁念幽寒坐呜呃。"

诗意：少年正应壮志凌云，怎能一蹶不振？老是唉声叹气，谁也不会来怜惜你。

出处：唐朝诗人李贺的《致酒行》。

零落栖迟一杯酒，主人奉觞客长寿。

主父西游困不归，家人折断门前柳。

吾闻马周昔作新丰客，天荒地老无人识。

空将笺上两行书，直犯龙颜请恩泽。

我有迷魂招不得，雄鸡一声天下白。

少年心事当挈云，谁念幽寒坐呜呃。

诗歌背景：李贺不久前因朝廷以其父"晋肃"的名讳为由，被剥夺了科举考试资格。本是旅居长安，本是壮志凌云，本欲一展心中雄图，李贺却因此潦倒悲愁。其避讳之事亦使李贺抱恨终生。故哀愤，鸣不平。

设计意图：青年人正应满怀抱负，正应有挈云之心事，碰了石头，遭了困厄，也不该坐呜呃而不奋起。

学生4：总有一天我们会像诗中所说"我有迷魂招不得，雄鸡一声天下白"。但成功前的努力和煎熬是必不可少的，正如泰戈尔所说："你今天受的苦，吃的亏，担的责，扛的罪，忍的痛，到最后都会变成光，照亮你的路。"接下来咱们放松一下，击鼓传花，寻找我们的光源，把你要学习的同学的优点大声念出来。

（3）击鼓传花（音乐响起）。

道具传到谁的手里，谁就说出班里值得自己学习的榜样，以及他们身上的优点。

设计意图：通过击鼓传花游戏，同学们释怀过往，学习别人身上的优点长处，改正自己的缺点和不足，调整心态，积极行动，决战高考。

学生4：看得出来你的偶像在学习上从来都不会彷徨犹豫，正如王安忆在《长恨歌》中说："鸟从天上落到地下，其实全是因为彷徨。彷徨消耗了它们的体力和信心，还有希望。"下面就让我们不再彷徨，找寻希望和梦想吧。

4. 歌唱梦想：大家跟着齐唱《追梦赤子心》

设计意图：这首歌曲用嘶吼式的演唱表达了对于梦想的执着追求和坚持。歌曲中饱满的情绪仿佛唱出了每个正在奔赴理想路上的人的心声，励志的同时使人瞬间正能量百分百，将班会的气氛推向高潮。

学生5：听了这首歌我想起了托尔斯泰说过的一句话："人都是为希望而

活，因为有了希望，人才有生活的勇气。"就像庚子年初始的新冠肺炎暴发时，有些人始终默默坚守，因为他们心怀责任和希望。

5. 家国情怀，榜样力量（PPT 展示那些默默坚守自己岗位的医生、警察、志愿者、社区工作人员……）

设计意图：通过以上事例，班主任可以让学生提取责任、担当、奉献、爱国、为民、团结、坚持、坚守等核心内容，继而承接到同学们的责任——高考。

学生 6：看了这些报道我体会到了"士不可不弘毅，任重而道远"的真正含义。山下英子在《断舍离》中写道："无能为力的事，当断；扔掉负累，才能轻装上路。"老子曰："万物之始，大道至简，衍化至繁。"让我们从现在起，断了一切跟我们的责任——学习无关的东西，不忘初心，带上"大鹏一日同风起，扶摇直上九万里"的雄心壮志，迈向高考。

6. 展望未来

（1）"大鹏一日同风起，扶摇直上九万里。"（PPT 介绍诗句来处，说明诗意及诗歌背景）

诗意：大鹏凭风，一日直上九万里。我们此时正在积攒实力，等风起，一飞冲天，上九万里层云，苦尽甘来，自在而飞。

上李邕

唐·李白

大鹏一日同风起，扶摇直上九万里。

假令风歇时下来，犹能簸却沧溟水。

世人见我恒殊调，闻余大言皆冷笑。

宣父犹能畏后生，丈夫未可轻年少。

诗歌背景：李白临别李邕时，写此诗回敬，本是桀骜少年郎，管他周详不周详。开元初，李邕为名士，闻名海内，自负名盛，对后生态度便不痛不痒，与李白起了冲突，此时白也无名，却作《上李邕》回敬，指名直斥，颇为豪气。

设计意图：点燃激情，迸发活力，调整心态。

（2）播放歌曲《少年中国说》，让同学们齐读节选《少年中国说》，伴随背景音乐，感悟精神。

设计意图：通过齐读气势磅礴的文章，为自己加油助威，燃起努力的欲望。

（3）欣赏巴尔蒙特的诗《我来到这个世界为的是看太阳》（PPT展示）。

学生7：我相信，大家的心此刻不再彷徨，对高考志在必得，因为从大处说我们肩负着为人民谋幸福、为中华民族谋复兴的重任。从小处说，正如巴尔蒙特在《我来到这个世界为的是看太阳》中说的：

我来到这个世界为的是看太阳，

和蔚蓝色的原野。

我来到这个世界为的是看太阳，

和连绵的群山。

我来到这个世界为的是看大海，

和百花盛开的峡谷。

来到这个世界为的不仅是看太阳，我们还背负着整个家族的期望。李白不惑之年尚有"仰天大笑出门去，我辈岂是蓬蒿人"的抱负。钱钟书先生也说过："二十不狂视为无志气。"我们若无青出于蓝之心，无上名校之意，怎可？下面大声说出你理想的大学吧！

设计意图：让同学们自信起来，少年当负青云之志，有扶摇万里之心，少年当具后生可畏之气，有苦尽甘来之意。

7. 大声喊出自己的理想大学

大声喊出自己的理想大学，如我要上山东大学，把理想大学的图片和自己的豪言壮语贴到墙上。

设计意图：喊出自己的理想大学，坚定不移地朝着目标努力到无怨无悔，奋斗到无能为力。

学生8：有了理想大学，我想学习应该像宗璞《东藏记》中说的："人们不知能在这里停留多久，也不知明天会发生什么事，却是把每一天都过得很充实。"那么让我们从此调整心态，把每一天都过充实，决战高考。只等那努力到巅峰后胜利一刻的到来，享受"不畏浮云遮望眼，只缘身在最高层"的成功和喜悦吧！

8. 激昂宣誓

高考在即，紧张有序；主动思考，做题高效。

分秒必争，努力拼搏；调整心态，决战高考。

设计意图：整个班会的最后，大家一起宣誓，真正从内心提高士气，摒弃坏习惯，自觉自律、激情澎湃地投入高考复习。

【班会后续】

1. 给父母写一封信：以前的我，现在的我和以后的我。

2. 父母给孩子写一封信：我心中的你。

3. 和学生一起立下誓言，并立刻行动。

目标、信心、诺言、努力都是可以随口说出的，但要想实现目标，坚定信心，履行诺言，坚持努力是难上加难，靠的是非凡的意志力和很强的自律能力。因为要想改掉一个坏习惯是很难的，比如拖拉、不珍惜时间、不爱动脑思考等。所以我决定跟同学们一起在操场的主席台上，每个人以下一次大型考试为准，给自己定一个力争在全校考到的名次，班主任也给自己定一个目标，比如不爱运动，16 年来体重超标的我站在主席台上咬牙许下诺言："我要在 3～4 周的时间里减掉 8～10 斤，不靠药物和节食，靠运动和均衡的饮食！"同学们也纷纷上台说出了自己的目标。

从那天起我坚持每天 5：30 准时起床，5：40 前准时到操场跑步同时等待同学们起床，6：00 同学们跑操铃响后继续和他们一起跑 10 分钟，为他们做好坚持努力的榜样。另外，我还拒绝我从小时候起就最喜欢的甜食和糖分高的水果，坚持吃饭只吃七八分饱，不像以前饱了还想吃。每天告诉学生我的减重量贵在咬牙坚持，同时询问学生比前一天多学了多少分钟，并让他们写下自己当天的收获。

还有我经常跟家长联系告诉他们有些同学的情况，让他们及时到校或打电话共同解决学生遇到的困难，让学生无眼前之困，无后顾之忧。彻底摒弃以前的懒散习惯，心平气和地努力学习，真正调整好心态，决战高考。

【班会效果】

本次班会课上学生通过参与各种活动，达到了调整心态、励志决战高考的效果。有的学生当堂就立下誓言，改变以前自由散漫的习惯，坚持以后的日子里发愤图强，努力学习，争取考个理想大学；有的同学课堂上被感动得热泪盈眶，励志要为振兴中华而努力学习；有的同学为以前自己的浮躁心态而懊悔不已，悔不该白白浪费了时间而没有进行高效学习；有的同学真诚地跑到有些同学的面前，当面指出他们在学习上的不足之处以及日后需要改进的地方，他们之间形成了一种默契的战友关系，在决战高考的路上相互帮助，共同进步。

　　临近高考的学生心理是很脆弱的，但当同学们看到班主任也有那么大的决心时，有些同学特别是一些成绩靠前的同学，好像找到了强大的动力，他们觉得应该加倍努力，回报父母和老师的谆谆教诲。他们在课间比赛学习，甚至吃饭走路都在思考问题，效果非常明显。所以在以后的带班过程中，不要害怕开班会耽误学生的学习，因为一次班会可能激励学生努力学习好多天，因此很有必要根据班内学生的实际情况，定期或随时召开班会，班会不一定时间长，重在抓住学生的心理，解决他们的疑惑，使他们时时刻刻都充满斗志，热爱学习，热爱生活，热爱祖国。学生事无小事，所以班主任工作要细化，学生学习也要细化，这样不仅能及时发现并解决问题，而且能让学生持之以恒地学习。再者，学生的接触面是很窄的，所以老师要做好表率，多看、多思、多交流沟通，争取让学生时刻保持热情高涨的学习心态，这样在决战高考的路上才不会掉队。

后　记

绽放自己的只有自己

此刻，我的心有些激动，因为这本书就要付梓。

但我更想表达的是感动。我感动于东明一中优秀名师们的扎实实践，思考的严谨；感动于专家作者的屈尊赐稿。但我更感动的是，无论是一线名师还是专家作者，他们对待稿子的态度——认真到极致。

这本书原来的架构，也就是一本班会课的集子。但当策划团队想赋予这本书更大价值的时候，它的结构形式就产生了极大变化，就需要每位作者对原稿进行重新架构，删除，然后又要增添很多东西。但这些名师们，没有一位抱怨，而是以"小学生"的姿态，听从编委会的"指导"。有几位老师深深地感动着我，例如广东名师费贞元，前后被要求修改了四次，但每次都很乐观地说"又给了我成长的机会"；东明一中张国静老师前后被要求修改不知道多少次，但她每次都会欣然接受，她说"只有不断听从别人的建议，才能更好地突破自己"；还有更多老师，会在半夜收到修改建议，而又会在下个半夜把稿子返回给编委会。

所以，我就忍不住思考：到底是什么成就着真正的名师？自然我找不到全部的答案，但在这本书的编写过程中，这些名师所呈现出来认真到极致的精神，还是让我窥探出来些许因由：绽放自己的只有自己。只有在对当下工作的极致要求中，才能不断提升自己；只有以"求学者"的姿态不断听取更多窗外的声音，才能不断突围自己；只有在持续不断修正自己的态度中，才能持续发展自己……

感谢赐稿本书的所有作者，让我们明白这个道理。

也感谢我们的实践基地学校，山东省东明县第一中学，让我们的每一份实践都有着支点，感谢汇智云亭教育研究院对我们的高度引领。

也感谢我们自己，一直走在更优秀的路上……

是为后记。

编　者

2021.7.26